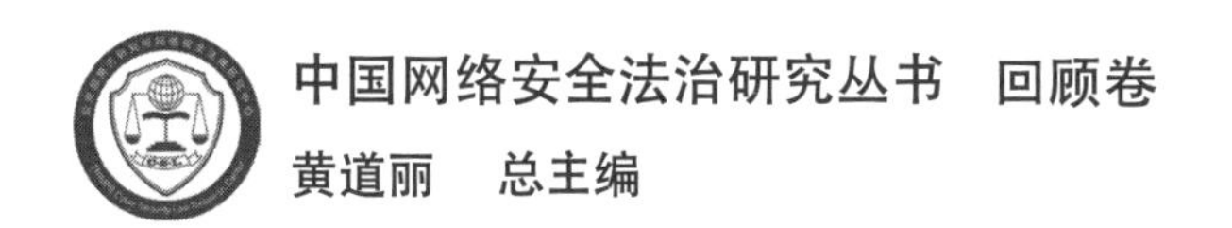

中国网络安全法治研究丛书　回顾卷

黄道丽　总主编

中国网络安全法治40年

黄道丽　主编

Cyber
Data
Information
Security
Rule of Law

華中科技大學出版社
http://press.hust.edu.cn
中国 · 武汉

图书在版编目（CIP）数据

中国网络安全法治40年 / 黄道丽主编. -- 武汉：华中科技大学出版社，2020.11（2023.4重印）

ISBN 978-7-5680-1465-6

Ⅰ. ①中…　Ⅱ. ①黄…　Ⅲ. ①计算机网络－科学技术管理法规－研究－中国
Ⅳ. ①D922.174

中国版本图书馆CIP数据核字（2020）第215430号

中国网络安全法治40年　　黄道丽　主编
Zhongguo Wangluo Anquan Fazhi 40 Nian

策划编辑：郭善珊
责任编辑：李　静
封面设计：伊　宁
责任校对：王晓东
责任监印：朱　玢
出版发行：华中科技大学出版社（中国·武汉）　电话：（027）81321913
武汉市东湖新技术开发区华工科技园　邮编：430223
录　　排：北京欣怡文化有限公司
印　　刷：湖北新华印务有限公司
开　　本：710mm×1000mm　1/16
印　　张：17.5
字　　数：180千字
版　　次：2023年4月第1版第2次印刷
定　　价：108.00元

序　言

自1978年政府工作报告提出大力发展新兴科学技术，特别是加速发展集成电路和电子计算机研究并加强推广应用以来，我国互联网产业已发展40余年。40余年间，我国网信事业取得了举世瞩目的成就。

40余年的网络产业发展史，同样也是我国网络安全法治建设史，尤其是党的十八大以来，我国网络安全法治建设高速发展，以《中华人民共和国网络安全法》为核心的网络安全法律体系构建已初步完成。作为最初一批的网络安全法学学者，我亲历了我国网络安全法律体系从无到有、由弱到强、变被动为主动的发展历程，深切地体会到其过程的不易与坎坷，也由衷地为我国如今取得的成就感到欣慰。

但在网络安全法治高速发展的当下，诸多研究急于思考未来发展之路，而缺乏对过去网络安全法治脉络的总体把握，以至于研究犹如无本之木，乃至对我国网络安全立法存在理解误区，对发展进路出现误判。

2017年，本丛书的主编，也是我的学生黄道丽研究员向我表示计划出版系列丛书，对我国网络安全法治做个系统回顾，同时也把我们团队在网络安全领域深耕30余年的一点感悟、未来预判以及合规遵从意见传达给同仁们，以供交流。对此，我深表赞同，但也深知此事的不易。据我所知，在丛书撰写过程中，撰写团队遇到了很多困难。黄道丽研究员也多次向我咨询意见。在这期间，他们专门组织研讨会请来了直接参与相关立法的同志讲述法律条文背后的故事，包括公安部网络安全保卫局原高级工程师、我国首部信息安全法规主要起草人景乾元，原国务院信息办副司长、公安部网络安全保卫局原副巡视员郑静清，全国人大常委会法工委经济法室原副巡视员宋燕妮，公安部网络安全保卫局原巡视员顾坚等。这种求真务实的态度也让我对丛书的问世充满信心和期待。这也是丛书得以问世的背后故事。

初见成稿，意识到我国已经在网络安全这一新兴法学领域探索耕耘了40余年，自我1988年开始研究网络安全立法也已有30余年，我除感慨时光荏苒外，同样牵动思绪。1978年，我国进入改革开放和社会主义现代化建设新时期，这与互联网的全球商用普及几乎是同步的。1978年政府工作报告对发展集成电路和电子计算机技术的重视，奠定了此后我国信息技术产业发展的基础，也使我国迅速意识到这种新技术应用可能产生的安全威胁。早在1981年，我国公安部门就发现计算机设备有通过信息复现产生数据泄露的风险。中央对此高度重视，并要求建章立法，确保我国计算机信息系统安全保障工作有法可依。1982年我国就开始围绕计算机信息系统安全保护进行立法调研，逐步开始探索网络安全法治之路。直至1994年147号令作为我国首部网络安全立法颁布实施，这一颇具里程碑意义的立法例开启了我国网络安全法治建设的新时代。

不可否认的是，在相当长的一段历史时期内，我国网络安全法治建设的重点始终未能突破“机房思维”的限制，立法关注点集中于计算机信息系统安全，与我们今天理解的网络安全仍然相去甚远。当然，这与当时的技术发展水平是相适应的，也是由法律自身的“稳定性”与“滞后性”所决定的。2000年之后，我国的信息化建设开始进入高速发展期，信息技术的社会化利用逐步泛化。国家层面对信息安全的重视程度也日益提升。2003年7月，国务院信息办委托我研究信息安全法律、法规和执法情况，为列入国务院2003年立法工作计划的《网络信息安全条例》提供理论研究支撑。2004年4月，国务院信息办组织的信息安全立法研讨会在西安交通大学召开，参加人员包括重点行业代表、国务院部委代表、重要企业代表等，会议的主题是探讨我国当时信息安全领域的重大问题及立法应对思路，会上也对我完成课题的成果进行了集体论证和验收。

在后续的若干年中，信息技术开始融入社会肌理而与社会本身几乎无法区分。在数字经济成为新的“发展原动力”之后，信息技术推动现代社会进步的贡献愈发明显，但是这种贡献依旧是有代价的——我们比以往任何时候都更加依赖技术和技术利用活动的安全性——“依赖性”是客观的。在法学领域，这促使构建于信息技术之上的社会关系成为一种独立的调整对象，并使网络安全问题上升为指涉国家、产业和个人的综合性议题。

回到这一系列丛书，有不少亮点和突破值得肯定。现有研究普遍习惯于将147号令作为我国网络安全法治的开端，但对147号令之前的立法动议及其时代背景几乎未能着墨。丛书将我国改革开放的发展节点同网络安全的法治建设结合起来确实是一个极富现实意义的突破，这极大地扩展了网络安全法学溯本逐源的视野，也使网络安全法治研究更贴近于技术进路的发展事实。

当前国际局势风云激荡，在“技术脱钩”“逆全球化”环境下，我国正在部署供给侧结构性改革，在稳定传统产业的同时，积极发展战略性产业、避免核心技术步入“长期战略依赖”窘境，提高科技水平，打造核心竞争力，参与并引领全球产业链重构。《中华人民共和国网络安全法》实施三年多来推动我国网信工作取得了新突破、实现了新发展、开创了新局面，从根本上推进我国从“网络大国”向“网络强国”迈进，并为依法治网提供了重要的法律依据，促使我国网络安全综合治理能力水平不断提升。面向未来，网络安全法律体系还有诸多问题需要进一步完善。

希望作者和学界同仁，能在网络安全法律研究上贡献更多的智慧。

是为序。

西安交通大学教授

西安交通大学苏州信息安全法学研究所所长

马民虎

2020年9月

前　言

以大数据、云计算、无人驾驶、AI、5G等为标志的第四次工业革命正席卷全球。数字化、智能化革命不仅影响了微观层面的个人生存状态和生活方式，更撼动了宏观层面的生产组织方式、国家秩序、国际形势乃至世界格局。网络世界和物理世界加速融合，也不断催生并放大了社会数字技术依赖的网络安全风险效应。2014年2月27日，习近平总书记在中央网络安全和信息化领导小组第一次会议明确指出，“没有网络安全就没有国家安全，没有信息化就没有现代化”。我国正式开启网络强国建设的一系列顶层设计和部署。国家发展大格局之下，构筑全方位的网络安全法治体系成为网络安全保障工作的重中之重。

回顾过去。新中国改革开放40年发展历史意义独特而非凡。从1978年十一届三中全会做出“加强社会主义法制”的历史性决策，到十九大进一步把坚持“全面依法治国”上升为新时代坚持和发展中国特色社会主义的基本方略。中国特色社会主义法治体系波澜壮阔的40年，也是中国网络安全法治创新变革的40年。中国把握信息化发展给国家和人民带来的历史机遇，围绕安全与发展主题，实现了网络安全法治从无到有、从碎片化到体系化、从应对化到预防化的不断完善，走出了一条既与国际接轨，又不乏中国特色的网络安全法治之路。当前我国网络共建共治共享综合治理格局基本形成，取得了令人瞩目的成绩，经受住了历史的检验。

网络安全法治研究是信息化发展带来的重大时代性课题。网络安全法治研究具有极大的挑战性，呈现显著的跨学科特征，需进行战略性、整体性和前瞻性创新思考，并最终考验的是法律人把握社会和适应社会变迁的能力。作为改革开放后出生并与其同成长的一代，我于2003年9月考上西安交通大学经济法学专业，开始了研究生学习生涯，师从马民虎教授，聆听教诲，时至今日。马民虎教授是信息安全法学研究的奠基人之一，创建了国内首个专门从事信息安全法律研究的学术机构——西安交通大学信息安全法律研究中心。求学生涯中，我参与了原国务院信息办《网络信息安全条例》的立法委托研究课题，部分研究成果写入马民虎教授2004年出版的我国第一部系统研究信息安全法基础理论专著《信息安全法研究》。得益于导师和前辈们的研究基础与提携，我可以在一个较高的起点上开展相关课题研究和学术探索。2007年6月我进入公安部第三研究所工作，成为一名从事网络安全保卫工作的人民警察。作为公安科技战线上的一名法律人，网络安全法治研究是落实全面依法治国实践和新时代公安工作要求的客观需要，更是一份源自师恩教诲的专业和个人情怀。

改革开放40多年来，我国与世界其他国家一样，面临着日益复杂多变的网络安全问题。无论是《第三次浪潮》还是《数字化生存》，抑或是《网络社会的崛起》中所描述的社会形态变革正在成为一种现实，我国网络安全法律范式变革正是在这一过程中不断展开的。

已正式施行的《中华人民共和国网络安全法》《中华人民共和国密码法》《中华人民共和国国家安全法》《中华人民共和国反恐怖主义法》和正处于制定阶段的《数据安全法》《个人信息保护法》等基础性法律共同构建起一个横向内部体系更加协调，外部辐射范畴更为广泛，纵向制度、原则、规则更为立体化的中国网络安全法律保障体系。在近20年的学术研究历程中，我的大量学术研究成果也是和这些立法息息相关的，并在导师和公安部第三研究所的支持下，实现了科研成果直接应用于网络安全相关立法的价值目标，得到全国人大常委会法工委、国家密码管理局、公安部网络安全保卫局、公安部法制局、贵州省大数据安全领导小组办公室等国家和地方机构的充分认可。现下，我和公安部第三研究所网络安全法律研究中心的团队正服务于网络安全中心工作需要，充分整合高等院校、科研机构、网络安全协会、互联网企业等社会力量，广泛开展学术交流，共同探索我国网络空间安全治理的未来方向。我们在《网络安全等级保护条例》《关键信息基础设施安全保护条例》等《网络安全法》下位配套行政法规研究、起草和修订，网络安全行政执法规范指引制定等工作上不懈努力，也不敢懈怠。

此次出版的系列丛书——《中国网络安全法治研究回顾卷：中国网络安全法治40年》《中国网络安全法治研究趋势卷：网络安全法治研究2020》《中国网络安全法治研究合规卷：网络安全法律解析2020》从不同维度勾勒了我国网络安全法治图景。回顾卷从法治现实角度，呈现了我国网络安全法治40年建设的发展历程。趋势卷从学术研究角度，集结了近年来我对数据治理、安全漏洞法律规制、个人信息保护、关键信息基础设施安全保护、电子数据取证与鉴定等网络安全法律问题的一些研究成果。合规卷则是从实务角度，展示了原浩作为专业律师对网络安全合规遵从的理解以及更高层面的法律规则反思。

《中国网络安全法治研究回顾卷：中国网络安全法治 40 年》将我国网络安全法制化进程划分为网络工具安全治理、网络社会安全治理和网络国家安全治理三个阶段。通过对不同时期的网络安全政策法律及其发展动态进行梳理，较好地反映了依托于技术应用场景的法治演进过程，这为我国后续网络安全法治建设的持续完善研究提供了珍贵的基础资料，具有非常重要的现实价值。40 多年的网络安全法制史，要完成这么宏大的课题，不仅需要对我国网络产业有深度的了解，还需要对我国网络安全法治发展脉络、深意有准确的把握。这对我带领的编写团队来说着实不易，极幸运的是，此项工作得到了马民虎教授和中国信息安全法律大会专家委员会诸多前辈们毫无保留的倾心指导。作为网络安全法治 40 年真正的亲历者和见证者，他们是公安部网络安全保卫局原高级工程师、我国首部信息安全法规主要起草人景乾元，原国务院信息办副司长、公安部网络安全保卫局原副巡视员郑静清，全国人大常委会法工委经济法室原副巡视员宋燕妮，公安部网络安全保卫局原巡视员顾坚，公安部第三研究所所长助理金波，公安部网络安全保卫局法制指导处处长李菁菁，广东省公安厅网警总队副总队长林雁飞等，这里，由衷地说一声：谢谢了！

展望未来。中国对外开放正打开新局面，也为世界各国带来新机遇。面对当今世界百年未有之大变局，中国要加速构建全面依法治国的法治模式，要在着眼世界的视野中和本国实践的根基上确定网络安全治理中国方案，要把中国法治体系建设的成效转化为实实在在的治理效能，最大化国家、社会和个人的数字化福祉，实现国家治理能力现代化，这是所有网络安全法律人的责任和梦想。实现这一梦想依然需要各界同仁的苦苦求索和艰苦奋斗，也是我和我的团队坚持不懈的根本所在。

凡是过往，皆为序章。

2020年注定是一个极不平凡的年份。感谢华中科技大学出版社的郭善珊和编辑同仁，我们一起走过疫情，迈向未来！感谢和我一起奋斗的原浩、何治乐、胡文华、梁思雨、马宁、赵丽莉等编者，我们凝心聚力再启航！

本丛书编者才学有限，不敢妄言丛书之价值，但希望本丛书的出版能对未来的中国网络安全法治研究有所裨益。

公安部第三研究所研究员

中国信息安全法律大会专家委员会秘书长

黄道丽

目　录

第一章　中国网络安全法制建设 40 年

1978 年，我国进入改革开放和社会主义现代化建设新时期，在当年政府工作报告中即提出要大力发展新兴科学技术，特别是加速发展集成电路和电子计算机研究，并将其广泛应用于各个方面。迄今为止，我国互联网产业已经发展 40 年有余。40 年的互联网产业发展史，也是我国网络安全法治建设史，是平衡发展与安全的探索史。

1987 年 9 月 14 日，北京发出中国第一封电子邮件，揭开中国启用互联网的序幕。1994 年 4 月 20 日，中关村地区教育与科研示范网络工程通过美国 Sprint 公司连入 Internet 的 64K 国际专线开通，我国成为国际上第 77 个真正拥有全功能 Internet 国家。国际专线的开通在我国互联网产业发展史上写下浓墨重彩的一笔，我国正式开启波澜壮阔的网络和信息化建设之路。

40 年来，国内的互联网应用从早期集中在计算机、教育科研等少数领域逐渐渗透到政治、经济、军事、文化、商业等社会的方方面面。在“互联网 +”浪潮的推动下，我国在信息技术创新、平台经济发展、新业态新应用方面逐渐从“跟跑”，走向“并跑”，在个别领域已出现“领跑”态势。40 年来，互联网从个别领域的小众群体走进千家万户，我国网民数量已居世界第一，成为名副其实的网络大国。40 年来，我国与世界其他国家一样，面临着日益复杂多变的网络安全问题。计算机病毒肆虐、网络攻击频发、网络违法犯罪活动猖獗、网络生态治理失范等威胁和风险的出现使得我国在高速推进互联网建设发展的同时不断探索安全与发展之间的平衡。40 年来，我国网络安全法治历经多次变革。从 1994 年国务院令（147 号）《中华人民共和国计算机信息系统安全保护条例》到 2000 年《全国人民代表大会常务委员会关于维护互联网安全的决定》再到 2016 年《中华人民共和国网络安全法》（以下简称《网络安全法》）及其配套法规的不断优化，我国网络安全法治经历了网络工具安全治理、网络社会安全治理到网络国家安全治理的变革，实现了从无到有，从碎片式立法到体系化立法，从粗放式立法到精细化立法的转变。

一、网络工具安全治理（1978 年—1999 年）

（一）立法背景

信息技术应用初期，我国开始逐渐意识到信息技术和信息化对于国家安全和经济建设的重要性。这一阶段，我国主要解决的是社会观念的转变问题，使国家决策机构和重点行业领域意识到包括计算机信息技术在内的科学技术可以广泛应用于传统行政管理领域，用以优化管理体制，提高现代化水平。该阶段计算机技术的研究推广主要由政府主导，作为改善国家管理水平的工具。由此催生的计算机应用主要集中在教育、科研、政府等重点领域，由公用互联网以及教科网、科学技术网、经贸网等行业互联网提供网络基础运营。

经济建设方面，1978年我国开始进入改革开放和社会主义现代化建设新时期。秉持着只有国家实力强盛，才能真正保障安全的理念，我国开始高度重视科学技术的发展及应用。在1978年政府工作报告中即提出要尽快赶上现代科学技术日新月异的步伐，大力发展新兴科学技术，特别是加速发展集成电路和电子计算机研究，并使它们广泛应用于各个方面。1985年，中共中央发布《关于科学技术体制改革的决定》，强调经济建设必须依靠科学技术、科学技术工作必须面向经济建设的战略方针。1986年，我国提出国家高科技研究发展计划（即“863”计划）。作为一项战略性计划，涉及包括通信技术、信息获取与处理技术主题的信息技术，以及计算机集成制造系统和智能机器人主题的自动化技术。同年8月，中国科学院高能物理研究所的吴为民在北京710所的一台IBM-PC机上，通过卫星连接，远程登录到日内瓦CERN一台机器VXCRNA王淑琴的账户上，向位于日内瓦的Steinberger发出了一封电子邮件。[①]但这封电子邮件只是以远程登录的方式，操控千里之外的电脑发送的，并没有形成计算机之间的数据交换协议[②]。1987年9月，在德国卡尔斯鲁厄大学维纳·措恩教授带领的科研小组的帮助下，王运丰教授和李澄炯博士等在北京计算机应用技术研究所（ICA）建成一个电子邮件节点，并于9月20日向德国成功发出了一封电子邮件，邮件内容为“Across the Great Wall we can reach every corner in the world.（越过长城，走向世界）”[③]。我国第一封电子邮件诞生。

① 1986年～1993年互联网大事记. http://www.cac.gov.cn/2009-04/10/c_126500533.htm.

② 中国上网坎坷路径：从羊肠小道走出来的互联网. http://www.isc.org.cn/ftfy/ft/listinfo-13329.html.

③ 1986年～1993年互联网大事记. http://www.cac.gov.cn/2009-04/10/c_126500533.htm.

改革开放以来，我国进出境货物、物品大量增加。单纯增加海关系统业务人员难以满足业务量处理的现实需求。自20世纪60年代中期，发达国家已经着手研究海关计算机应用。“七五”期间，国务院确立12个重点电子信息和业务系统的建设，包括国家经济信息系统、公安、铁路、民航、气象、银行等信息系统。[①]1993年3月，时任副总理朱镕基主持会议，提出和部署建设国家公用经济信息通信网（简称“金桥工程”）。同年8月，时任总理李鹏批准使用300万美元总理预备费支持启动金桥前期工程建设。[②]1993年年底，我国国民经济信息化的起步工程——“三金工程”正式启动，即金桥工程、金关工程和金卡工程，旨在建设中国的“信息准高速国道”[③]，从基础设施建设、对外贸易、金融方面提升国民经济信息化水平。在这些信息化工程建设过程中，我国逐渐认识到计算机只有提高联网程度，计算机才能具备高层次的应用水平。

1994年4月，我国计算机与网络设施（NCFC）工程通过美国Sprint公司连入互联网的64K国际专线开通，实现与互联网的全功能连接，我国被国际上正式承认为第77个真正拥有全功能互联网的国家。1994年5月，中国科学院高能物理研究所设立国内第一个WEB服务器，推出我国第一套网页，内容除介绍中国高科技发展外，还有一个栏目叫“Tour in China”。与此同时，国家智能计算机研究开发中心开通我国大陆第一个BBS站——曙光BBS站。1995年8月，金桥工程初步建成，在24省市开通联网（卫星网），并与国际网络

① 李刚．跨越时空-中国电子信息系统应用典型集[M]．北京：地震出版社，1992.

② 1986年～1993年互联网大事记．http://www.cac.gov.cn/2009-04/10/c_126500533.htm.

③ https://baike.baidu.com/item/三金工程/106799?fr=aladdin.

实现互联。同年12月，中科院百所联网工程完成。[①]我国逐步进入互联网发展前期准备阶段。

安全保障方面，20世纪80年代初期，在计算机科学技术发展的浪潮下，社会和国家安全问题随着计算机和组网应用的普及变得复杂多变，西方发达国家相继采取安全防御对策。作为肩负维护社会和国家安全职责的国家机器首脑机关，公安机关在1981年的反窃听安全检查过程中，发现计算机设备有通过信息复现造成数据泄露的风险，从而最早察觉到我国存在的计算机安全问题。经调研发现，计算机安全已经成为国际社会的一项重要议题，瑞典、美国、加拿大、英国、法国、德国等国都已制定或成立专门的针对性立法和研究机构，联合国下设有国际信息处理联合会计算机安全技术委员会（IFIP/CSTC），每年召开一次国际会议。由于意识形态和北约巴黎统筹委员会等限制，计算机技术尚未在社会主义国家进行推广应用。我国认识到尽管国内计算机刚刚起步，国产计算机尚在研发试验阶段，但计算机的普及应用已成必然趋势，国际社会已经出现的国家和社会安全问题将同样适用于我国。如果没有健全的预对策，用存在诸多安全隐患的计算设备建设信息基础设施，从而搭建我国互联网应用必然存在潜在安全风险。

为应对利用信息技术进行的秘密窃听、信息泄露对国家安全带来的潜在威胁，中央采取三大战略举措：①成立专门部门，推动信息化发展；②建章立法，确保我国计算机信息系统安全保障工作有法可依；③打击信息犯罪，安全与发展并举。

1983年，公安机关设立计算机管理监察机构——公共信息网络

① 1994年～1996年互联网大事记. http://www.cac.gov.cn/2009-04/11/c_126500497.htm.

安全监察局[①]（公安部计算机管理和监察局），职能有二：一是规划和建设公安计算机网络系统，促进公安业务的信息化和现代化，同时形成和总结我国计算机安全实践经验；二是研判国内外计算机安全动态及趋势发展，提出具有我国特色的国家和社会公共安全对策。与此同时，为保证国家对计算机信息系统及其关联网络安全保护工作有法可依，有章可循，1982年我国开始围绕计算机信息系统安全保护进行立法调研，以设备安全为重点，逐步探索我国网络安全法治建设。经过几年的调研分析和立法规划，认识到我国应先建立起计算机安全基础管理制度。1986年公安部起草我国首部计算机安全法规并开始广泛征求意见，报公安部、国务院法制局和国务院常委会逐级审核把关。审核期间，就立法层级问题，国务院认为计算机信息安全问题是新生事物，宜粗不宜细，先出台行政法规较为稳妥，给后期计算机产业发展和制度调整留下空间。待实施一定时期之后，有了较为扎实的社会实践经验后，再升级为法律。

在此过程中，尽管我国计算机还处在单机应用阶段，尚未形成计算机网络，但计算机病毒和专门的计算机犯罪已经逐渐在全国各地出现。1986年7月，中国银行深圳分行蛇口支行会计陈某和中国银行深圳分行东门支行会计苏某利用计算机共同盗窃客户存款案破获，是我国发现的第一起涉计算机犯罪。[②]1988年，我国发现新中国成立以来的第一例计算机病毒，即小球病毒。该病毒不仅影响计算机软件运行效率，并且传播速度极快，影响广泛。此后，六四病毒、米开朗基罗病毒、黑色星期五病毒等大规模病毒不断涌现，间接推

① 2008年，公安部公共信息网络安全监察局更名为公安部网络安全保卫局，地方公安部门的网安队伍相继建立。

② 计算机犯罪发展趋势分析. https://www.docin.com/p-6041481.html.

动了这一时期的计算机安全立法。

伴随着计算机安全问题在各地的陆续出现，地方立法在我国网络安全法治建设早期也起到关键作用。1990 年 9 月，黑龙江省人民政府发布《黑龙江省计算机信息系统安全管理规定》（现已失效），指出计算机信息系统是指计算机及其相关和配套的设备、设施、信息及工作人员构成的信息处理系统（含单关系统）。计算机系统安全是指避免各种非故意的错误与损坏，防止计算机系统及数据被非法利用或破坏，保证计算机系统正常运行。作为地方政府规章，该项规定为 147 号令的制定提供了现实经验。

（二）立法进程

1994 年 2 月，国务院正式发布《计算机信息系统安全保护条例》（147 号令），这是我国专门针对网络安全问题制定的首部行政法规。本着国务院关于“首部法规宜原则不宜细，给发展变化留有余地”的指示精神，147 号令以保障计算机信息系统安全为核心，基本落实了我国早期提出的三大战略举措。首先，明确监管机制。鉴于计算机普及应用带来的安全问题属于社会问题，确立了公安机关主管，国家安全部、国家保密局和国务院其他有关部门，在职责范围内做好相关工作的监管体制。其次，确保有法可依。明确计算机信息系统及其安全保护概念，原则性地规定了适用范围、安全保护重点对象，建立和落实安全等级保护、国际联网备案、专用产品销售许可证等一系列制度，实现计算机安全监管有法可依；最后，惩治违法犯罪。147 号令赋予公安部一定的安全监督职权，一是统一规范，监督、检查、指导计算机信息系统安全保护工作；二是查处危害计算机信息系统安全的违法犯罪案件；三是履行计算机信息系统安全保护工作的其他监督职责；四是发现安全隐患及时通知使用单位采取安全保护措施；五是授予公安部针对特定事项的应急立法权，即专项通令，从而给公安部留下权限，为后续具有不确定性的适用打下基础。

147 号令围绕任何人不得触及国家安全保护之底线，单位和个人都应在法定安全规范内利用计算机信息系统，涉及三大亮点：首先在联网功能仅局限于少数领域，尚未普及的 20 世纪 90 年代初期，147 号令已将网络安全纳入设施安全中加以保护。通过对“计算机信息系统”的界定可知，主要素是计算机，相关和配套的设备设施是信息系统相关装备配置，即系统运行和应用业务数据 / 信息处理功能正常发挥所需的软硬件设备，配套设施包括机房建筑、场地环境、电力供给、系统内外关联通信设备和线路等。之所以含“网络”，在于网络基本功能特质是相互关联和通信，网络是由节点和连线构成的相互关联体系，即系统。计算机系统、以计算设备为主构成的信息系统，其内在具备功能相互关联运行、通信、资源共享特质。如果无关联，系统和信息只是孤岛，不可能实现信息化和现代化。由此，将网络纳入设施安全加以保护是应有之义。其次是重点保护国家事务、经济建设、国防建设、尖端科学技术等重要领域的计算机信息系统安全。该条是在借鉴国外关键基础设施立法相关经验的基础上，明确我国计算机信息系统安全应围绕国家职能安全正常运行，经济建设和科技发展顺利推进，国防建设与防御安全为核心展开，因此提出重点保护重要领域的计算机信息系统安全，其中经济建设领域面广，147 号令并未穷尽式列举。最后是安全监督方面，授予公安机关在安全保护、查处违法犯罪等方面的监督职权，以示国家强力保障计算机信息系统及其关联网络运行和网络空间虚拟社会活动秩序和安全，促进计算机应用和发展，保障社会主义现代化建设顺利进行的决心。

具体而言，147号令确立了九大制度保障计算机信息系统安全，具体如下：

1. 实行法制化、规范化的安全保护。147号令要求计算机信息系统的建设和应用，应当遵守法律、行政法规和国家其他有关规定。系统建设和维护方应当遵守并执行有关法律规范和国家有关规定，做好系统安全建设和安全维护管理工作，违法必查；使用系统资源从事业务应用和信息处理方应当遵守法律规范和国家有关规定，违法必究。法制化有必要将国家有关安全保护法律法规和规定转化为计算机信息系统及其关联网络安全策略体系，融合在系统运行和应用的数据/信息计算处理过程安全管控规则体系，保障计算设备可自动执行。安全保护工作的实施最终以法制化安全策略规则体系为主导，以计算环境的计算过程安全管控机制为主线，构建计算机信息系统及其关联网络整体安全防御体系。

2. 建立并落实安全等级保护制度。等级是自然属性，划分等级是做好安全保护工作的基准科学方法。全国各领域各类计算机信息系统及其关联网络是信息时代国家的重要战略资源，安全保护措施应当科学合理，因此必须实施等级保护制度，依法按标准规范，对全国计算机信息系统及其关联网络实行安全等级保护，确保重点。以法制化安全策略体系为主导，计算环境科学、计算过程安全管控机制为主线，由小到大、由点到面、从里到外，构建纵深、多级、整体安全防御体系，增强安全防御能力。实行等级保护制度，构建国家对计算设备、系统及其关联网络和虚拟环境安全与风险防御的衡（建、管应把握的安全级）、度（自评和测评）、查（自查和检查）、督（行业督导和执法督导）、处（自查处和执法查处）五位一体的科学保护体系，增强安全保护能力。安全保护等级的划分主要考量系统资源的社会和经济价值级别、系统资源面临危害的风险级别、系统安全科学技术支撑能力级别，以及国家应当实施的安全保护强度级别。

3. 机房安全保护制度。机房、数据中心等是计算机信息系统的要害，重要计算机信息系统的机房等基础设施安全防护应当符合国家有关规定。

4. 国际联网备案管理制度。秉持着备案是手段，管理是目的的理念，147 号令规定国际联网的计算机信息系统应当符合国家和部门有关安全保护规定和标准，尽可能做到了解计算机信息系统国际联网和数据 / 信息出入流转的安全保护情况。

5. 计算机信息媒体海关过境申报制度。有关通过海关关口的进出境计算机信息媒体应当向海关申报，海关有责有权检查进出境的计算机信息媒体。

6. 计算机信息系统安全管理责任和制度。安全保护工作成效重在各单位严格履行其职责和健全安全管理制度，形成制度运行机制。

7. 案件 24 小时内报告制度。在计算机信息系统安全管理制度中应当设置案件发现、初步研判、证据保留、应急处置、报告等方面的责任和程序规定，以配合公安机关受理和能够及时查处，共同维护计算机信息系统的安全。

8. 计算机病毒等有害数据防治研究归口管理制度。计算机病毒等有害数据借助网络的互联互通和即时性，易扩散传播。为防止扩散，造成更大危害，故归口公安部管理。

9. 计算机信息系统安全专用产品销售许可证制度。为保障计算机信息系统安全，应将安全理念嵌入相关设备（产品）从设计到后期维护的全生命周期中，对用于构建安全系统及其关联网络的安全设备（产品）应当从设计方案、生产过程、销售、使用诸环节保障其符合国家标准和安全规定，旨在以销售许可管理制度和政府采购制度强力拉动关键信息技术的自主可控，保障计算机信息系统及其关联网络安全建设需求。

此外，147 号令规定未联网的微型计算机安全保护办法另行制定。因微型计算机包括可携带的计算设备，用其联入计算机信息系统及其关联网络就是终端计算设备，并受系统安全机制管控。未联网微机涉及面广，发展变化大，情况较为复杂。国家法律层面不宜给出统一确定的安全保护办法。147 号令的另行制定，意为可由各行业、部门、单位、组织，根据实际情况和需要，参照有关规定，制定合理的安全保护办法。

总的来说，147 号令的发布实施，实现了我国信息安全立法零的突破，填补了信息时代法律规范的空白，为配套制度及地方立法奠定基础。147 号令颁布以后，《中华人民共和国刑法》（以下简称《刑法》）《中华人民共和国人民警察法》（以下简称《人民警察法》）《中华人民共和国治安管理处罚法》（以下简称《治安管理处罚法》）的修订，部门规章、地方性法规、军队有关法规，以及国家有关信息安全保护标准的制定修改，逐渐展开。

安全等级保护制度方面，1999 年 9 月，公安部组织起草，国家技术监督局发布我国第一部信息安全保护强制性国家标准——《计算机信息系统安全保护等级划分准则》（GB 17859-1999）。该标准同样采取宜原则不宜细的制定办法，旨在为安全产品的开发、具体标准的制定、安全系统的建设与管理、相关法律法规及其执法提供技术指导和基础。该标准将计算机系统安全保护能力分为五个等级，即第一级用户自主保护级；第二级系统审计保护级；第三级安全标记保护级；第四级结构化保护级；第五级访问验证保护级。计算机信息系统安全保护能力随着安全保护等级的增高，逐渐增强。

1994 年 4 月，我国正式接入国际互联网。为确保国际联网有章可循，有法可依，1996 年 2 月，国务院从加强行业管理的角度出发，发布《中华人民共和国计算机信息网络国际联网管理暂行规定》（195 号令），要求计算机信息网络直接进行国际联网，必须使用邮电部国家公用电信网提供的国际出入口信道。任何单位和个人不得自行建立或者其他信道进行国际联网。对于拟从事经营活动的采用许可证管理，非经营活动采取审批制度。此外，国际出入口信道提供单位、互联单位和接入单位，应当建立相应的网络管理中心，加强对本单位及其用户的管理，做好网络信息安全管理工作。从事国际联网业务的单位和个人，应当严格执行安全保密制度，不得利用国际联网从事危害国家安全、泄露国家秘密等违法犯罪活动。根据 195 号令，邮电部和国家教育委员会于同年先后公布《中国公用计算机互联网国际联网管理办法》和《中国教育和科研计算机网暂行管理办法》，分别加强对公用计算机互联网国际联网、教育和科研计算机网络（CERNET）的管理。

接入国际联网使得我国面临的计算机安全问题已不仅限于计算机系统安全层面。为应对计算机国际联网带来的诸如违法有害信息流入等危害社会安全的新问题，1997年12月，公安部从保障计算机国际联网安全的角度，发布《计算机信息网络国际联网安全保护管理办法》（公安部33号令）。公安部33号令以147号令和195号令为上位法依据，规定由公安部计算机管理监察机构负责计算机信息网络国际联网的安全保护管理工作；从事国际联网业务的单位和个人应当接受公安机关的安全监督、检查和指导，如实向公安机关提供有关安全保护的信息、资料及数据资料，并且为公安机关查处通过国际联网的计算机信息网络违法犯罪行为提供协助。33号令还规定了禁止从事的五类计算机信息网络安全危害行为，包括未经允许，进入计算机信息网络或者使用计算机信息网络资源；对计算机信息网络功能进行删除、修改或者增加；对计算机信息网络中存储、处理或者传输的数据和应用程序进行删除、修改或者增加；以及故意制作、传播计算机病毒等破坏性程序等危害计算机信息网络安全的行为。

此外，为应对国际联网后大量虚假有害网络信息的流入，195号令和公安部33号令都明确提出对网络信息内容进行管理。195号令要求不得制作、查阅、复制和传播妨碍社会治安的信息和淫秽色情等信息；公安部33号令禁止制作、复制、查阅和传播九类信息，包括捏造或者歪曲事实，散布谣言，扰乱社会秩序的；宣扬封建迷信、淫秽、色情、赌博、暴力、凶杀、恐怖，教唆犯罪的；公然侮辱他人或者捏造事实诽谤他人等信息。当公安机关计算机管理监察机构发现含有禁止制作、复制、查阅和传播的九类信息内容的地址、目录和服务器时，应当通知有关单位关闭或删除。

计算机病毒防治方面，2000 年 4 月，公安部发布《计算机病毒防治管理办法》(公安部令第 51 号)。公安部 51 号令以 147 号令为上位法依据，明确计算机信息系统的使用单位应建立本单位计算机病毒防治管理制度、使用具有计算机信息系统安全专用产品销售许可证的计算机病毒防治产品等六项职责。任何单位和个人在从计算机信息网络上下载程序、数据或者购置、维修、借入计算机设备时，应当进行计算机病毒检测。

专用产品销售许可证方面，1997 年 12 月，公安部发布《计算机信息系统安全专用产品检测和销售许可证管理办法》(公安部 32 号令)。公安部 32 号令以 147 号令为上位法依据，对信息系统安全专用产品的生产、检测、销售许可做出进一步细化规定。规定境内的安全专用产品进入市场销售，实行销售许可证制度。申领许可证，必须经过由公安部计算机管理监察部门批准的检测机构进行的安全功能检测和认定。同年，公安部发布《计算机信息系统安全专用产品分类原则》(GA163-1997)，从实体安全、运行安全和信息安全三方面，对计算机信息系统安全专用产品进行划分。其中，信息安全包括操作系统安全、数据库安全、网络安全、病毒防护、访问控制、加密与鉴别七方面。

域名管理方面，1997 年 5 月，国务院信息化领导小组发布《中国互联网络域名注册暂行管理办法》，规定中国在国际互联网络信息中心（InterNIC）正式注册并运行的顶级域名是 CN。在顶级域名 CN 下，采用层次结构设置各级域名。采用逐级授权的方式确定三级以下（含三级）域名的管理单位。各级域名管理单位负责其下级域名的注册。

保密管理方面，国家保密局先后发布《计算机信息系统保密管理暂行规定》《计算机信息系统国际联网保密管理规定》，要求涉密信息和数据必须按照保密规定进行采集、存储、处理、传递、使用和销毁。涉及国家秘密的计算机信息系统，不得直接或间接地与国际互联网或其他公共信息网络相连接，必须实行物理隔离。

地方立法方面，黑龙江、重庆、江苏、浙江等地先后制定《黑龙江省计算机信息系统安全管理规定》《重庆市计算机信息系统安全保护条例》《江苏省计算机信息系统安全保护管理办法》《浙江省信息安全等级保护管理办法》等，结合各地实际，推动落实147号令。

《刑法》作为惩治犯罪的最后一步，随着计算机的应用发展和计算机犯罪的出现，1997年《刑法》将非法侵入或破坏计算机信息系统的行为纳入规制范畴，规定非法侵入计算机信息系统罪和破坏计算机信息系统罪两项罪名。其中，对于国家事务、国防建设和尖端科学技术领域的计算机信息系统，侵入即构成犯罪，不要求达到严重后果，表明我国对威胁国家安全的关键领域计算机信息系统的特殊保护。另外，考虑到计算机病毒等破坏性程序在计算机犯罪中的作用，《刑法》将故意制作、传播计算机病毒等破坏性程序，影响计算机系统正常运行，后果严重的行为也规定为犯罪。

职责授权方面，1995年《人民警察法》规定公安机关的人民警察依法负责监督管理计算机信息系统的安全保护工作，在基本法层面确保公安机关在计算机安全保护方面的职权。

（三）立法评价

20世纪的最后两个十年，我国互联网应用主要涉及教育、科研、经贸、金融、铁路、政府等重点领域，由公用互联网以及教科网、科学技术网、经贸网等行业互联网提供网络基础运营，网络主要是作为信息处理、存储、传输工具。存在的主要问题是计算机病毒、网络攻击事件和违法有害信息的产生，对重要领域的网络安全造成危害。互联网发展早期准备阶段的时代特点使得我国这一时期的立法工作主要是填补空白，建立早期监管体制，探索未来发展道路。

1. 立法艰难起步，实现从无到有

处于我国计算机发展初期阶段，计算机应用局限在少数领域，计算机安全问题虽有所显现但应用领域有限，尚不足以达到威胁社会安全乃至国家安全的高度。因此，网络安全法治建设重点在于填补空缺，首先解决有法可依的问题。自1986年公安部起草我国首部计算机安全法规并开始征求意见，至1994年147号令正式颁布，其间历经八年艰难探索。作为我国首部计算机领域专门立法，无论是核心制度设计、监管机制确立、法律责任设定等条文内容，还是立法层级的选择，都是这一阶段现实需求和立法技术、计算机发展水平与立法前瞻性的平衡，体现出立法者在网络安全法治建设起步阶段的选择与考量，深刻证明我国网络安全法治建设并不是为了抑制或打压信息技术的发展应用，而是强调在保障安全的基础上发展，在发展的同时更好的保障安全。

2. 偏向设备安全，侧重夯实基础

这一阶段，我国信息网络建设刚刚起步，基础设施和网络平台搭建尚未完成，制度设计主要集中于保护计算机信息系统安全以及对互联网基础资源的分配，侧重保障重要领域计算机信息系统安全，强调设备或介质安全，尚未对计算机信息或内容安全加以重点管控。

例如 147 号令明确提出，将重点维护国家事务、经济建设、国防建设、尖端科学技术等重要领域的计算机信息系统安全。同时，对计算机机房安全做出要求，明确计算机机房应当符合国家标准和国家有关规定，在机房附近施工不得危害计算机信息系统安全等要求。

3. 体系尚不健全，道路犹待摸索

如前所述，我国尚处于计算机单机应用阶段，未形成计算机网络，网络后续发展尚不明晰，潜在的安全风险尚未完全暴露，使得计算机领域的法制监管具有不确定性，对逐渐丰富的互联网应用和行业发展认识稍显欠缺，这是历史局限性所致。为保障安全，确保包括 147 号令在内的监管制度能够有效落实，147 号令中加入前瞻性规定。在赋予公安机关一定职权的基础上，规定公安部在紧急情况下，可以就涉及计算机信息系统安全的特定事项发布专项通令。

二、网络社会安全治理（2000 年—2012 年）

（一）立法背景

这一阶段，我国处在由 web1.0 逐渐走向 web3.0 的巨大转变期，前期信息系统和基础设施逐步建设完成，我国开始重视互联网应用与创新，将信息化上升到国家战略高度，以带动经济发展。1995 年 5 月 17 日（世界电信日），邮电部宣布向国内社会各界开放互联网接入服务，并提供所有互联网业务。[①] 互联网开始逐步走进千家万户，为后续互联网产业发展和应用创新铺平道路。1995 年 9 月，中

① 闵大洪：中国互联网的前世今生 . https://tech.sina.com.cn/i/w/2004-04-23/0902353403.shtml

共中央发布《中共中央关于制定国民经济和社会发展“九五”计划和2010年远景目标的建议》，将加快国民经济信息化进程列为今后15年经济发展主要任务之一。1997年4月，全国信息化工作会议通过《国家信息化标准化“九五”规划和2010年远景目标》，将中国互联网列入国家信息基础设施建设；10月，四大骨干互联网——中国公用计算机互联网、中国科技网、中国教育和科研计算机网和中国金桥信息网实现互联互通。①

在此期间，联通、电信、移动三大基础电信运营商成立，基础电信市场逐渐形成。公共上网场所、门户网站、网络游戏、电子商务、即时通信等新应用新业态的出现带来新的经济增长点。1996年11月，实华开公司在北京首都体育馆旁边开设我国第一家网络咖啡屋——实华开网络咖啡屋②。1997年2月，瀛海威全国大网开通，3个月内在北京、上海、广州、福州、深圳、西安、沈阳、哈尔滨8个城市开通，成为我国最早、也是最大的民营ISP、ICP③。此后，京东、阿里巴巴集团、当当成立。2003年起，购物网站淘宝网、买卖双方间的PC端通讯软件阿里旺旺、第三方网络支付平台支付宝相继孵化，电子商务兴起。

2000年，党的十五届五中全会把信息化提升到国家战略高度。会议通过《中共中央关于制定国民经济和社会发展第十个五年计划的建议》。指出信息化是当今世界经济和社会发展的大趋势，也是我国产业优化升级和实现工业化、现代化的关键环节。要加快国民经济和社会信息化，把推进国民经济和社会信息化放在优先位置。

① 中国接入互联网20年大事记. http://www.cac.gov.cn/2014-04/20/c_126417746.htm.

② 1994年～1996年互联网大事记. http://www.cac.gov.cn/2009-04/11/c_126500497.htm.

③ 1997年～1999年互联网大事记. http://www.cac.gov.cn/2009-04/12/c_126500441.htm.

2000 年底，中国移动推出“移动梦网”，将公司现有的 WAP 平台、短消息平台向各合作伙伴开放，向客户提供“一点接入，全网服务”，升级和完善计费系统，以客户聚集者的身份架起应用服务商与用户之间的纽带[①]。移动互联网开始萌芽。

2006 年 3 月，全国人民代表大会发布《中华人民共和国国民经济和社会发展第十一个五年规划纲要》，要求积极推进信息化，坚持以信息化带动工业化，以工业化促进信息化，提高经济社会信息化水平。要求加快制造业信息化、深度开发信息资源、完善信息基础设施、强化信息安全保障。同月，中共中央办公厅、国务院办公厅发布《2006—2020 年国家信息化发展战略》，指出经过多年的发展，我国信息化发展已具备了一定基础，进入了全方位、多层次推进的新阶段。抓住机遇，迎接挑战，适应转变经济增长方式、全面建设小康社会的需要，更新发展理念，破解发展难题，创新发展模式，大力推进信息化发展，已成为我国经济社会发展新阶段重要而紧迫的战略任务。

与此同时，网络媒体发展迅速，门户网站、博客、微博等信息服务逐渐推广普及，网络媒体地位首次在中央层面获得认可。1995 年 8 月，清华大学内部“水木清华站”BBS 系统正式开放。1997 年 1 月，人民日报主办的人民网进入国际互联网络，成为我国开通的第一家中央重点新闻宣传网站。随着网易、搜狐、腾讯、新浪四大公司成立，门户网站和博客业务开始兴起。1999 年 2 月，腾讯公司即时通信服务（OICQ）开通，与无线寻呼、GSM 短消息、IP 电话网互联。同年 11 月，QQ 用户注册数即达到 100 万。2000 年，百度

① 中国互联网之二十年：1994-2014. http://www.cac.gov.cn/2014-11/16/c_1113265290.htm.

公司成立，推出独立搜索门户 baidu.com。2002年8月，博客中国开通，blog 首次在中国被翻译为“博客”。同年11月，时任国家主席江泽民指出:“因特网的发展尤为迅速，它已成为中国新闻传媒的重要组成部分”。这是党和国家最高领导人首次明确网络媒体的地位。2003年，百度超越 Google，成为中国网民首选的搜索引擎，中文社区——百度贴吧同期上线。2009年下半年，新浪、腾讯、搜狐、网易等门户网站纷纷开启或测试微博功能。人民网的微博“人民微博”也于2010年2月1日正式对外开放公测。在此背景下，网络开始催生出相对独立于传统现实社会的新型网络社交关系，并且这种网络社交关系能够转化为现实社会的交往，甚至对原有的社会关系和秩序造成冲击，网络社会开始逐渐形成。

这一阶段，我国开始重视互联网领域的专业学科教育，并通过召开专业会议推动学术研究，营造网络社会安全治理生态，彰显和扩大我国互联网发展水平和影响力。2000年底，教育部将电子商务批准设置为普通高等学校本科专业。2001年3月，教育部公布2000年度备案或批准设置的高等学校本科专业名单，北方交通大学（北京交通大学）、北京邮电大学、西安交通大学等高校获批设置电子商务专业，并批准华中师范大学、西安交通大学设立电子商务第二学位。2002年11月，由中国互联网协会主办的第一届中国互联网大会在上海召开。会议以“互联网的应用——呼唤创新”为主题，这是我国互联网行业一次规模最大、层次最高、内容最丰富的大会。时任信息产业部部长吴基传在会议致辞时说中国互联网大会的召开，标志着中国互联网事业的发展进入了新阶段。[1]

---

① 首届中国互联网大会在上海召开. http://www.cntv.cn/lm/522/41/69059.html.

安全保障方面，随着147号令、《计算机信息系统安全保护等级划分准则》（GB17859—1999）等规定的制定落实，公安部报请国家发改委启动计算机信息系统安全等级保护工程（1110工程），组织公安部第三研究所、北京大学、启明星辰公司等单位、有关专家，实施完成以下主要项目：计算机安全专用产品销售许可检测中心、计算机信息系统安全等级保护评估中心、网络身份认证示范工程、系统安全建设示范工程、等级保护制度实施管理办法和安全保护战略研究、系列配套标准等。

另一方面，全球范围内计算机病毒、网络攻击、垃圾邮件、系统漏洞、网络窃密、违法有害信息和网络违法犯罪等问题日渐突出。1998年6月起，一款名为CIH的恶性计算机病毒开始在网络传播。同年8月27日，北京电报局通讯营业部、北京邮电技术研究所等数十家单位计算机出现瘫痪，影响我国计算机信息系统的正常应用。公安部发布紧急通报，表示CIH病毒是我国迄今为止发现的首例直接攻击、破坏硬件系统的计算机病毒，是破坏力最为严重的病毒之一，要求各单位做好预防工作。[①]

2001年，我国公安部首次开展计算机病毒疫情网上调查活动。调查显示，73%的被调查者的计算机曾经感染过病毒，其中感染病毒三次以上的高达59%。而在感染的计算机病毒中，具有破坏性的恶性病毒占43%，通过电子邮件和网络进行传播的比例也在逐渐攀升。[②]2006年底，一款名为“熊猫烧香”的病毒肆虐网络。该病毒以其自动传播、自动感染硬盘，以及强大的破坏能力，迅速感染全

---

① 晓军.CIH每月26日发作的恶性计算机病毒[J].现代电子技术，1998(07):39-40.

② 张健.我国计算机病毒疫情网上调查报告[J].网络安全技术与应用，2001(09):48-50.

国上百万台电脑，许多企业都未能幸免。

2001年，中美撞机事件后爆发两国间“黑客”大战。短短六天，我国红客攻陷1600多个美国网站，其中包括900多个政府和军方网站，我国也有1100多个网站被攻陷，主要网站600多个。[①] 加之“震网”（Stuxnet）等计算机病毒的肆虐和全球影响，说明单纯强调计算机硬件安全和物理隔离等手段是不够的。并且，仅强调犯罪惩治的公权力事后干预，难以形成全面的信息安全保障体系，这对我国网络安全法治提出了新挑战。

与此同时，随着博客、微博等社交媒体兴起普及，民众通过网络发表言论的途径和方式进一步扩展。但由于网络的匿名性、网络身份管理制度尚未建立，利用网络进行侮辱、诽谤、侵犯知识产权等侵犯公民个人合法权益的事件屡屡发生。2006年起，首例博客告博客案、首例博客性骚扰案、“人肉搜索”第一案接连发生，如何在网络媒体兴起的同时，保障个人隐私、加强网络用户身份管理、强化网络运营者责任、净化网络空间成为重要问题。

2001年7月，时任国家主席江泽民发表重要讲话，指出对保证国家的信息安全等问题，必须进一步研究和采取切实有效的措施，在加强网络安全保障体系建设的同时，更要注意充分运用法律手段，搞好信息网络管理工作，推动信息网络的快速健康发展。[②]

新形势下，如何有效预防和打击网络恐怖主义、网络违法犯罪、网络攻击和信息泄露，以及网络违法有害信息传播，成为摆在立法、

① 还记得2001年中美黑客大战吗？中国红客VS美国黑客 . https://baijiahao.baidu.com/s?id=1609648389901382197&wfr=spider&for=pc.

② 江泽民谈推动信息网络化迅速健康发展 . http://www.chinanews.com/2001-07-11/26/104229.html.

执法和司法部门面前的紧迫任务。此外，在打击计算机犯罪的过程中，犯罪严重程度如何量化，电子证据和电子数据的法律效力和取证程序等问题逐渐凸显，专业化队伍亟待建立，《中华人民共和国刑事诉讼法》（以下简称《刑事诉讼法》）《中华人民共和国民事诉讼法》（以下简称《民事诉讼法》）等程序性立法有待修订完善。

2003 年 4 月，国务院办公厅发布 2003 年国务院立法计划，将网络信息安全条例（国务院信息化工作办公室起草）列为维护社会稳定与公共安全需要制定、修订的法律、行政法规。为落实这一计划，国务院信息化工作办公室委托当时西安交通大学人文学院马民虎副教授进行《网络信息安全条例》有关问题研究。但受限于历史条件，该条例最终并未正式颁布实施。

综合性立法虽未能颁布，但这一阶段的网络社会安全治理内涵应包括两个层级：首先是网络社会的自身安全，主要指网络社会中的设备、设施、网络和环境安全，保障运行安全、数据安全，确保网络功能的正常发挥；其次是与现实社会的安全关系，避免网络社会对其构成危害，主要指传播内容的合法，确保网络不被滥用，维护正常的社会秩序和公共利益。在一般意义上，网络社会安全的外延涉及四个方面：一是实体安全，指保护网络的环境、设备、设施等免受人为或意外事故；二是运行安全，指保护网络信息处理过程顺利进行；三是数据安全，指保障信息的完整性、保密性和可用性；四是内容安全，指确保网络传输信息所承载的内容合法性。

（二）立法进程

我国这一时期的立法依旧呈现出安全与发展并存的局面。在经济建设方面，不同于前期对国际联网资源的全面准入，我国开始着眼于具体的行业领域，对有限的部分行业进行准入限制，先后颁布《中华人民共和国电信条例》（以下简称《电信条例》）、《互联网IP地址备案管理办法》《互联网上网服务营业场所管理条例》等，对电信业务、IP地址分配和互联网上网服务营业场所等进行规范。此外，鉴于网络与实体产业逐渐融合，我国通过《中华人民共和国电子签名法》（以下简称《电子签名法》）、《电子支付指引（第一号）》及其配套制度来完善新技术新业态领域的资源分配。

整体来看，这一阶段网络安全立法“管理”意味有所弱化，突出“规范”，并且多落脚于促进互联网行业、电信业、互联网信息服务等领域的健康发展，以及国家、社会公共和公民合法权益的保障。这一时期的立法一方面重视信息安全，通过多种手段加强信息安全保障；另一方面，伴随着新技术新应用的出现，不断拓展治理领域，形成覆盖面广、治理对象多元的趋势。具体来看，这一时期的网络安全法治主要围绕以下方面：

1. 有限准入

这一阶段，我国从单一管理国际联网接入，逐步拓展到电信业务、互联网信息服务、互联网IP地址等多种互联网基础资源的分配规则。

电信业务方面，2000年9月，为规范电信市场秩序，保障电信网络和信息安全，国务院公布《中华人民共和国电信条例》（以下简称《电信条例》）（291号令），对境内从事电信活动及与电信有关的活动加以约束。291号令规定我国对电信业务经营按照电信业务分类，实行许可制度。电信业务包括基础电信业务和增值电信业务。其中，经营基础电信业务，须经国务院信息产业主管部门审查批准，取得

《基础电信业务经营许可证》。国务院信息产业主管部门审查经营基础电信业务的申请时，应当考虑国家安全、电信网络安全、电信资源可持续利用、环境保护和电信市场的竞争状况等因素。

2000年9月，国务院还发布《互联网信息服务管理办法》(292号令)，为互联网信息服务市场准入划定规则。292号令将互联网信息服务分为经营性和非经营性两类，对经营性互联网信息服务实行许可制度，非经营性信息服务实行备案制度。未取得许可或者未履行备案手续的，不得从事互联网信息服务。

291号令发布之后，我国密集出台关于电信服务的管理规定。《电信服务质量监督管理暂行办法》规定电信服务质量监督管理的任务是对电信业务经营者提供的电信服务质量实施管理和监督检查；监督电信服务标准的执行情况；依法对侵犯用户合法利益的行为进行处罚等。《公用电信网间互联管理规定》明确电信业务经营者不得拒绝其他电信业务经营者提出的互联要求，不得违反国家有关规定擅自限制用户选择其他电信业务经营者依法开办的电信业务。《电信设备进网管理办法》明确国家对接入公用电信网的电信终端设备、无线电通信设备和涉及网间互联的电信设备实行进网许可制度。实行进网许可制度的电信设备必须获得工信部颁发的进网许可证。《电信网间互联争议处理办法》明确发生电信网间互联争议，争议双方当事人应当协商解决；协商不成的，可以向信息产业部或者省、自治区、直辖市通信管理局申请协调；协调不成，由电信主管部门做出行政决定；对行政决定不服，可以依法申请行政复议或者提起行政诉讼。《电信建设管理办法》明确信息产业部依法对全国公用电信网、专用电信网和广播电视传输网的建设实施监督管理。《电信网码号资源管理办法》明确码号资源属于国家所有，国家对码号资源实行有偿使用制度。国家对码号资源的使用实行审批制度。《电信服务规范》明确电信业务经营者提供电信服务时应达到的基本质量要求。《电信业务经营许可管理办法》明确经营电信业务，应当依法取得电信管理机构颁发的经营许可证。电信业务经营者在电信业务经营活动中，应当遵守经营许可证的规定，接受、配合电信管理机构的监督管理。

这一阶段，信息产业部加强对移动信息服务业务资费和收费行为管理。2002年7月，国家计委、信息产业部发布《电信服务明码标价规定》，明确电信业务经营者实行明码标价，应当遵循公开、公平和诚实信用的原则，遵守价格法律、法规和政策。2006年6月，信息产业部开展整治和规范移动信息服务资费和收费专项行为。[①] 专项行动期间，信息产业部发布《关于规范移动信息服务业务资费和收费行为的通知》，规定电信企业应负责移动信息服务业务计费和收费的准确性，在业务使用和收费过程中应尊重用户的自主选择权、知情权和公平交易权。用户向基础电信企业投诉移动信息服务业务资费和收费问题时，基础电信企业应负责妥善处理，实行“首问负责制”。

国际通信准入方面，2002年6月，信息产业部发布《国际通信出入口局管理办法》和《国际通信设施建设管理规定》。其中，《国际通信出入口局管理办法》明确国际通信出入口局（简称“国际通信出入口”）分为国际通信信道出入口、国际通信业务出入口和边境地区国际通信出入口。信息产业部负责国际通信出入口的设置审批

① 专项整治和规范移动信息服务资费和收费行为. http://www.gov.cn/ztzl/315/content_549953.htm.

和监督管理。国际通信出入口应当由国有独资的电信业务经营者申请设置，并承担其运行维护工作。未经信息产业部批准，任何单位和个人不得以任何形式设置国际通信出入口。《国际通信设施建设管理规定》规定进行国际传输网和国际通信信道出入口建设，必须拥有国际通信基础设施经营权。进行国际通信业务出入口和边境地区国际通信出入口建设，必须拥有国际通信业务经营权。

互联网信息服务方面，《互联网药品信息服务管理办法》将互联网药品信息服务分为经营性和非经营性两类。拟提供互联网药品信息服务的网站，应首先经过审核同意取得提供互联网药品信息服务的资格，再向有关部门申请办理经营许可证或者备案手续。《非经营性互联网信息服务备案管理办法》规定在境内提供非经营性互联网信息服务，应当依法履行备案手续。未经备案，不得在境内从事非经营性互联网信息服务。《互联网视听节目服务管理规定》明确从事互联网视听节目服务，应当取得广播电影电视主管部门颁发的《信息网络传播视听节目许可证》或履行备案手续。

其他资源分配方面，2002 年 6 月，北京海淀区“蓝极速”网吧发生火灾，致 25 人死亡，12 人受伤，网吧安全和监管问题进一步引发关注。同年 9 月，国务院发布《互联网上网服务营业场所管理条例》(363 号令)，明确国家对互联网上网服务营业场所经营单位的经营活动实行许可制度，文化行政部门、公安机关、工商行政管理部门、电信管理等其他部门在各自职责范围内共同监管的体制。2005 年 2 月，信息产业部发布《互联网 IP 地址备案管理办法》，对互联网 IP 地址分配机构实行备案制度。2008 年 2 月，国家测绘局、外交部、公安部等发布《关于加强互联网地图和地理信息服务网站监管的意见》，要求严格执行互联网地图和地理信息服务活动的市场准入制度。从事互联网地图编制活动，必须经国务院测绘行政主管部门审批，并取得相应的测绘资质证书。从事互联网地图出版活动，应经国务院新闻出版部门审批，并取得互联网出版许可证。

2. 实业初融

1998年3月，在媒体工作的王轲平通过登录中国银行网址，从世纪互联公司成功购买到10小时的上网时间，完成中国第一单网上电子交易的支付，[①]B2C、C2C网上交易模式逐渐兴起。

电子商务发展初期，首先应解决的是电子合同和电子签名的效力问题。我国于2004年通过《电子签名法》，确立电子签名和数据电文法律效力。该法明确，除特定情形外，当事人约定使用电子签名、数据电文的文书，不得仅因为其采用电子签名、数据电文的形式而否定其法律效力。数据电文不得仅因为其是以电子、光学、磁或者类似手段生成、发送、接收或者储存的而被拒绝作为证据使用。可靠的电子签名与手写签名或者盖章具有同等的法律效力。

2005年1月，国务院办公厅发布《关于加快电子商务发展的若干意见》，明确发展电子商务是以信息化带动工业化，转变经济增长方式，提高国民经济运行质量和效率，走新型工业化道路的重大举措，对实现全面建设小康社会的宏伟目标具有十分重要的意义。要求完善政策法规环境，规范电子商务发展；加紧编制电子商务发展规划；认真贯彻实施《电子签名法》，抓紧研究电子交易、信用管理、安全认证、在线支付、税收、市场准入、隐私权保护、信息资源管理等方面的法律法规问题。

① 中国互联网之二十年：1994-2014. http://www.cac.gov.cn/2014-11/16/c_1113265290.htm.

为应对电子支付工具兴起带来的问题，规范和引导电子支付的健康发展，中国人民银行于2005年10月发布《电子支付指引（第一号）》，明确电子支付指令与纸质支付凭证可以相互转换，二者具有同等效力。2006年1月中国银行业监督管理委员会发布的《电子银行业务管理办法》明确经中国银监会批准，金融机构可以在境内开办电子银行业务，向境内企业、居民等客户提供电子银行服务，也可按照本办法的有关规定开展跨境电子银行服务。

2007年6月，国家发展改革委、国务院信息化工作办公室发布《电子商务发展“十一五”规划》，表示我国电子商务进入快速发展机遇期。要求依据电子商务相关法律法规，进一步规范企业行为，维护市场秩序，促进企业间电子商务的相互协作和发展。

为落实电子签名中的第三方认证制度，2005年2月，信息产业部首次发布《电子认证服务管理办法》，规范电子认证服务行为，对电子认证服务提供者实施监督管理。

2010年，中国人民银行发布《非金融机构支付服务管理办法》和《非金融机构支付服务管理办法实施细则》。要求非金融机构提供支付服务，应当取得《支付业务许可证》，成为支付机构。支付机构应当具备必要的技术手段，确保支付指令的完整性、一致性和不可抵赖性，支付业务处理的及时性、准确性和支付业务的安全性；具备灾难恢复处理能力和应急处理能力，确保支付业务的连续性。

网络游戏方面，这一阶段立法首先聚焦利用网络游戏进行赌博的违法犯罪行为。2005年1月，新闻出版总署发布《关于禁止利用网络游戏从事赌博活动的通知》，明确各网络游戏研发、出版运营机构不得研发、出版运营各类赌博游戏或变相赌博游戏。各网络游戏出版运营单位不得以任何名义、任何形式为各类网络赌博游戏以及其他赌博活动提供平台、工具或服务。2007 年 1 月，公安部、信息产业部、文化部、新闻出版总署发布《关于规范网络游戏经营秩序查禁利用网络游戏赌博的通知》，要求规范网络游戏行业经营行为，组织开展集中清理工作，依法打击利用网络游戏进行的赌博活动；并在全国范围内组织开展为期 3 个月的规范网络游戏经营秩序、查禁利用网络游戏赌博的专项工作。

其次，这一阶段立法明确了网络游戏虚拟货币的法律地位。2003 年 8 月，网络游戏玩家李宏晨在北京市朝阳区人民法院对网络游戏《红月》的运营商北京北极冰科技发展有限公司提起诉讼。这是中国首例游戏玩家因虚拟装备丢失向游戏公司提起诉讼请求的案件，从法律上引出网络虚拟财产的界定问题[①]。2007 年 2 月，文化部等 14 部委联合发布《关于进一步加强网吧及网络游戏管理工作的通知》，对网络游戏中的虚拟货币交易进行规范。该通知明确，中国人民银行要加强对网络游戏中虚拟货币的规范和管理。消费者如需将虚拟货币赎回为法定货币，其金额不得超过原购买金额，严禁倒卖虚拟货币。2008 年 10 月，国家税务总局做出批复表示，个人通过网络收购玩家的虚拟货币，加价后向他人出售取得的收入，属于个人所得税应税所得，应按照“财产转让所得”项目计算缴纳个人所得税。2009 年 6 月，文化部、商务部发布《关于加强网络游戏虚拟货币管理工作的通知》，明确文化行政部门要严格市场准入，加强对网络游戏中虚拟货币发行主体和交易服务提供主体的管理。网络游

① 2002 年～2003 年互联网大事记 . http://www.cac.gov.cn/2009-04/14/c_126500426.htm.

戏运营企业不得在用户直接投入现金或虚拟货币的前提下，采取抽签、押宝、随机抽取等偶然方式分配游戏道具或虚拟货币。

最后，这一阶段建设部署了未成年人网络游戏防沉迷系统。2005年6月起，新闻出版总署组织有关部门、主要网络游戏运营商开发建设网络游戏防沉迷系统。2006年3月系统的开发工作基本完成，开始进行试运行。2007年4月，新闻出版总署、中央精神文明建设指导委员会办公室、教育部等部门发布《关于保护未成年人身心健康实施网络游戏防沉迷系统的通知》，决定在全国网络游戏中推行网络游戏防沉迷系统，要求各网络游戏运营企业必须严格按照要求在所有网络游戏中开发设置网络游戏防沉迷系统。2011年7月，新闻出版总署、中央精神文明建设指导委员会办公室、教育部等部门发布《关于启动网络游戏防沉迷实名验证工作的通知》，决定在全国范围内启动网络游戏防沉迷实名验证工作。明确由公安部所属全国公民身份证号码查询服务中心承担全国网络游戏防沉迷实名验证工作，要求网络游戏运营企业全力做好网络游戏防沉迷实名验证的各项相关工作。

3. 自身安全

这一时期，国家注重对网络自身安全的保护，加快信息安全等级保护、信息安全保障、打击网络犯罪、网络用户身份管理及个人信息保护等方面的政策立法。

信息安全等级保护方面。为进一步将147号令确立的信息安全等级保护制度落到实处，我国先后发布《国家信息化领导小组关于加强信息安全保障工作的意见》（中办发〔2003〕27号）、《关于信息安全等级保护工作的实施意见》（公通字〔2004〕66号）、《信息安全等级保护管理办法》等政策法规，细化制度要求。

2003 年，我国发布《国家信息化领导小组关于加强信息安全保障工作的意见》（中办发〔2003〕27 号，简称 27 号文），将信息安全等级保护作为国家信息安全保障工作的重中之重。27 号文指出，我国的信息安全保障工作虽取得明显成效，但仍存在防护水平不高、关键技术整体上比较落后、信息安全法律法规和标准不完善等问题。为此，27 号文提出十项要求，包括实行信息安全等级保护；加强信息安全法制和标准化建设；加强对信息安全保障工作的领导，建立健全信息安全管理责任制等。其中，提出坚持积极防御、综合防范的方针，综合平衡安全成本和风险，加强信息安全理论和战略研究，抓紧研究起草《信息安全法》，建立和完善信息安全法律制度。

为进一步落实 147 号令和 27 号文确立的信息安全等级保护制度，2004 年 9 月，公安部、国家保密局、国家密码管理委员会办公室、国务院信息化工作办公室发布《关于信息安全等级保护工作的实施意见》（公通字〔2004〕66 号，简称 66 号文）。66 号文指出信息安全等级保护的核心是对信息安全分等级、按标准进行建设、管理和监督。66 号文明确我国计划用三年左右的时间在全国范围内分三个阶段实施信息安全等级保护制度，分别如下：①准备阶段。在全面实施等级保护制度之前，用一年左右的时间做好准备工作，包括加快完善法律法规和标准体系，加紧制定《信息安全等级保护管理办法》和《信息安全等级保护实施指南》《信息安全等级保护评估指南》等法规、规范。②重点实行阶段。在做好前期准备工作的基础上，用一年左右的时间，在国家重点保护的涉及国家安全、经济命脉、社会稳定的基础信息网络和重要信息系统中实行等级保护制度。

③全面实行阶段。在试行工作的基础上，用一年左右的时间，在全国全面推行信息安全等级保护制度。

66号文发布后，我国进入信息安全等级保护前期准备阶段，立法思路逐渐从侧重于针对信息安全产品进行分等级保护转变为以保护信息系统为核心。

为做好前期准备，顺利推进信息安全等级保护制度进入重点实行阶段，2007年6月，公安部、国家保密局、国家密码管理局、国务院信息工作办公室联合发布《信息安全等级保护管理办法》，明确国家信息安全等级保护坚持自主定级、自主保护的原则，提出了影响信息安全保护等级定级的两个影响因素：信息系统在国家安全、经济建设、社会生活中的重要程度；信息系统遭到破坏后对国家安全、社会秩序、公共利益以及公民、法人和其他组织的合法权益的危害程度，并依据上述因素将信息系统的安全保护等级由低到高划分为五个等级。

同年7月，公安部、国家保密局、国家密码管理局、国务院信息化工作办公室发布《关于开展全国重要信息系统安全等级保护定级工作的通知》，明确四部门定于2007年7月至10月在全国范围内组织开展重要信息系统安全等级保护定级工作。划定的重要信息系统包括基础信息网络，重要信息系统，市（地）级以上党政机关的重要网站和办公信息系统，涉及国家秘密的信息系统等。

同年10月，公安部发布《信息安全等级保护备案实施细则》，为非涉及国家秘密的第二级以上信息系统的备案工作提供指引。该细则明确对拒不备案的，公安机关应当依据147号令等其他有关法律、法规规定，责令限期整改。逾期仍不备案的，予以警告，并向其上级主管部门通报。

信息安全保障方面。291 号令要求电信业务经营者应当按照国家有关电信安全的规定，建立健全内部安全保障制度，实行安全保障责任制。电信业务经营者在电信网络的设计、建设和运行中，应当做到与国家安全和电信网络安全的需求同步规划、同步建设、同步运行。292 号令要求互联网信息服务提供者和互联网接入服务提供者的数据留存和协助执法义务，要求将相关记录保存 60 日，并在国家有关机关依法查询时予以提供。

2005 年 12 月，公安部发布《互联网安全保护技术措施规定》，要求互联网服务提供者和联网使用单位应当落实以下基础义务:（1）防范计算机病毒、网络入侵和攻击破坏等危害网络安全事项或者行为的技术措施;（2）重要数据库和系统主要设备的冗灾备份措施;（3）记录并留存用户登录和退出时间、主叫号码、账号、互联网地址或域名、系统维护日志的技术措施;（4）法律、法规和规章规定应当落实的其他安全保护技术措施。在此基础上，对提供互联网接入服务的单位、提供互联网信息服务的单位、提供互联网数据中心服务的单位和联网使用单位、提供互联网上网服务的单位提出更高的安全保护要求。

2006 年 2 月，信息产业部发布《互联网电子邮件服务管理办法》，要求互联网电子邮件服务提供者应当记录经其电子邮件服务器发送或者接收的互联网电子邮件的发送或者接收时间、发送者和接收者的互联网电子邮件地址及 IP 地址。上述记录应保存 60 日，并在国家有关机关依法查询时予以提供。还要求互联网电子邮件服务提供者加强电子邮件服务系统的安全管理，在发现网络安全漏洞后及时采取安全防范措施。

打击网络违法犯罪方面。2000年12月，我国发布《全国人民代表大会常务委员会关于维护互联网安全的决定》，将一系列危害互联网运行安全；利用互联网威胁国家安全和社会稳定、威胁社会主义市场经济秩序和社会管理秩序；利用互联网侵犯个人、法人和其他组织的人身、财产等合法权利的行为，认定为犯罪，依照刑法有关规定追究刑事责任。2009年2月，《中华人民共和国刑法修正案(七)》通过，刑法第二百八十五条中增加两款作为第二款、第三款，分别是非法获取计算机信息系统数据、非法控制计算机信息系统罪和提供侵入、非法控制计算机信息系统程序、工具罪。

网络用户身份管理方面。为加强网络用户管理，约束网络行为，净化网络空间，2012年12月，全国人大常委会通过《全国人大常委会关于加强网络信息保护的决定》，要求建立网络身份管理制度，即俗称的"实名制"，明确要求网络服务提供者采取技术措施和其他必要措施保障信息安全、加强用户发布的信息内容管理。

4. 内容安全

伴随着门户网站、聊天室、微博客等交流平台的兴起，网民可以从网络获取和发送信息的渠道进一步扩展，网络媒体的社会影响力显著提升，网络的舆论监督价值日益凸显，"躲猫猫""钓鱼执法""方舟子打假""李刚之子醉驾撞人"等一系列事件通过网络引发社会广泛关注。与此同时，网络虚假信息、违法有害信息大量出现。2000年12月，文化部、广电总局、全国学联、国家信息化推进办公室、中国电信、中国移动等单位共同发起"网络文明工程"。在启动仪式上，时任文化部副部长表示，1999年11月至2000年6

月，文化部调查发现，目前国内一些网站在内容方面存在不少问题，网民的上网行为也亟待规范。[1]为避免网络信息内容生态进一步恶化，规范互联网信息服务，净化网络空间，我国在这一阶段加大信息内容治理力度，相关立法中大多有所涉及。

291 号令和 292 号令均对不得利用电信网络制作、复制、发布、传播的信息内容进行明确。其中,292 号令采取“列举 + 兜底”的方式，明确互联网信息服务提供者不得制作、复制、发布、传播的九类信息，俗称“九不准”。这九类信息可主要分为以下三类:（1）危害国家安全的信息，包括“反对宪法所确定的基本原则的；危害国家安全，泄露国家秘密，颠覆国家政权，破坏国家统一的；损害国家荣誉和利益的；煽动民族仇恨、民族歧视，破坏民族团结的；破坏国家宗教政策，宣扬邪教和封建迷信的”信息等;（2）危害社会稳定和秩序的信息，包括“散布谣言，扰乱社会秩序，破坏社会稳定的；散布淫秽、色情、赌博、暴力、凶杀、恐怖或者教唆犯罪的”信息等;（3）对个人权利及其他私权利造成侵害的信息，包括侮辱或者诽谤他人，侵害他人名誉、隐私、知识产权和其他合法权益的信息等。

为规范互联网站登载新闻的业务，国务院新闻办公室和信息产业部于 2000 年 11 月联合发布《互联网站从事登载新闻业务管理暂行规定》，明确中央新闻单位、中央国家机关各部门新闻单位以及省、自治区、直辖市和省、自治区人民政府所在地的市直属新闻单位依法建立的互联网站，经批准可以从事登载新闻业务。其他新闻单位不单独建立新闻网站，经批准可以在中央新闻单位或者省、自治区、直辖市直属新闻单位建立的新闻网站建立新闻网页从事登载新闻

① 中国“网络文明工程”正式启动 . http://www.chinanews.com/2000-12-07/26/60183.html.

业务。

2003年发生的湖北青年孙志刚被收容并殴打致死一事[①]，表明我国网络媒体的影响力逐步提高，信息内容治理更为关键。2005年9月，国务院新闻办公室、信息产业部首次发布《互联网新闻信息服务管理规定》，规范互联网新闻信息服务，要求互联网新闻信息服务单位要坚持为人民服务、为社会主义服务的方向，坚持正确的舆论导向。

2007年12月发布的《互联网视听节目服务管理规定》，明确广播电影电视主管部门发现互联网视听节目服务单位传播违反本规定的视听节目，应当采取必要措施予以制止。互联网视听节目服务单位对含有违反本规定内容的视听节目，应当立即删除，并保存有关记录，履行报告义务，落实有关主管部门的管理要求。互联网视听节目服务单位主要出资者和经营者应对播出和上载的视听节目内容负责。

2011年12月，工信部发布的《规范互联网信息服务市场秩序若干规定》对互联网信息服务提供者的一系列市场行为予以约束，包括不得侵犯用户和其他互联网信息服务提供者的合法权益，以及捆绑软件、弹窗广告、个人信息收集存储、系统安全防护等方面的要求。互联网信息服务提供者在用户终端上进行软件下载、安装、运行、升级、卸载等操作的，应当提供明确、完整的软件功能等信息，并事先征得用户同意。

---

① 2003年3月20日，湖北青年孙志刚在广州被收容并遭殴打致死。该事件首先被地方报纸媒体曝光，我国各大网络媒体积极介入，引起社会广泛关注，互联网发挥了强大的媒体舆论监督作用，促使有关部门侦破此案。6月20日，国务院发布《城市生活无着的流浪乞讨人员救助管理办法》，同时废止《城市流浪乞讨人员收容遣送办法》。

（三）立法评价

不同于网络工具安全治理阶段侧重于解决从无到有的问题，这一阶段我国网络安全法治建设更为全面，经济社会发展和法治建设的双向推动作用均有所体现。一方面，互联网应用逐步广泛，信息化建设加快，要求立法应合理配置市场资源，回应经济发展现实需求；另一方面，计算机病毒、垃圾邮件等安全问题显现，微博客等平台的建立营造出网络空间是法外之地的假象，在加强安全保障立法的同时，也需对用户身份和网络行为加以管理和约束。

1. 优化市场准入，助推产业发展

随着三大基础电信运营商的成立，以及门户网站、微博客等平台的兴起，我国对市场资源的优化配置需求不再局限于国际联网领域。这一阶段，以 291 号令和 292 号令为代表，我国在电信市场、互联网信息服务市场、互联网上网服务营业场所等领域建立许可或备案制度，优化市场准入。与此同时，电子商务兴起，为助推产业发展，繁荣数字经济，需及时确认电子合同、电子签名、数据电文法律效力，并且将电子数据在诉讼法中的证据地位予以确认，为此，我国颁布《电子签名法》，并修订《刑事诉讼法》《民事诉讼法》《中华人民共和国行政诉讼法》（以下简称《行政诉讼法》），将电子数据列为证据之一。

2. 安全问题凸显，重视立法保障

这一阶段，计算机病毒、网络攻击、垃圾邮件、系统漏洞、网络窃密和网络违法犯罪等问题逐渐凸显，威胁社会和国家安全。因此，我国一方面通过 27 号文、《互联网安全保护技术措施规定》《信

息安全等级保护管理办法》等法规文件，落实安全等级保护制度，加强技术措施；另一方面，通过《全国人民代表大会常务委员会关于维护互联网安全的决定》《中华人民共和国刑法修正案（七）》等，将一系列危害计算机安全的行为纳入刑法规制体系，强化计算机类型犯罪的事后惩戒。

此外，网民通过网络自由发表言论，虚拟空间发表言论不受约束的假象导致网络信息内容失真，这一现象亟待破除。我国一方面通过《全国人大常委会关于加强网络信息保护的决定》建立身份管理制度，通过实名制对网民身份加以约束；另一方面，通过 291 号令、292 号令等法规，强调互联网信息服务提供者在信息内容管理方面的责任，同时明确网民不得通过电信网络制作、复制、发布、传播的信息类型，约束网民行为。

3. 立法呈碎片化，缺乏协调融合

这一阶段，包括工信部、国务院新闻办公室、公安部等在内的各部门在各自职权范围内加强网络安全相关立法，开展部门或部门间执法行动，对互联网应用和经济发展逐渐加快起到一定的规范和保障作用。但部门分立，缺乏统筹协调，使得立法体系较为分散，缺乏条理，监管部门职责不清，九龙治水的情况较为严重，行政责任层面的规范缺乏统一指引。2013 年 11 月，习近平总书记在中共十八届三中全会上作的关于《中共中央关于全面深化改革若干重大问题的决定》的说明中指出，“从实践看，面对互联网技术和应用飞速发展，现行管理体制存在明显弊端，主要是多头管理、职能交叉、权责不一、效率不高。同时，随着互联网媒体属性越来越强，网上媒体管理和产业管理远远跟不上形势发展变化。特别是面对传播快、影响大、覆盖广、社会动员能力强的微客、微信等社交网络和即时通信工具用户的快速增长，如何加强网络法制建设和舆论引导，确保网络信息传播秩序和国家安全、社会稳定，已经成为摆在我们面前的现实突出问题”。[①]

此外，在伊朗核电站“震网”病毒事件和委内瑞拉停电事件等事件的推动下，网络安全已经逐渐上升到国家安全高度，但我国尚缺乏国家层面的统一基础性立法，仅依靠人大决定、《刑法》《治安管理处罚法》等延伸立法，以及 147 号令、291 号令、292 号令等在内的行政法规及部门规章层面的立法难以支撑保障网络安全。

三、网络国家安全治理（2013 年—2020 年）

（一）立法背景

在“互联网 +”浪潮的推动下，网络与社会各领域深度融合，云计算、大数据等新一代信息技术推陈出新，网络逐渐超越其“工具”价值，网络空间逐渐成为各国博弈较量的新疆域，网络安全随之上升到国家安全的高度。

这一阶段，我国经历了 3G、4G，并逐步走向 5G 商用的历史性变革。2009 年前后，3G 商用化、智能终端发展、社交网络平台开始兴起，我国逐步进入以信息交互为核心的 web3.0 时期。2011 年 1 月，腾讯推出微信平台，为智能终端提供即时通讯服务。到 2012 年

① 关于《中共中央关于全面深化改革若干重大问题的决定》的说明 . http://cpc.people.com.cn/xuexi/n/2015/0720/c397563-27331312.html.

6月底，我国已拥有5.38亿网民，手机超越台式电脑成为中国网民第一大上网终端。[①]2012年7月，国务院发布《“十二五”国家战略性新兴产业发展规划》，要求加快新一代信息技术产业的发展。加快建设宽带、融合、安全的下一代信息网络，突破超高速光纤与无线通信、物联网、云计算、数字虚拟、先进半导体和新型显示等新一代信息技术，并提出宽带中国工程、物联网和云计算工程、智能制造装备工程等重大工程。为落实“宽带中国”工程，2013年8月，国务院发布《“宽带中国”战略及实施方案》。方案提出分三阶段落实这一战略，分别如下：（1）全面提速阶段（至2013年底）。重点加强光纤网络和3G网络建设，提高宽带网络接入速率，改善和提升用户上网体验。（2）推广普及阶段（2014—2015）。重点在继续推进宽带网络提速的同时，加快扩大宽带网络覆盖范围和规模，深化应用普及。（3）优化升级阶段（2016—2020）。重点推进宽带网络优化和技术演进升级，宽带网络服务质量、应用水平和宽带产业支撑能力达到世界先进水平。

在此过程中，我国总体战略指引由普及信息化，推动信息化发展逐渐转向促进信息化与工业化相融合，以互联网行业的发展带动传统产业创新发展上来。2012年11月，易观国际集团创始人于扬在易观第五届移动博览会上发表主题演讲，首次在业界提出“互联网+”理念。[②]2015年3月，十二届全国人大三次会议在北京召开。李克强总理在政府工作报告中首次提出将制定“互联网+”行动计划。2015年5月，国务院印发《中国制造2025》，提出立足国情，

①《中国互联网络发展状况统计报告（2012年7月）》. http://www.cac.gov.cn/files/pdf/hlwtjbg/hlwlfzzkdctjbg030.pdf.

② 于扬：所有传统和服务应该被互联网改变 . https://tech.qq.com/a/20121114/000080.htm.

立足现实，力争通过“三步走”实现制造强国的战略目标。文件要求推进信息化与工业化深度融合、大力推动重点领域突破发展作为战略任务之一。2015年7月，国务院正式发布《关于积极推进“互联网+”行动的指导意见》，要求充分发挥我国互联网的规模优势和应用优势，推动互联网由消费领域向生产领域拓展，大力拓展互联网与经济社会各领域融合的广度和深度。在指导意见推动下，国务院、国家发改委、工信部、农业部、中央网络安全和信息化领导小组办公室等部门发布《“互联网+”现代农业三年行动实施方案》《关于推进“互联网+”智慧能源发展的指导意见》《关于加快推进“互联网+政务服务”工作的指导意见》《“互联网+”高效物流实施意见》《深化“互联网+先进制造业”发展工业互联网的指导意见》《关于促进“互联网+医疗健康”发展的意见》《关于促进“互联网+社会服务”发展的意见》等政策文件，在全社会各行业掀起“互联网+”热潮，推动互联网向经济社会各领域加速渗透。为进一步深化制造业与互联网融合发展，协同推进“中国制造2025”和“互联网＋”行动计划，2016年5月，国务院发布《关于深化制造业与互联网融合发展的指导意见》。明确制造业是国民经济的主体，是实施“互联网＋”行动的主战场。提出到2025年，制造业与互联网融合发展迈上新台阶，融合“双创”体系基本完备，融合发展新模式广泛普及，新型制造体系基本形成，制造业综合竞争实力大幅提升的目标。

在政策支持鼓励和经济发展、技术创新的双重推动下，我国电子商务发展一路领先，互联网金融、网络预约出租汽车、共享经济等基于互联网的新业态新模式竞相涌现。2013年，我国网络零售交易额达到1.85万亿元，中国超过美国成为全球第一大网络零售市场。[1]同年，互联网金融兴起。同年6月，支付宝宣布与天弘基金合作推出余额宝，提供余额增值服务和活期资金管理服务产品。10月，百度宣布旗下"百度金融中心——理财"平台将于10月28日正式上线。新浪推出微博钱包，腾讯推出微支付、基金超市，京东推出京保贝。互联网金融产品丰富了人们投融资的渠道与方式，传统金融业受到冲击。[2]2015年7月，中国人民银行、工信部、公安部、财政部、国家互联网信息办公室等十部门联合发布《关于促进互联网金融健康发展的指导意见》，明确互联网与金融深度融合是大势所趋，国家积极鼓励互联网金融平台、产品和服务创新，激发市场活力。

为顺应互联网与制造业深度融合趋势，应对海量数据融合分析、传统行业触网引入的新问题，以大数据、云计算为代表的新一代信息技术应运而生。云计算作为承载各类应用的关键基础设施，2006年8月，时任谷歌首席执行官的埃里克·施密特在圣何塞举行的搜索引擎大会上首次正式提出云计算概念。2009年5月，首届中国云计算大会召开，[3]我国开始重视云计算的建设发展。2010年10月，国家发展改革委、工信部发布《关于做好云计算服务创新发展试点示范工作的通知》，提出现阶段云计算创新发展的总体思路是"加强统筹规划、突出安全保障、创造良好环境、推进产业发展、着力试点示范、实现重点突破"。2012年1月，科技部将"中国云"科

① 根据eMarketer数据显示，2013年美国网络零售交易额达到2589亿美元，约合人民币1.566万亿元. http://www.cac.gov.cn/2014-05/22/c_126535820.htm.

② 2013年中国互联网发展大事记. http://www.cac.gov.cn/2014-05/22/c_126535820.htm.

③ 2009年5月22日，首届中国云计算大会召开. http://www.xinhuanet.com/science/2017-05/22/c_136298307.htm.

技重点专项作为计划实施的19项科技重点规划之一，旨在形成基于自主核心技术的“中国云”总体技术方案和建设标准，掌握云计算和高性能计算的核心技术。[①]2015年1月，国务院发布《关于促进云计算创新发展培育信息产业新业态的意见》，旨在进一步促进我国云计算创新发展，积极培育信息产业新业态。2017年3月，工信部发布《云计算发展三年行动计划（2017—2019年）》，指出云计算已逐渐被市场认可和接受。“十二五”末期，我国云计算产业规模已达1500亿。

在云计算的基础支撑作用下，应用大数据技术对数据进行深度分析挖掘成为可能。2015年8月，国务院发布《促进大数据发展行动纲要》，明确数据已成为国家基础性战略资源，大数据正日益对全球生产、流通、分配、消费活动以及经济运行机制、社会生活方式和国家治理能力产生重要影响。在该行动纲要的推动促进下，国务院办公厅、农业部、工信部、国土资源部、国家发展改革委员、气象局、国家卫生健康委员会等部门发布《农业部关于推进农业农村大数据发展的实施意见》《关于组织实施促进大数据发展重大工程的通知》《关于促进和规范健康医疗大数据应用发展的指导意见》《关于促进国土资源大数据应用发展实施意见》《大数据产业发展规划（2016—2020年）》《气象大数据行动计划（2017—2020年）》《国家健康医疗大数据标准、安全和服务管理办法（试行）》《关于工业大

① 2012年1月，科技部发布《高新技术产业化及其环境建设十二五专项规划》（该文件现已失效），该规划计划实施19项科技重点规划，“中国云”科技重点专项属于其中之一，目标是形成基于自主核心技术的“中国云”总体技术方案和建设标准、掌握云计算和高性能计算的核心技术。建设国家级云计算平台，引导部门、地方和企业，形成不同规模、不同服务模式的云计算平台，培育发展云计算应用和服务产业。

数据发展的指导意见》等，在不同行业领域促进大数据行业的发展应用。

2016年1月，工信部正式启动5G技术研发试验，意味着我国5G发展进入技术研发及标准研制的关键阶段。根据规划，我国5G试验将分两步走。第一步，2015年到2018年进行技术研发试验，由中国信息通信研究院牵头组织，运营企业、设备企业及科研机构共同参与；第二步，2018年到2020年，由国内运营商牵头组织，设备企业及科研机构共同参与。[1]

1956年，麦卡锡、明斯基等科学家在美国达特茅斯学院开会研讨“如何用机器模拟人的智能”，首次提出“人工智能（Artificial Intelligence，简称AI）”概念。随着互联网、云计算、大数据等信息技术的发展应用，人工智能在新的时代背景下迎来又一轮发展契机。2017年3月，国务院总理李克强作政府工作报告，指出要加快培育壮大包括人工智能在内的新兴产业，人工智能首次写入全国政府工作报告。同年5月，人工智能系统AlphaGo Master与人类世界实时排名第一的棋手柯洁展开围棋人机对决，最终连胜三盘，[2]再次引发社会对人工智能技术的热议。2018年10月，中共中央总书记习近平在主持学习时强调，人工智能是新一轮科技革命和产业变革的重要驱动力量，是引领这一轮科技革命和产业变革的战略性技术，具有溢出带动性很强的“头雁”效应。[3]2019年4月，国务院发布《国务院关于落实<政府工作报告>重点工作部门分工的意见》，要求深

① 工信部启动5G研发试验2018年完成典型业务演示.http://it.people.com.cn/n1/2016/0108/c1009-28030054.html.

② 2017年人工智能十大事件AI首次写入政府工作报告.http://www.ce.cn/xwzx/gqpd/201712/28/t20171228_27460779.shtml.

③ 习近平：推动我国新一代人工智能健康发展.http://www.xinhuanet.com/2018-10/31/c_1123643321.htm.

化大数据、人工智能等研发应用，培育新一代信息技术、高端装备、生物医药、新能源汽车、新材料等新兴产业集群，壮大数字经济。

与此同时，我国面临的国内外网络安全形势日趋复杂严峻。一方面，随着网络空间成为与陆地、海洋、天空、太空同等重要的人类活动新领域，围绕网络空间的国际竞争与较量日趋激烈，国际环境剑拔弩张。各国普遍意识到网络已经成为外交博弈、力量制衡的重要工具，境外敌对势力的网络渗透日益泛化，网络攻击的非对称性进一步凸显，网络恐怖主义甚嚣尘上，供应链渗透威胁着能源、通信、金融等国家关键信息基础设施安全。

2013 年 6 月，前中情局（CIA）职员爱德华·斯诺登通过英国《卫报》和美国《华盛顿邮报》对外披露美国国家安全局一项代号“棱镜”的秘密项目。棱镜计划正式名号为“US-984XN”，作为一项绝密电子监听计划，自 2007 年开始实施。美国政府通过该计划，联合网络巨头在全球范围内实施大规模网络监控。“棱镜门”事件的曝光引发全球对网络霸权主义，以及通过网络引入的国家安全、政治安全风险的担忧。

2017 年 5 月，一款名为 WannaCry 的勒索病毒在全球较大范围内传播。该勒索病毒利用 Windows 操作系统 445 端口存在的漏洞进行传播，并具有自我复制、主动传播的特性。勒索病毒感染用户计算机后，将对计算机中的文档、图片等实施高强度加密，并向用户勒索赎金。截至 5 月 16 日上午，全球约 304.1 万个 IP 地址遭受“永恒之蓝”SMB 漏洞攻击，主要分布在阿联酋、中国台湾地区、美国和俄罗斯，其中我国境内的 IP 地址数量约有 9.4 万个。[①] 在此次事

① Wannacry 勒索软件蠕虫近期传播态势 . https://www.cert.org.cn/publish/main/9/2017/20170517075328471968938/20170517075328471968938_.html.

件中，病毒感染了包括我国在内的大量医院、教育、能源、通信、制造业等以及政府部门在内的多个领域，对于国家安全、社会稳定和公民利益造成极大损害。

另一方面，在我国逐渐发展成为网络大国，网民规模位居世界首位，在手机等移动设备、移动互联网、电子商务等领域蓬勃发展的同时，新型网络安全风险涌现，国内网络空间治理内容日趋复杂多变。首先，网络与各领域深度融合，传统领域信息化程度不断提高，信息系统的脆弱性使得支撑国家、社会运转的基础设施开始面临物理和网络攻击的双重安全风险；其次，新技术新应用的出现加大传统立法的适用难度，云计算和大数据等技术的发展和普及，为数据主权、跨境流动等带来新的挑战，人工智能引入的社会伦理等新型风险亟待破解；最后，我国网民数量不断攀升，网络应用的日益丰富使得网络运营者收集、使用的数据类型和方式不断翻新，数据泄露、滥用事件频发，海量用户数据汇聚融合产生的价值使得个人隐私保护和数据安全成为焦点问题。

2008 年，央视 3・15 晚会对当时泛滥的垃圾短信问题进行曝光。据报道，占有“垃圾短信”80% 市场的分众无线传媒技术有限公司（以下简称“分众公司”）掌握 2 亿多个手机号码资源，约占当时中国 5 亿多手机用户的一半。获取手机用户信息后，分众公司对机主信息进行详尽分类，精确到机主性别、年龄、消费水平等，以“精确”发送垃圾短信。[①] 这一事件的曝光引发公众对个人信息保护的担忧。

2010 年，腾讯与 360 公司围绕各自开发的软件功能展开较量，

① “分众”被指掌握两亿多手机用户信息 . http://epaper.southcn.com/nfdaily/html/2008-03/17/content_5071096.htm

即所谓的“3Q大战”。在双方数度回合中，360曾发布一款“隐私保护器”工具，宣称其功能是帮助用户监控电脑中软件在系统后台的所有行为，并提示用户“某聊天软件”在未经用户许可的情况下偷窥用户个人隐私文件和数据。对此，腾讯提起诉讼，2011年，法院做出一审宣判。法院审理认为，“360隐私保护器”对QQ2010软件监测提示的可能涉及隐私的文件，与客观事实不符。同时，在“360隐私保护器”界面用语和360网站的360安全中心等网页中还对QQ软件进行了一定数量的评价和表述。这些表述采取不属实的表述事实、捏造事实的方式，具有明显的不正当竞争的意图，损害了腾讯的商业信誉和商品声誉，构成了商业诋毁，判令停止发行使用涉案“360隐私保护器”，删除相关网站涉案侵权内容，公开致歉并赔偿损失。[①] 此次事件折射出的用户个人信息保护问题再度引发关注。

2012年6月，国务院发布《关于大力推进信息化发展和切实保障信息安全的若干意见》。要求健全安全防护和管理，加快安全能力建设。重要信息系统和基础信息网络要与安全防护设施同步规划、同步建设、同步运行，强化技术防范，严格安全管理，切实提高防攻击、防篡改、防病毒、防瘫痪、防窃密能力。加强地理、人口、法人、统计等基础信息资源的保护和管理，强化企业、机构在网络经济活动中保护用户数据和国家基础数据的责任。

这一时期严峻的国内外网络安全形势为我国网络安全法治提出了新的要求。2013年11月，中共十八届三中全会提出坚持积极利用、科学发展、依法管理、确保安全的方针，加大依法管理网络力度，

① 2011年度人民法院十大典型案件. https://www.chinacourt.org/article/detail/2012/01/id/471077.shtml.

完善互联网管理领导体制。目的是整合相关机构职能，形成从技术到内容、从日常安全到打击犯罪的互联网管理合力，确保网络正确运用和安全。2014 年 4 月，习近平总书记首次提出总体国家安全观，将信息安全纳入国家安全体系，指出要构建集政治安全、国土安全、军事安全、经济安全、文化安全、社会安全、科技安全、信息安全、生态安全、资源安全、核安全等于一体的国家安全体系。网络安全上升到国家战略高度。

在此期间，2010 年，第一届中国信息安全法律大会在西安召开。作为我国信息安全法学领域首个全国性学术会议，中国信息安全法律大会由西安交通大学主办，致力于构建政府与企业、国家与社会、技术与法律协同交流的平台，支持我国网络社会治理创新体系的构建。会议指出，网络安全事关国家安全和社会公共利益，需要硬约束和软约束相结合以保障安全。我国虽已制定多部法律对安全保障和网络违法犯罪治理提出要求，但安全问题仍颇为棘手。随着新技术新应用的推陈出新，我国网络安全法治建设仍任重道远。

传统“补丁式”立法框架已然不能满足网络安全保障要求，需要一部综合性的立法以处理保护客体过于繁杂的问题。鉴于此，我国需将网络安全法治提升到基本法层级，并将基础性网络安全立法定位为“保障法”，而非“惩治法”，重点集中于网络安全保障能力建设方面，兼具“安全”与“发展”的二元价值选择。2013 年，在中央统一部署下，国家互联网信息办公室启动制定国家信息网络专项立法工作，[①] 综合性的网络安全基础立法提上日程，《网络安全

① 网络安全法解读：开启我国信息网络立法进程 . http://www.npc.gov.cn/zgrdw/npc/lfzt/rlyw/2016-11/10/content_2002309.htm.

法》呼之欲出。

（二）立法进程

这一时期，我国发布专门的网络安全战略，将网络主权正式写入顶层设计。我国第一部网络安全领域综合性、基础性立法《中华人民共和国网络安全法》（以下简称《网络安全法》）正式发布，并逐步制定网络安全等级保护、关键信息基础设施保护、数据出境安全评估、网络关键设备和网络安全专用产品、个人信息保护等方面的配套法规。

1. 主权安全

这一阶段，随着网络安全上升到国家战略层面，我国先后发布《国家信息化发展战略纲要》《国家网络空间安全战略》和《网络空间国际合作战略》，从国内网络空间治理和国际网络安全博弈两方面，指导网络安全工作。

2016年7月，中共中央办公厅、国务院办公厅发布《国家信息化发展战略纲要》，对2006年发布的《2006－2020年国家信息化发展战略》进行调整和发展。指出进入21世纪特别是党的十八大以来，我国信息化取得长足进展，但与全面建成小康社会、加快推进社会主义现代化的目标相比还有差距，坚持走中国特色信息化发展道路，以信息化驱动现代化，建设网络强国，迫在眉睫、刻不容缓。

2016年12月，国家互联网信息办公室发布《国家网络空间安全战略》，阐明了中国关于网络空间发展和安全的重大立场和主张，提出战略方针和主要任务，切实维护国家在网络空间的主权、安全、发展利益。明确当前和今后一个时期国家网络空间安全工作的战略任务：坚定捍卫网络空间主权、坚决维护国家安全、保护关键信息基础设施、加强网络文化建设、打击网络恐怖和违法犯罪、完善网络治理体系、夯实网络安全基础、提升网络空间防护能力、强化网络空间国际合作九个方面。在完善网络治理体系中强调健全网络安全法律法规体系，制定出台网络安全法。

作为我国首部网络安全国际战略，2017年3月，外交部、国家互联网信息办公室发布《网络空间国际合作战略》。从九个方面提出中国推动并参与网络空间国际合作的行动计划，分别是维护网络空间和平与稳定、构建以规则为基础的网络空间秩序、拓展网络空间伙伴关系、推进全球互联网治理体系改革、打击网络恐怖主义和网络犯罪、保护公民权益、推动数字经济发展、加强全球信息基础设施建设和保护、促进网络文化交流互鉴。

2020年9月，我国发起《全球数据安全倡议》，呼吁与世界各国携手，确保信息技术产品和服务的供应链安全，保护数据安全，促进数字经济发展。提出各国应以事实为依据全面客观看待数据安全问题，积极维护全球信息技术产品和服务的供应链开放、安全、稳定。各国应尊重他国主权、司法管辖权和对数据的安全管理权，未经他国法律允许不得直接向企业或个人调取位于他国的数据。

2. 精细立法

维护网络安全是全社会共同的责任，需要各主体、各部门从不同角度共同保护。为此，我国通过《中华人民共和国保守国家秘密法》（以下简称《保守国家秘密法》）《中华人民共和国国家安全法》（以下简称《国家安全法》）《中华人民共和国反恐怖主义法》（以下简称《反恐怖主义法》）《中华人民共和国密码法》（以下简称《密码法》）

《网络安全法》等基础性立法，从各自切入点保障网络安全。

2010 年 4 月，第十一届全国人民代表大会常务委员会第十四次会议修订通过《中华人民共和国保守国家秘密法》。《中华人民共和国保守国家秘密法》从保守国家秘密的角度，规定机关、单位应当加强对涉密信息系统的管理，任何组织和个人不得进行将涉密计算机、涉密存储设备接入互联网及其他公共信息网络等行为。同时规定了网络运营者的协助执法义务，包括配合有关机关对泄密案件进行调查；发现涉及泄露国家秘密的信息，立即停止传输，保存有关记录，向公安机关、国家安全机关或者保密行政管理部门报告等。

2015 年 7 月，第十二届全国人民代表大会常务委员会第十五次会议通过《中华人民共和国国家安全法》。《中华人民共和国国家安全法》从维护国家安全的角度，明确我国建设网络与信息安全保障体系，实现网络和信息核心技术、关键基础设施和重要领域信息系统及数据的安全可控；维护国家网络空间主权、安全和发展利益。

2015 年 12 月，第十二届全国人民代表大会常务委员会第十八次会议通过《反恐怖主义法》。《反恐怖主义法》从防范和惩治恐怖活动的角度，赋予电信业务经营者、互联网服务提供者技术接口和协助执法义务、信息内容管理义务、身份查验义务等。此外，该法规定恐怖事件发生后，负责应对处置的反恐怖主义工作领导机构可以决定由有关部门和单位在特定区域内实施互联网、无线电、通讯管制。

历时四年制定修改，2016 年 11 月 7 日，第十二届全国人民代表大会常务委员会第二十四次会议正式通过《网络安全法》（以下简称“网安法”）。作为我国网络空间首部综合性、基础性立法，网安法共七章七十九条，明确网络安全等级保护制度、关键信息基础设施保护制度、国家网络安全审查制度、数据本地化制度、个人信息保护制度、信息内容管理制度等一系列内容，为我国针对性的专项强化立法奠定基础。

2014 年 4 月，全国人大常委会年度立法计划正式将《网络安全法》列为立法预备项目，由此开启我国国家网络安全立法的新进程。2015 年 6 月，第十二届全国人大常委会第十五次会议初次审议《网络安全法（草案）》。2015 年 7 月 6 日，《网络安全法（草案）》向社会公开征求意见。之后，根据全国人大常委会组成人员和各方面的意见，对草案作了修改，形成《网络安全法（草案二次审议稿）》。2016 年 6 月，第十二届全国人大常委会第二十一次会议对草案二次审议稿进行了审议。2016年7月5日，《网络安全法（草案二次审议稿）》发布，向社会公开征求意见。2016 年 10 月 31 日，《网络安全法（草案三次审议稿）》提请全国人大常委会审议。2016 年 11 月 7 日，第十二届全国人民代表大会常务委员会第二十四次会议正式表决通过《网络安全法》，并于 2017 年 6 月 1 日正式施行。

国际社会对我国网安法的制定出台给予高度关注，并出于自身利益，采取多种途径对我国施加压力，企图干涉网安法规则设计。2016 年 8 月，以美国商会为首的 46 家外国团体针对我国《网络安全法（草案）》发出联名意见函。2017 年 9 月，美国向 WTO 贸易服务委员会提交针对我国网安法的文件，重点针对网安法第三十七条规定的数据跨境安全评估制度。文件中，美国认为我国《网络安全法》所采取的针对个人信息和重要数据跨境进行安全评估的措施会严重阻碍数据自由流动，对外国供应商产生不利影响。为此，美国希望中国在相关事宜未解决之前，暂缓发布和实施有关数据跨境安全评估的最终措施。[1]2019年中美贸易谈判中网安法依旧是核心关切点。

网安法作为我国网络空间的基础性法律，与《保守国家秘密法》《国家安全法》《反恐怖主义法》《刑法》《中华人民共和国国家情报法》（以下简称《国家情报法》）《中华人民共和国密码法》（以下简称《密码法》）《治安管理处罚法》《全国人大常委会关于加强网络信息保护的决定《全国人大常委会关于维护互联网安全的决定》《计算机信息系统安全保护条例》《中华人民共和国电信条例》（以下简称《电信条例》）《互联网信息服务管理办法》等法律法规共同组成我国网络安全管理的法律体系。《网络安全法》的主要作用和内容如下：

首先，厘清我国网络安全监管体制。网安法之前，我国网络安全领域主管部门及部门间权责尚未明确，部门间权责不清、各自为战、执法推诿、效率低下问题突出。为此，网安法第八条明确由国家网信部门负责统筹协调网络安全工作和相关监督管理工作。国务院电信主管部门、公安部门和其他有关机关依照网安法和有关法律、行政法规的规定，在各自职责范围内负责网络安全保护和监督管理工作。县级以上地方人民政府有关部门的网络安全保护和监督管理职责，按照国家有关规定确定。

其次，划定网络安全保障基本规则。该法分为总则、网络安全支持与促进、网络运行安全、网络信息安全、监测预警与应急处置、法律责任及附则7章。明确国家在维护网络空间主权的基础上，坚持网络安全与信息化发展并重，遵循积极利用、科学发展、依法管

① 动态 | 美国通过WTO要求中国暂缓实施网安法最终措施（译文及评析）. https://mp.weixin.qq.com/s/aFhlarZsW3zNVP6_c8ZusA.

理、确保安全的方针。为此，该法规定了网络安全等级保护制度、网络关键设备与安全专用产品认证检测制度、网络用户身份管理制度、数据留存与协助执法制度、关键信息基础设施保护制度、网络安全审查制度、数据本地化制度、个人信息保护制度、个人信息删除权和更正权、网络信息内容管理制度、监测预警与应急响应制度、约谈制度、网络通信临时限制措施等一系列制度，明确我国网络安全保障基线，划定网络安全保障范畴。

再次，明确网络运营者的责任义务。伴随新技术新业态的发展，网络运营者在推动技术创新、繁荣数字经济方面发挥关键作用，国家鼓励支持网络运营者依法依约发展；同时，作为政府和个人的中间层，网络运营者在落实网络安全主体责任，约束引导个人网络行为方面扮演重要角色，在维护基础设施安全、加强信息内容管理、保障个人信息安全、应对网络安全事件、配合监管部门执法方面承担相应责任义务。

最后，《网络安全法》推进行政与刑事责任相衔接。网安法的法律责任主要围绕网络运营者、用户的违法行为给予行政处罚，处罚措施大多集中于责令改正、警告、罚款、责令暂停相关业务、停业整顿、关闭网站、吊销相关业务许可证或吊销营业执照。同时，网安法第七十四条规定了与民事责任、《刑法》、《治安管理处罚法》的衔接，明确违反网安法规定，构成违反治安管理行为的，依法给予治安管理处罚；构成犯罪的，依法追究刑事责任。在网安法与《刑法》计算机类型犯罪的违法行为衔接方面，具体如下：(1）网安法第六十三条从事危害网络安全的活动中的窃取网络数据，提供专门用于从事危害网络安全活动的程序、工具的行为与《刑法》第二百八十五条第二款非法获取计算机信息系统数据罪，提供侵入、非法控制计算机信息系统程序、工具罪相衔接;（2）网安法第六十三条为他人从事危害网络安全的活动提供技术支持、广告推广、支付结算等帮助与《刑法》第二百八十七条之二帮助信息网络犯罪活动罪相衔接;（3）网安法第六十四条窃取或者以其他非法方式获取、非法出售或者非法向他人提供个人信息的行为与《刑法》第二百五十三条之一侵犯公民个人信息罪相衔接;（4）网安法第六十七条设立用于实施违法犯罪活动的网站、通讯群组，或者利用网络发布涉及实施违法犯罪活动的信息与《刑法》第二百八十七条之一非法利用信息网络罪相衔接。

2017年6月，第十二届全国人民代表大会常务委员会第二十八次会议通过《中华人民共和国国家情报法》(以下简称《国家情报法》)。《国家情报法》从加强和保障国家情报工作角度，规定国家情报工作机构根据工作需要，依法使用必要的方式、手段和渠道，在境内外开展情报工作。任何组织和公民都应当依法支持、协助和配合国家情报工作，保守所知悉的国家情报工作秘密。国家情报工作机构应当运用科学技术手段，提高对情报信息的鉴别、筛选、综合和研判分析水平。

2019年10月，第十三届全国人民代表大会常务委员会第十四次会议通过《中华人民共和国密码法》。《中华人民共和国密码法》从规范密码应用和管理的角度，多处与《网络安全法》衔接。规定商用密码产品检测认证适用《网络安全法》的有关规定，避免重复检测认证。商用密码服务使用网络关键设备和网络安全专用产品的，应当经商用密码认证机构对该商用密码服务认证合格。商用密码应用安全性评估应当与关键信息基础设施安全检测评估、网络安全等级测评制度相衔接，避免重复评估、测评。关键信息基础设施的运营者采购涉及商用密码的网络产品和服务，可能影响国家安全的，应当按照《网络安全法》的规定，通过国家网信部门会同国家密码管理部门等有关部门组织的国家安全审查。

2020年5月，第十三届全国人民代表大会第三次会议通过《中华人民共和国民法典》（以下简称《民法典》）。作为我国第一部法典化的立法，《民法典》多处涉及个人信息保护、网络侵权、电子合同等内容。网络侵权方面，《民法典》规定网络服务提供者知道或者应当知道网络用户利用其网络服务侵害他人民事权益，未采取必要措施的，与该网络用户承担连带责任。网络用户利用网络服务实施侵权行为的，权利人有权通知网络服务提供者采取删除、屏蔽、断开链接等必要措施。网络服务提供者接到通知后，应当及时将该通知转送相关网络用户，并根据构成侵权的初步证据和服务类型采取必要措施；未及时采取必要措施的，对损害的扩大部分与该网络用户承担连带责任。个人信息保护方面，《民法典》规定自然人的个人信息受法律保护。

2020年7月，《数据安全法（草案）》发布，向社会公开征求意见。草案要求建立健全国家数据安全管理制度，完善国家数据安全治理体系。其中，核心制度设计如下：（1）建立数据分级分类管理制度，确定重要数据保护目录，对列入目录的数据进行重点保护；（2）建立集中统一、高效权威的数据安全风险评估、报告、信息共享、监测预警机制，加强数据安全风险信息的获取、分析、研判、预警工作；（3）建立数据安全应急处置机制，有效应对和处置数据安全事件;（4）与相关法律相衔接，确立数据安全审查制度和出口管制制度;（5）针对一些国家对我国的相关投资和贸易采取歧视性等不合理措施的做法，明确我国可以根据实际情况采取相应的措施。

3. 专业立法

网安法正式发布之后，其确立的网络安全等级保护、关键信息基础设施保护、网络安全审查、数据出境安全评估、网络安全漏洞管理、个人信息保护等制度的配套法规相继完善，我国网络安全领域立法进入全方位、多角度、体系化构建阶段。

（1）网络安全等级保护

等级保护制度是我国在网络安全领域确立的一项基本制度。1994年国务院颁布147号令首次明确提出计算机信息系统实行安全等级保护，为我国信息系统实行等级保护提供了法律依据。之后我国先后发布27号文、66号文、《信息安全等级保护管理办法》《关于开展全国重要信息系统安全等级保护定级工作的通知》《信息安全等级保护备案实施细则》等规范对信息安全等级保护制度进一步细化。等级保护制度的建立与完善，使得我国在网络安全领域建立起规范化保护，并渐成体系，对于我国在网络发展早期阶段，摸清家底，夯实基础起到重要作用。

进入新时期，我国网络安全威胁态势日益严峻，网络安全新形势新变化对等级保护工作提出了新要求，云计算、物联网、移动互联、工控系统等新技术新应用的发展不断倒逼等级保护的模式创新。网安法第二十一条和第五十九条以网络安全领域基本法的形式确立了国家网络安全等级保护制度，规定了等级保护制度安全措施的基线要求并赋予强制力，同时第三十一条进一步要求关键信息基础设施必须落实国家网络安全等级保护制度，突出保护重点。网安法推进等级保护制度进入 2.0 时代。

网络安全等级保护 2.0 的重点向重要信息系统和重要网络设施保护、关键信息基础设施保护、个性化等级保护对象倾斜。较之于网络安全等级保护 1.0，等级保护 2.0 主要带来四点变化：（1）网安法将等级保护制度上升为法律；（2）等级保护对象进一步扩展至云计算、移动互联、物联网、工业控制系统等；（3）等级保护体系升级，亟须进一步完善新的网络安全等级保护政策体系、标准体系、技术体系、教育培训体系、测评体系和人才体系等；（4）定级、备案、建设整改、等级测评和监督检查等五个规定环节的内涵更加丰富。

2018 年 3 月，公安部发布《网络安全等级保护测评机构管理办法》，加强对网络安全等级保护测评机构管理。同年 6 月，公安部发布《网络安全等级保护条例（征求意见稿）》。征求意见稿共 8 章 73 条，内容涉及支持与保障、网络的安全保护、涉密网络的安全保护、密码管理、监督管理、法律责任等内容。

2019 年 5 月，历时三年制订修改的等保 2.0 系列国家标准正式发布，包括《信息安全技术 网络安全等级保护基本要求》《信息安全技术 网络安全等级保护测评要求》《信息安全技术 网络安全等级保护安全设计技术要求》，在完善原有要求基础上，专门增加了针对云计算、移动互联、物联网、工业控制系统的扩展要求。随后，2.0 系列标准之《信息安全技术 网络安全等级保护实施指南》《信息安全技术 网络安全等级保护定级指南》也相继发布。

（2）关键信息基础设施保护

自 147 号令确定等级保护制度以来，区分保护、确保重点的立法理念始终蕴含在我国网络安全法治体系建设过程中。随着网络恐怖主义、恶意网络活动、网络攻击和网络战日益频繁，重要行业和领域的网络安全不仅涉及行业领域内部平稳运行，更事关国家安全。在此背景下，关键信息基础设施保护制度在分等级保护的立法思路中逐渐显现，网安法正式明确我国建立关键信息基础设施保护制度。

网安法第三十一条规定国家对公共通信和信息服务、能源、交通、水利、金融、公共服务、电子政务等重要行业和领域，以及其他一旦遭到破坏、丧失功能或者数据泄露，可能严重危害国家安全、国计民生、公共利益的关键信息基础设施，在网络安全等级保护制度的基础上，实行重点保护。关键信息基础设施的具体范围和安全保护办法由国务院制定。国家鼓励关键信息基础设施以外的网络运营者自愿参与关键信息基础设施保护体系。第三十一条采用“列举+兜底”的立法模式，初步确定了我国关键信息基础设施范围，指出其本质为“一旦遭到破坏、丧失功能或者数据泄露，可能严重危害国家安全、国计民生、公共利益”，明确关键信息基础设施保护的基本要求为“在网络安全等级保护制度基础上实施重点保护”，同时授权国务院制定关键信息基础设施的具体范围和安全保护办法。

为进一步明确关键信息基础设施具体范围和安全保护办法，2017年7月，国家互联网信息办公室发布《关键信息基础设施安全保护条例（征求意见稿）》，全面规定了关键信息基础设施（CII）安全保护原则、有关监管部门的职责、国家的支持与保障措施、关键信息基础设施范围、运营者的安全保护义务、产品和服务的安全审查、网络安全监测预警体系和信息通报制度等。

2020年7月，公安部发布《贯彻落实网络安全等级保护制度和关键信息基础设施安全保护制度的指导意见》。明确公安机关指导监督关键信息基础设施安全保护工作，网络安全等级保护与关键信息基础设施保护由公安机关一家牵头的机制正式确立。

（3）网络关键设备和网络安全专用产品

网安法第二十三条规定，网络关键设备和网络安全专用产品应当按照相关国家标准的强制性要求，由具备资格的机构安全认证合格或者安全检测符合要求后，方可销售或者提供。国家网信部门会同国务院有关部门制定、公布网络关键设备和网络安全专用产品目录，并推动安全认证和安全检测结果互认，避免重复认证、检测。

在此背景下，2017年6月，国家互联网信息办公室会同工信部、公安部、国家认证认可监督管理委员会发布《网络关键设备和网络安全专用产品目录（第一批）》。文件明确列入目录的设备和产品，应当按照相关国家标准的强制性要求，由具备资格的机构安全认证合格或者安全检测符合要求后，方可销售或者提供。具备资格的机构由四部门按照国家有关规定共同认定。2018年3月，四部门发布《承担网络关键设备和网络安全专用产品安全认证和安全检测任务机构名录（第一批）》，明确16家机构可承担安全认证或安全监测任务。

安全认证方面，2018年5月，国家认证认可监督管理委员会、国家互联网信息办公室发布《网络关键设备和网络安全专用产品安全认证实施要求》，明确目录内产品生产企业选择安全认证方式的，应向经确认的认证机构提出安全认证申请，认证机构依据《网络关键设备和网络安全专用产品安全认证实施规则》实施认证。6月，国家认证认可监督管理委员会发布《网络关键设备和网络安全专用产品安全认证实施规则》。

安全检测方面，2019 年 6 月，工信部发布《网络关键设备安全检测实施办法（征求意见稿）》。征求意见稿明确工信部负责组织实施网络关键设备安全检测工作，工信部网络关键设备安全检测服务窗口统一接收网络关键设备安全检测相关材料。生产企业选取样品，委托具备资格的机构进行安全检测。经安全检测符合要求后，由检测机构向服务窗口提交网络关键设备安全检测报告。

（4）网络安全漏洞管理

安全漏洞是网络空间系统构建的一个必然结果，随着产品和服务的不断延伸，安全漏洞从早期需要修复的对象，逐渐演变为在网络空间中特定时限内稀缺，长期存在又可以预期被发现，可以依附于不同载体的有价值的特殊客体，呈现出非传统缺陷和资源的双重特性。[①] 网络安全漏洞已成为国家网络空间战的战略资源和博弈资本，涉及关键信息基础设施的网络安全漏洞更是直接关涉国家安全。

2015 年 12 月，袁某作为乌云网的实习白帽子，使用 SQLmap 软件对国内某知名婚恋网站进行漏洞检测，发现该网站存在漏洞。在对漏洞进行确认后，袁某通过乌云网提交了该漏洞，当日乌云网通知了该网站。随后，该网站确认并修复了该漏洞，并致谢乌云网及袁某。2016 年 1 月，该网站的运营主体向公安机关报案称遭遇 SQL 注入攻击。2016 年 3 月，公安机关以“非法获取计算机信息系统数据罪”将袁某刑事拘留，随后以同一罪名批准逮捕。[②] 袁某案的发生暴露出建立网络安全漏洞管理制度，明确白帽子、漏洞平台、网络运营者法律基线和责任分配的迫切立法需求。

① 黄道丽，马民虎．安全漏洞发现的合法性边界：授权模式下的行为要素框架 [J]. 西安交通大学学报（社会科学版），2017，37(02):67-75.

② 汪文涛．法律漩涡中的“白帽子”[J]. 方圆，2016(21):15-19.

网安法对漏洞的补救、告知、报告、处置、发布等环节给出规范性指引。网安法第二十五条规定，网络运营者应当制定网络安全事件应急预案，及时处置系统漏洞、计算机病毒、网络攻击、网络侵入等安全风险；在发生危害网络安全的事件时，立即启动应急预案，采取相应的补救措施，并按照规定向有关主管部门报告。第二十六条规定开展网络安全认证、检测、风险评估等活动，向社会发布系统漏洞、计算机病毒、网络攻击、网络侵入等网络安全信息，应当遵守国家有关规定。

在现已向社会公开征求意见的《网络安全等级保护条例（征求意见稿）》和《关键信息基础设施安全保护条例（征求意见稿）》中，也明确了三级以上网络和关键信息基础设施的漏洞管理要求。具体而言，《网络安全等级保护条例（征求意见稿）》要求为第三级以上网络提供安全服务的人员，不得擅自参加境外组织的网络攻防活动；《关键信息基础设施安全保护条例（征求意见稿）》要求任何组织和个人不得未经授权对关键信息基础设施开展渗透性、攻击性扫描探测；运营者发现使用的网络产品、服务存在安全缺陷、漏洞等风险的，应当及时采取措施消除风险隐患，涉及重大风险的应当按规定向有关部门报告。

2018 年 6 月，中央网络安全和信息化委员会办公室、公安部联合发布《关于规范促进网络安全竞赛活动的通知》。通知要求，竞赛中发现可能危及国家安全、公共利益的网络安全漏洞、隐患，应及时向公安等有关部门报告，并通知产品提供方；不得擅自透露、转让、公布漏洞隐患的技术细节和利用方法、工具等。参加境外网络安全竞赛活动，不得向境外机构和个人提供可能危及我国国家安全、公共利益的网络安全漏洞、隐患等敏感信息。参与国家、军队重大网络安全工程项目、专项任务等的单位和个人，参加境外网络安全竞赛活动的，需向公安部门报备。

2019 年 6 月，工信部发布《网络安全漏洞管理规定（征求意见稿）》，对网安法中涉及的网络运营者、网络产品和服务提供者在安全漏洞生命周期管理方面的义务规定予以细化。明确了相关责任主体在网络安全漏洞修补、防范、发布等管理环节的要求，是我国第一部网络安全漏洞管理的专门性立法。

2020 年 5 月，人力资源社会保障部发布《关于对拟发布新职业信息进行公示的公告》，增加信息安全测试员（4-04-04-04），针对通过对评测目标的网络和系统进行渗透测试，发现安全问题并提出改进建议，使网络和系统免受恶意攻击的人员。赋予“白帽子”职业地位，对于推动建立我国网络安全漏洞管理体系具有一定推动作用。

（5）网络安全审查

网安法第三十五条规定关键信息基础设施的运营者采购网络产品和服务，可能影响国家安全的，应当通过国家网信部门会同国务院有关部门组织的国家安全审查。

2017 年 5 月，国家互联网信息办公室发布《网络产品和服务安全审查办法（试行）》，细化网络安全审查制度的审查范围、内容和程序等核心内容，使网络安全审查制度进入实质性的可操作层面。其中，明确关系国家安全的网络和信息系统采购的重要网络产品和服务，应当经过网络安全审查，重点审查其安全性、可控性。

2020 年 4 月，国家互联网信息办公室、国家发展和改革委员会、工信部、公安部、国家安全部、国家密码管理局等十二部门联合发布《网络安全审查办法》，旨在确保关键信息基础设施供应链安全。明确运营者采购网络产品和服务的，应当预判该产品和服务投入使用后可能带来的国家安全风险。影响或者可能影响国家安全的，应当向网络安全审查办公室申报网络安全审查。办法自 2020 年 6 月 1 日起实施，《网络产品和服务安全审查办法（试行）》将同时废止。

网络安全审查制度的义务主体限定于关键信息基础设施运营者，识别和认定关键信息基础设施运营者成为网络安全审查制度的前置和首要条件。当前《关键信息基础设施安全保护条例》仍在制定过程中，关键信息基础设施识别认定的具体指引和标准尚未完全确定。对此，国家互联网信息办公室表示，根据中央网络安全和信息化委员会《关于关键信息基础设施安全保护工作有关事项的通知》精神，电信、广播电视、能源、金融、公路水路运输、铁路、民航、邮政、水利、应急管理、卫生健康、社会保障、国防科技工业等行业领域的重要网络和信息系统运营者在采购网络产品和服务时，应当按照要求考虑申报网络安全审查。①

（6）数据出境安全评估

随着数字经济的兴起，全球化深入发展，电子商务、云服务等跨境服务日益频繁，数据跨境流动逐渐走向常态化。与此同时，基于维护国家安全、社会公共秩序、保护个人隐私、提升执法效率、促进本土产业发展等需要，各国掀起“数据本地化”立法浪潮。我国在网安法、《征信业管理条例》、《人口健康信息管理办法（试行）》、《地图管理条例》（国务院第 664 号）、《网络出版服务管理规定》（国家新闻出版广电总局令第 5 号）、《网络预约出租汽车经营服务管理

①《网络安全审查办法》答记者问 . http://www.cac.gov.cn/2020-04/27/c_1589535446378477.htm.

暂行办法》都有数据本地化的相关规定。其中，网安法第三十七条规定关键信息基础设施的运营者在中华人民共和国境内运营中收集和产生的个人信息和重要数据应当在境内存储。因业务需要，确需向境外提供的，应当按照国家网信部门会同国务院有关部门制定的办法进行安全评估；法律、行政法规另有规定的，依照其规定。

网安法发布之前，我国有关数据本地化的法律较为零散地体现在以下规定中:《征信业管理条例》规定，征信机构在中国境内采集的信息的整理、保存和加工，应当在中国境内进行。征信机构向境外组织或者个人提供信息，应当遵守法律、行政法规和国务院征信业监督管理部门的有关规定。《人口健康信息管理办法（试行）》规定，不得将人口健康信息在境外的服务器中存储，不得托管、租赁在境外的服务器。《互联网保险业务监管暂行办法》规定，保险机构开展互联网保险业务的自营网络平台，网站接入地应当在中华人民共和国境内。保险机构通过第三方网络平台开展互联网保险业务的，第三方网络平台的网站接入地也应当在中华人民共和国境内。《地图管理条例》规定，互联网地图服务单位应当将存放地图数据的服务器设在中华人民共和国境内。《网络出版服务管理规定》规定，图书、音像、电子、报纸、期刊出版单位从事网络出版服务，有从事网络出版服务所需的必要的技术设备，相关服务器和存储设备必须存放在中华人民共和国境内。《网络预约出租汽车经营服务管理暂行办法》规定，网约车平台公司采集的个人信息和生成的业务数据，应当在中国内地存储和使用，保存期限不少于2年，除法律法规另有规定外，上述信息和数据不得外流。

网安法发布之后，我国加快制定数据出境安全评估的配套制度。

2017 年 4 月，国家互联网信息办公室发布《个人信息和重要数据出境安全评估办法（征求意见稿）》，对出境安全评估的主体、对象、范围、方式、保障措施等内容加以规定。2017 年 5 月，全国信息安全标准化技术委员会发布国家标准《信息安全技术 数据出境安全评估指南（草案）》，进一步对个人信息和重要数据的界定及范围加以明确，对安全评估的具体程序及评估内容加以规定。

2019 年 6 月，国家互联网信息办公室发布《个人信息出境安全评估办法（征求意见稿）》。与 2017 年 4 月的《个人信息和重要数据出境安全评估办法（征求意见稿）》相同，适用于所有网络运营者，但在评估程序、评估重点、合同内容、责任主体等多个方面有较大变化。其重大进步在于将个人信息出境与重要数据出境加以区分，使得个人信息出境规范更加重视个体权益保障的立法定位更为清晰。

2019 年 8 月，国务院发布《中国（上海）自由贸易试验区临港新片区总体方案》，明确将试点开展数据跨境流动的安全评估，建立数据保护能力认证、数据流通备份审查、跨境数据流通和交易风险评估等数据安全管理机制。

（7）数据安全

随着大数据、云计算技术的发展，海量数据融合汇聚和深度挖掘产生的价值难以估量，数据已成为当今时代最有价值的资源。2018 年，数据安全法、个人信息保护法作为条件比较成熟、任期内拟提请审议的法律草案，列入十三届全国人大常委会立法规划；2019 年 12 月，全国人大法工委表示 2020 年将制定个人信息保护法、数据安全法。数据安全的专门立法已进入快车道。

2018 年 3 月，国务院办公厅发布《科学数据管理办法》。要求有关科研院所、高等院校和企业等法人单位应建立科学数据保存制度，配备数据存储、管理、服务和安全等必要设施，保障科学数据完整性和安全性。法人单位和科学数据中心应按照国家网络安全管理规定，建立网络安全保障体系，采用安全可靠的产品和服务，完善数据管控、属性管理、身份识别、行为追溯、黑名单等管理措施，健全防篡改、防泄露、防攻击、防病毒等安全防护体系。

2019 年 5 月，国家互联网信息办公室发布《数据安全管理办法（征求意见稿）》，对在境内利用网络开展数据收集、存储、传输、处理、使用等活动，以及数据安全的保护和监督管理加以规范。征求意见稿要求，网络运营者从其他途径获得个人信息，与直接收集个人信息负有同等的保护责任和义务。网络运营者以经营为目的收集重要数据或个人敏感信息的，应向所在地网信部门备案。备案内容包括收集使用规则，收集使用的目的、规模、方式、范围、类型、期限等，不包括数据内容本身。

2020 年 4 月，中共中央、国务院发布《关于构建更加完善的要素市场化配置体制机制的意见》，提出加快培育数据要素市场。探索建立统一规范的数据管理制度，提高数据质量和规范性，丰富数据产品。研究根据数据性质完善产权性质。制定数据隐私保护制度和安全审查制度。推动完善适用于大数据环境下的数据分类分级安全保护制度，加强对政务数据、企业商业秘密和个人数据的保护。

2020 年 4 月，工信部发布《网络数据安全标准体系建设指南（征求意见稿）》，明确我国网络数据安全标准体系包括基础共性、关键技术、安全管理、重点领域四大类标准。提出到 2021 年，初步建立网络数据安全标准体系，有效落实网络数据安全管理要求，基本满足行业网络数据安全保护需要，推进标准在重点企业、重点领域中的应用，研制网络数据安全行业标准 20 项以上。

2020 年 8 月，商务部发布《全面深化服务贸易创新发展试点总体方案》，提出将在 28 个省市（区域）开展全面深化服务贸易创新发展试点工作，明确将在条件相对较好的地区开展数据跨境传输安全管理试点。

部门针对性立法方面，金融领域，2018 年 5 月，中国银行保险监督管理委员会发布《银行业金融机构数据治理指引》，明确数据管理要求，提出建立自我评估机制，建立问责和激励机制，确保数据管理高效运行。全面强化数据质量要求，建立数据质量控制机制。2020 年 2 月，工信部发布《工业数据分类分级指南（试行）》。指南明确，根据不同类别工业数据遭篡改、破坏、泄露或非法利用后，可能对工业生产、经济效益等带来的潜在影响，将工业数据分为一级、二级、三级 3 个级别。企业针对三级数据采取的防护措施，应能抵御来自国家级敌对组织的大规模恶意攻击；针对二级数据采取的防护措施，应能抵御大规模、较强恶意攻击；针对一级数据采取的防护措施，应能抵御一般恶意攻击。2020 年 2 月，国家药监局综合司发布《药品记录与数据管理规范（征求意见稿）》，进一步规范药品研制、生产、经营和使用活动的记录与数据管理。2020 年 5 月，工信部发布《工业大数据发展的指导意见》，支持开展数据流动关键技术攻关，建设可信的工业数据流通环境。加强工业大数据标准体系建设，加快数据质量、数据治理和数据安全等关键标准研制，选择条件成熟的行业和地区开展试验验证和试点推广。2020 年 6 月，交通运输部办公厅发布《交通运输科学数据管理办法（征求意见稿）》，要求管理单位加强科学数据全生命周期安全管理，制定科学数据安全保护措施，细化科学数据利用流程及安全审查制度。

数据安全立法方面，部分地方立法先试先行，为我国制定统一的数据安全管理规范提供支撑。2019 年 6 月，天津市互联网信息办公室发布《天津市数据安全管理办法（暂行）》，要求市互联网信息主管部门应当建立本市数据安全信息备案制度，组织个人信息和重要数据的数据运营者对事关本市数据安全保护工作的信息开展备案工作。2019 年 8 月，贵州省第十三届人民代表大会常务委员会第十一次会议通过《贵州省大数据安全保障条例》，明确实行大数据安全责任制，保障大数据全生命周期安全。大数据安全责任，按照谁所有谁负责、谁持有谁负责、谁管理谁负责、谁使用谁负责以及谁采集谁负责的原则确定。2020 年 7 月，深圳市司法局发布《深圳经济特区数据条例（征求意见稿）》。征求意见稿首次提出自然人、法人和非法人组织依据法律、法规和条例规定享有数据权，数据权是权利人依法对特定数据的自主决定、控制、处理、收益、利益损害受偿的权利。自然人对其个人数据依法享有数据权，数据要素市场主体对其合法收集的数据和自身生成的数据享有数据权。同月，天津市互联网信息办公室发布《天津市数据交易管理暂行办法（征求意见稿）》。征求意见稿规定，数据供方应对交易数据进行安全风险评估，出具安全风险评估报告。数据交易服务机构应依照法律、行政法规和国家标准的强制性要求，建立健全全流程数据安全管理制度，组织开展安全教育培训，采取相应的技术措施和其他必要措施，保障数据安全。

（8）个人信息保护

个人信息保护始终是我国网络安全法治建设的重点，自2003年国务院信息化办公室部署个人信息保护法立法研究工作，到2018年十三届全国人大常委会将《个人信息保护法》正式列入立法规划，我国个人信息保护立法研究历经15年。在此期间，《全国人大常委会关于加强网络信息保护的决定》《刑法》《电信和互联网用户个人信息保护规定》等法律法规中均对个人信息保护做出规定。整体来看，我国个人信息保护立法层级逐步提升，体系逐渐完善，规则逐渐走向细化，保护力度逐渐向国际看齐。

2013年2月，我国首个个人信息保护国家标准《信息安全技术公共及商用服务信息系统个人信息保护指南》实施，标志着我国个人信息保护工作正式进入“有标可依”阶段。该标准最显著的特点是规定个人敏感信息在收集和利用之前，必须首先获得个人信息主体明确授权。[1]

2013年7月，工信部发布《电信和互联网用户个人信息保护规定》和《电话用户真实身份信息登记规定》，进一步明确电信业务经营者、互联网信息服务提供者为防止用户个人信息泄露、损毁、篡改或丢失应采取的措施以及电话用户办理入网手续时的实名制要求。

2013年10月，《中华人民共和国消费者权益保护法》（以下简称《消费者权益保护法》）修订，第二十九条规定经营者收集、使用消费者个人信息，应当遵循合法、正当、必要的原则，明示收集、使用信息的目的、方式和范围，并经消费者同意。经营者应当采取技

---

① 我国首个个人信息保护国家标准将于2月1日起实施．http://www.gov.cn/jrzg/2013-01/21/content_2316909.htm.

术措施和其他必要措施，确保信息安全，防止消费者个人信息泄露、丢失。在发生或者可能发生信息泄露、丢失的情况时，应当立即采取补救措施等内容。

2016 年 8 月，山东高考考生徐玉玉因被诈骗电话骗走上大学的费用 9900 元，伤心欲绝，最终导致心脏骤停离世。经查，2015 年 11 月至 2016 年 8 月，被告人陈文辉、黄进春、陈宝生等人结伙，通过网络购买学生信息和公民购房信息，分别冒充教育局、财政局、房产局的工作人员，以发放贫困学生助学金、购房补贴为名，将高考学生作为主要诈骗对象，拨打诈骗电话 2.3 万余次，骗取他人钱款共计 56 万余元，并造成被害人徐玉玉死亡。最终，法院以诈骗罪、侵犯公民个人信息罪判处主犯陈文辉无期徒刑，剥夺政治权利终身，并处没收个人全部财产，以诈骗罪判处被告人郑金锋、黄进春等人十五年至三年不等有期徒刑。[①] 徐玉玉案件再次引发社会对电信诈骗及背后个人信息保护问题的关注。2016 年 12 月，最高人民法院、最高人民检察院、公安部共同发布《关于办理电信网络诈骗等刑事案件适用法律若干问题的意见》，明确实施电信网络诈骗犯罪，达到相应数额标准，并具有（1）造成被害人或其近亲属自杀、死亡或者精神失常等严重后果的；（2）冒充司法机关等国家机关工作人员实施诈骗的；（3）诈骗残疾人、老年人、未成年人、在校学生、丧失劳动能力人的财物，或者诈骗重病患者及其亲属财物等情形之一的，酌情从重处罚。

2017 年 3 月，个人信息保护被写入《中华人民共和国民法总则》（以下简称《民法总则》）。《民法总则》第一百一十一条规定自然人

---

① 电信网络诈骗犯罪典型案例 . http://www.court.gov.cn/zixun-xiangqing-200671.html.

的个人信息受法律保护。任何组织和个人需要获取他人个人信息的，应当依法取得并确保信息安全，不得非法收集、使用、加工、传输他人个人信息，不得非法买卖、提供或者公开他人个人信息。

2018年11月，最高人民检察院发布《检察机关办理侵犯公民个人信息案件指引》，明确证据审查的基本要求、需要特别注意的问题、社会危险性及羁押必要性审查等内容；同月，公安部网络安全保卫局发布《互联网个人信息安全保护指引（征求意见稿）》，指导互联网企业建立健全公民个人信息安全保护管理制度和技术措施。

2019年8月，国家互联网信息办公室发布《儿童个人信息网络保护规定》（国家互联网信息办公室令第4号）。从儿童个人信息的收集、存储、使用、转移、披露等活动的角度加以保护。要求网络运营者应当设置专门的儿童个人信息保护规则和用户协议，并指定专人负责儿童个人信息保护。网络运营者对其工作人员应当以最小授权为原则，严格设定信息访问权限，控制儿童个人信息知悉范围。工作人员访问儿童个人信息的，应当经过儿童个人信息保护负责人或者其授权的管理人员审批，记录访问情况，并采取技术措施，避免违法复制、下载儿童个人信息。

2019年12月，国家互联网信息办公室、工信部、公安部、国家市场监督管理总局联合发布《App违法违规收集使用个人信息行为认定方法》。办法对“未公开收集使用规则”“未明示收集使用个人信息的目的、方式和范围”“未经用户同意收集使用个人信息”“违反必要原则，收集与其提供的服务无关的个人信息”“未经同意向他人提供个人信息”“未按法律规定提供删除或更正个人信息功能”或“未公布投诉、举报方式等信息”的六大问题认定规则予以明确。

2020 年 2 月，新冠肺炎疫情期间，为妥善保护为疫情防控收集的个人信息，防止泄露或滥用，中央网络安全和信息化委员会办公室发布《关于做好个人信息保护利用大数据支撑联防联控工作的通知》。要求收集联防联控所必需的个人信息应参照国家标准《个人信息安全规范》，坚持最小范围原则，收集对象原则上限于确诊者、疑似者、密切接触者等重点人群，一般不针对特定地区的所有人群，防止形成对特定地域人群的事实上歧视。为疫情防控、疾病防治收集的个人信息，不得用于其他用途。任何单位和个人未经被收集者同意，不得公开姓名、年龄、身份证号码、电话号码、家庭住址等个人信息，因联防联控工作需要，且经过脱敏处理的除外。

（9）网络信息内容生态治理

自 195 号令开始，到 292 号令，我国逐渐通过各立法层级加强了信息内容治理，净化了网络空间。伴随着新技术新业态的出现，信息内容管控对象更加复杂，形式更加隐蔽。根据 2014 年《国务院关于授权国家互联网信息办公室负责互联网信息内容管理工作的通知》，当前我国由国家互联网信息办公室负责全国互联网信息内容管理工作，并负责监督管理执法。

2014 年 8 月，国家互联网信息办公室发布《即时通信工具公众信息服务发展管理暂行规定》，主要约束即时通信工具服务提供者和使用者。要求即时通信工具服务提供者为从事公众信息服务活动开设公众账号，应当经即时通信工具服务提供者审核，由即时通信工具服务提供者向互联网信息内容主管部门分类备案。对违反协议约定的即时通信工具服务使用者，即时通信工具服务提供者应当视情节采取警示、限制发布、暂停更新直至关闭账号等措施，并保存有关记录，履行向有关主管部门报告义务。

2016年6月，国家互联网信息办公室发布《移动互联网应用程序信息服务管理规定》，主要约束移动互联网应用程序提供者和互联网应用商店服务提供者。要求互联网应用商店服务提供者应当对应用程序提供者履行管理责任，包括对应用程序提供者进行真实性、安全性、合法性等审核，建立信用管理制度，并向所在地省、自治区、直辖市互联网信息办公室分类备案。对违反规定的应用程序提供者，互联网应用商店服务提供者视情采取警示、暂停发布、下架应用程序等措施，保存记录并向有关主管部门报告。

2016年11月，国家互联网信息办公室发布《互联网直播服务管理规定》，主要约束互联网直播服务提供者和使用者。要求互联网直播服务提供者应当建立直播内容审核平台，根据互联网直播的内容类别、用户规模等实施分级分类管理，对图文、视频、音频等直播内容加注或播报平台标识信息，对互联网新闻信息直播及其互动内容实施先审后发管理。互联网直播服务提供者应当对违反法律法规和服务协议的互联网直播服务使用者，视情采取警示、暂停发布、关闭账号等处置措施，及时消除违法违规直播信息内容，保存记录并向有关主管部门报告。此外，2016年9月，国家新闻出版广电总局发布《关于加强网络视听节目直播服务管理有关问题的通知》，要求通过互联网开展视听节目直播服务的互联网视听节目服务机构，开展重大政治、军事、经济、社会、文化、体育等活动、事件的实况直播前5天，开展一般社会团体文化活动、体育赛事等组织活动的实况直播前48小时，应将拟直播的具体活动相关信息报所在地省级新闻出版广电行政部门备案。网安法实施后，为进一步加强对直播内容的管理，2018 年 8 月，全国“扫黄打非”办公室、国家广播电视总局、国家互联网信息办公室等六部门联合发布《关于加强网络直播服务管理工作的通知》。要求网络直播服务提供者应当记录直播服务使用者发布的内容和日志信息并保存一定期限，对自己不具备存储能力且不购买存储服务的网络直播服务提供者，网络接入服务提供者不得提供服务。网络接入服务提供者、网络直播服务提供者应当依法配合有关部门的监督检查、调查取证，并提供必要的文件、资料和数据。

2016 年 12 月，文化部发布《网络表演经营活动管理办法》，主要约束网络表演经营单位。要求网络表演经营单位应当建立内部巡查监督管理制度，对网络表演进行实时监管。网络表演经营单位应当记录全部网络表演视频资料并妥善保存，资料保存时间不得少于 60 日，并在有关部门依法查询时予以提供。网络表演经营单位向公众提供的非实时的网络表演音视频（包括用户上传的），应当严格实行先自审后上线。

随着网安法正式颁布实施，我国信息内容治理领域制度的制定出台开始以网安法为上位法依据。2017 年起，国家互联网信息办公室以第 1 号令的方式颁布《互联网新闻信息服务管理规定》，并陆续颁布《互联网新闻信息服务许可管理实施细则》《互联网跟帖评论服务管理规定》《互联网论坛社区服务管理规定》《互联网用户公众账号信息服务管理规定》《互联网群组信息服务管理规定》《微博客信息服务管理规定》《具有舆论属性或社会动员能力的互联网信息服务安全评估规定》《金融信息服务管理规定》等一系列规定，在网络新闻领域、网络社区、公众账号及互联网群组、金融等环境中加强信息内容管控。

2017 年 5 月，我国以国家互联网信息办公室令第 1 号令的方式发布《互联网新闻信息服务管理规定》，明确通过互联网站、应用程序、论坛、博客、微博客、公众账号、即时通信工具、网络直播等形式向社会公众提供互联网新闻信息服务，应当取得互联网新闻信息服务许可。随后，国家互联网信息办公室发布《互联网新闻信息服务许可管理实施细则》，对许可条件、申请材料、处理情况等规定加以细化。

2017 年 8 月，国家互联网信息办公室发布《互联网跟帖评论服务管理规定》，主要约束跟帖评论服务提供者。要求跟帖评论服务提供者及其从业人员不得为谋取不正当利益或基于错误价值取向，采取有选择地删除、推荐跟帖评论等方式干预舆论。跟帖评论服务提供者和用户不得利用软件、雇用商业机构及人员等方式散布信息，干扰跟帖评论正常秩序，误导公众舆论。跟帖评论服务提供者应当建立用户分级管理制度，对用户的跟帖评论行为开展信用评估，根据信用等级确定服务范围及功能，对严重失信的用户应列入黑名单，停止对列入黑名单的用户提供服务，并禁止其通过重新注册等方式使用跟帖评论服务。

2017 年 8 月，国家互联网信息办公室发布《互联网论坛社区服务管理规定》，主要约束互联网论坛社区服务提供者。要求互联网论坛社区服务提供者及其从业人员，不得通过发布、转载、删除信息或者干预呈现结果等手段，谋取不正当利益。

2017 年 9 月，国家互联网信息办公室发布《互联网用户公众账号信息服务管理规定》，主要约束互联网用户公众账号信息服务提供者和使用者。要求互联网用户公众账号信息服务提供者应当根据用户公众账号的注册主体、发布内容、账号订阅数、文章阅读量等建立数据库，对互联网用户公众账号实行分级分类管理，制定具体管理制度并向国家或省、自治区、直辖市互联网信息办公室备案。

2017年9月，国家互联网信息办公室发布《互联网群组信息服务管理规定》，主要约束互联网群组信息服务提供者和使用者。要求互联网群组信息服务提供者应当建立互联网群组信息服务使用者信用等级管理体系，根据信用等级提供相应服务。互联网群组信息服务提供者应当对违反法律法规和国家有关规定的互联网群组，依法依约采取警示整改、暂停发布、关闭群组等处置措施，保存有关记录，并向有关主管部门报告。互联网群组信息服务提供者应当对违反法律法规和国家有关规定的群组建立者、管理者等使用者，依法依约采取降低信用等级、暂停管理权限、取消建群资格等管理措施，保存有关记录，并向有关主管部门报告。

2017年10月，国家互联网信息办公室发布《互联网新闻信息服务新技术新应用安全评估管理规定》，主要约束互联网新闻信息服务新技术新应用安全评估工作。要求当应用新技术、调整增设具有新闻舆论属性或社会动员能力的应用功能的；或新技术、新应用功能在用户规模、功能属性、技术实现方式、基础资源配置等方面的改变导致新闻舆论属性或社会动员能力发生重大变化的，互联网新闻信息服务提供者应当自行组织开展新技术新应用安全评估，编制书面安全评估报告，并对评估结果负责。互联网新闻信息服务提供者自行组织开展新技术新应用安全评估后，应当自安全评估完成之日起10个工作日内报请国家或者省、自治区、直辖市互联网信息办公室组织开展安全评估。

2017年10月，国家互联网信息办公室发布《互联网新闻信息服务单位内容管理从业人员管理办法》，主要约束互联网新闻信息服务单位内容管理从业人员。要求国家互联网信息办公室建立从业人员统一的管理信息系统，对从业人员基本信息、从业培训经历和奖惩情况等进行记录，并及时更新、调整。地方互联网信息办公室负责对属地从业人员建立管理信息系统，并将更新、调整情况及时上报上一级互联网信息办公室。

2018年2月，国家互联网信息办公室发布《微博客信息服务管理规定》，主要约束微博客服务提供者和使用者。要求微博客服务使用者申请前台实名认证账号的，应当提供与认证信息相符的有效证明材料。各级党政机关、企事业单位、人民团体和新闻媒体等组织机构对所开设的前台实名认证账号发布的信息内容及其跟帖评论负有管理责任。微博客服务提供者应当提供管理权限等必要支持。

2018年7月，中国人民银行发布《关于加强跨境金融网络与信息服务管理的通知》，明确境外提供人和境内使用人的合规义务，要求境外提供人合理履行事前事项报告义务、服务事项报告义务、变更事项报告义务、应急事项报告义务等。

2018年7月，国家互联网信息办公室、公安部发布《具有舆论属性或社会动员能力的互联网信息服务安全评估规定》，主要约束具有舆论属性或社会动员能力的互联网信息服务和相关新技术新应用。要求当（1）具有舆论属性或社会动员能力的信息服务上线，或者信息服务增设相关功能的；（2）使用新技术新应用，使信息服务的功能属性、技术实现方式、基础资源配置等发生重大变更，导致舆论属性或者社会动员能力发生重大变化的；（3）用户规模显著增加，导致信息服务的舆论属性或者社会动员能力发生重大变化的；（4）发生违法有害信息传播扩散，表明已有安全措施难以有效防控网络安全风险的；（5）地市级以上网信部门或者公安机关书面通知需要进行安全评估的其他情形的，互联网信息服务提供者应当依照本规定自行开展安全评估，并对评估结果负责。

2018 年 12 月，国家互联网信息办公室发布《金融信息服务管理规定》，主要约束金融信息服务。要求金融信息服务提供者从事互联网新闻信息服务、法定特许或者应予以备案的金融业务应当取得相应资质，并接受有关主管部门的监督管理。

2019 年 11 月，国家互联网信息办公室、文化和旅游部、国家广播电视总局发布《网络音视频信息服务管理规定》，主要约束网络音视频信息服务。要求网络音视频信息服务提供者基于深度学习、虚拟现实等新技术新应用上线具有媒体属性或者社会动员功能的音视频信息服务，或者调整增设相关功能的，应当按照国家有关规定开展安全评估。网络音视频信息服务提供者和网络音视频信息服务使用者利用基于深度学习、虚拟现实等的新技术新应用制作、发布、传播非真实音视频信息的，应当以显著方式予以标识。

2019 年 12 月，国家互联网信息办公室以国家互联网信息办公室令第 5 号的形式发布《网络信息内容生态治理规定》，主要约束网络信息内容生产者、网络信息内容服务平台、网络信息内容服务使用者和网络行业组织等。要求网络信息内容服务平台应当建立网络信息内容生态治理机制，制定本平台网络信息内容生态治理细则，健全用户注册、账号管理、信息发布审核、跟帖评论审核、版面页面生态管理、实时巡查、应急处置和网络谣言、黑色产业链信息处置等制度。网络信息内容服务使用者和网络信息内容生产者、网络信息内容服务平台不得通过人工方式或者技术手段实施流量造假、流量劫持以及虚假注册账号、非法交易账号、操纵用户账号等行为，破坏网络生态秩序。

这一阶段，文化部对《互联网文化管理暂行规定》进行修订，将网安法纳入上位法依据并对内容进行调整。国家新闻出版广电总局发布《关于调整互联网视听节目服务业务分类目录（试行）的通告》《关于加强网络视听节目领域涉医药广告管理的通知》《关于进一步规范网络视听节目传播秩序的通知》等。

此外，2018年8月，国家广播电视总局发布《未成年人节目管理规定（征求意见稿）》，明确邀请未成年人参与节目制作，应当事先经其父母或者其他法定监护人同意。不得以恐吓、诱骗或者收买等方式迫使、引诱未成年人参与节目制作。2018年9月，国家宗教事务局发布《互联网宗教信息服务管理办法（征求意见稿）》，这是我国首次制定互联网宗教信息服务相关规定。2018年9月，国家广播电视总局发布《境外视听节目引进、传播管理规定（征求意见稿）》，明确国家对引进境外视听节目实行许可制度。2019年7月，国家互联网信息办公室发布《互联网信息服务严重失信主体信用信息管理办法（征求意见稿）》，明确网信部门按照依法公开、公平公正、从严把关、保护权益原则，对黑名单信息予以发布。

（10）监测预警与应急处置

网安法第五章规定监测预警与应急处置制度，明确国家建立网络安全监测预警和信息通报制度。因网络安全事件，发生突发事件或者生产安全事故的，应当依照《中华人民共和国突发事件应对法》（以下简称《突发事件应对法》）、《中华人民共和国安全生产法》（以下简称《安全生产法》）等有关法律、行政法规的规定处置。因维护国家安全和社会公共秩序，处置重大突发社会安全事件的需要，经国务院决定或者批准，可以在特定区域对网络通信采取限制等临时措施。

2017 年 1 月，中央网信办发布《国家网络安全事件应急预案》。预案将网络安全事件分为四级：特别重大网络安全事件、重大网络安全事件、较大网络安全事件、一般网络安全事件，在此基础上对监测预警和相应的应急响应要求加以明确。

2017 年 8 月，工信部发布《公共互联网网络安全威胁监测与处置办法》，要求相关专业机构、基础电信企业、网络安全企业、互联网企业、域名注册管理和服务机构等监测发现网络安全威胁后，属于本单位自身问题的，应当立即进行处置，涉及其他主体的，应当及时将有关信息按照规定的内容要素和格式提交至工信部和相关省、自治区、直辖市通信管理局。2017 年 11 月，工信部发布《公共互联网网络安全突发事件应急预案》，在《国家网络安全事件应急预案》等文件的指引下明确公共互联网网络安全事件的监测预警与应急处置要求。

此外，金融、工控等特定领域发布《工业控制系统信息安全事件应急管理工作指南》《证券期货业网络与信息安全事件应急预案》等文件，结合领域特点进行规范。

（11）网络安全执法

网安法正式实施以后，网信、工信、公安、市场等部门的行政执法和专项行动全面铺开，促进执法规范化、现代化，提高执法队伍专业化水平成为新的时代背景下需要解决的新问题。

2017年5月，国家互联网信息办公室以国家互联网信息办公室令第2号的形式发布《互联网信息内容管理行政执法程序规定》，旨在规范互联网信息内容管理部门依法实施行政执法。明确通过网络巡查等技术手段获取的、具有可靠性的电子数据可以作为认定事实的依据。为了收集、保全电子数据，互联网信息内容管理部门可以采取现场取证，远程取证，责令有关单位、个人固定和提交等措施。互联网信息内容管理部门对互联网信息服务提供者的违法行为做出行政处罚决定前，可以根据有关规定对其实施约谈。

2018年9月，公安部发布《公安机关互联网安全监督检查规定》，旨在规范公安机关互联网安全监督检查工作，明确互联网安全监督检查由互联网服务提供者的网络服务运营机构和联网使用单位的网络管理机构所在地公安机关实施。互联网服务提供者为个人的，可以由其经常居住地公安机关实施。在执行国家重大网络安全保卫任务期间，对与国家重大网络安全保卫任务相关的互联网服务提供者和联网使用单位，公安机关可以开展专项安全监督检查。

此外，2016年9月，最高人民法院、最高人民检察院、公安部联合出台《关于办理刑事案件收集提取和审查判断电子数据若干问题的规定》，以规范电子数据的收集提取和审查判断，提高刑事案件办理质量。2019年1月，公安部发布《公安机关办理刑事案件电子数据取证规则》，规范公安机关办理刑事案件电子数据取证工作，确保电子数据取证质量，提高电子数据取证效率。

（12）新技术新应用

随着新技术新应用的不断涌现，安全风险也逐渐增加。有关部门针对网络预约出租汽车（简称“网约车”）、云计算、人工智能、区块链都出台相关法律文件，一方面促进技术利用，另一方面通过规范管理降低安全风险。

2016 年，网约车行业逐渐出现，我国先后发布《网络预约出租汽车经营服务管理暂行办法》《网络预约出租汽车监管信息交互平台运行管理办法》《关于加强网络预约出租汽车行业事中事后联合监管有关工作的通知》等一系列规定加强该行业事前事中事后监管。

云计算方面，2018 年 7 月，工信部发布《推动企业上云实施指南（2018-2020 年）》，指导和促进企业运用云计算加快数字化、网络化、智能化转型升级。2019 年 7 月，国家互联网信息办公室、国家发展和改革委员会、工信部、财政部联合发布《云计算服务安全评估办法》。据介绍，四部委联合开展云计算服务安全评估，旨在提高党政机关、关键信息基础设施运营者采购使用云计算服务的安全可控水平，并降低采购使用云计算服务带来的网络安全风险，以及增强党政机关、关键信息基础设施运营者将业务及数据向云服务平台迁移的信心。

人工智能方面，2016 年 5 月，国家发改委、科技部、工信部、中央网信办联合发布《“互联网＋”人工智能三年行动实施方案》，提出通过核心技术研发与产业化工程、基础资源公共服务平台工程、智能家居示范工程、智能无人系统应用工程、智能机器人研发与应用工程等，到 2018 年，实现打造人工智能基础资源与创新平台，人工智能产业体系、创新服务体系、标准化体系基本建立，基础核心技术有所突破，总体技术和产业发展与国际同步，应用及系统级技术局部领先等目标。

2017年7月，国务院发布《新一代人工智能发展规划》，提出三步走战略，分2020年、2025年、2030年三个节点，到2030年实现人工智能理论、技术与应用总体达到世界领先水平，成为世界主要人工智能创新中心，智能经济、智能社会取得明显成效，为跻身创新型国家前列和经济强国奠定重要基础。为落实《新一代人工智能发展规划》要求，2019年8月，科技部发布《国家新一代人工智能开放创新平台建设工作指引》《国家新一代人工智能创新发展试验区建设工作指引》，要求建立新一代人工智能开放创新平台和新一代人工智能创新发展试验区。

2019年6月，国家新一代人工智能治理专业委员会发布《新一代人工智能治理原则——发展负责任的人工智能》，提出人工智能治理的框架和行动指南。以“发展负责任的人工智能”为主题，旨在更好协调人工智能发展与治理的关系，确保人工智能安全可控可靠，推动经济、社会及生态可持续发展，共建人类命运共同体，希望以“负责任”贯穿人工智能的研发和应用，促进技术健康发展。

2020年8月，国家标准化管理委员会、中央网信办、国家发改委、科技部、工信部联合发布《国家新一代人工智能标准体系建设指南》。明确人工智能标准体系框架将由基础共性、支撑技术与产品、基础软硬件平台、关键通用技术、关键领域技术、产品与服务、行业应用、安全/伦理八个部分组成。

无人驾驶方面，2013年起，我国发布《民用无人驾驶航空器系统驾驶员管理暂行规定》《关于无人驾驶航空器系统频率使用事宜的通知》《民用无人驾驶航空器系统空中交通管理办法》《民用无人驾驶航空器实名制登记管理规定》《无人驾驶航空器系统标准体系建设指南（2017—2018 年版）》《民用无人驾驶航空器经营性飞行活动管理办法（暂行）》《轻小型民用无人机飞行动态数据管理规定》等规定，对无人驾驶航空器相关环节进行约束管理。其中，2017 年 12 月，工信部发布《关于促进和规范民用无人机制造业发展的指导意见》，旨在促进和规范民用无人机制造业发展，推动企业建设产品基础信息数据库及企业级产品监控服务平台，确保全部产品信息登记，实现民用无人机全生命周期管理。2017 年起，工信部等部门先后发布《国家车联网产业标准体系建设指南（智能网联汽车）》《国家车联网产业标准体系建设指南（总体要求）》《国家车联网产业标准体系建设指南（车辆智能管理）》，加强车联网产业标准体系建设。2020 年 2 月，国家发改委、中央网信办、科技部等部门联合发布《智能汽车创新发展战略》，提出以供给侧结构性改革为主线，以发展中国标准智能汽车为方向，以建设智能汽车强国为目标，以推动产业融合发展为途径，开创新模式，培育新业态，提升产业基础能力和产业链水平。2020 年 3 月，工信部发布《民用无人机生产制造管理办法（征求意见稿）》。征求意见稿将民用无人机分为微型、轻型、小型、中型、大型五种类型，要求民用无人机生产企业应当按照有关信息安全标准要求，做好信息安全防护，防止民用无人机链路非授权访问。

区块链方面，2019 年 1 月，国家互联网信息办公室以国家互联网信息办公室令第 3 号的形式发布《区块链信息服务管理规定》，要求区块链信息服务提供者应当在提供服务之日起十个工作日内通过国家互联网信息办公室区块链信息服务备案管理系统填报服务提供者的名称、服务类别、服务形式、应用领域、服务器地址等信息，履行备案手续。区块链信息服务提供者变更服务项目、平台网址等事项的，应当在变更之日起五个工作日内办理变更手续。2019 年 8 月，国家互联网信息办公室专门发布《关于 < 区块链信息服务管理规定 > 涉安全评估条款说明的公告》，明确国家市场监管总局所属的中国国家认证认可监督管理委员会，已经在信息安全管理和信息技术服务管理方面建立了完整的认证体系，具备一批已获认定认可的测评机构。国家互联网信息办公室未指定或授权任何单位和机构开展区块链安全技术检测和安全评估。该规定实施后，国家互联网信息办公室已发布三批备案编号，分别是 2019 年 3 月第一批共 197 个区块链信息服务名称及备案编号；2019 年 10 月第二批共 309 个境内区块链信息服务备案编号；2020 年 4 月第三批共 224 个境内区块链信息服务名称及备案编号。

2019 年 10 月，习近平总书记在中央政治局第十八次集体学习时强调，把区块链作为核心技术自主创新重要突破口，加快推动区块链技术和产业创新发展。习总书记强调，要加强对区块链技术的引导和规范，加强对区块链安全风险的研究和分析，密切跟踪发展动态，积极探索发展规律。要探索建立适应区块链技术机制的安全保障体系，引导和推动区块链开发者、平台运营者加强行业自律、落实安全责任。要把依法治网落实到区块链管理中，推动区块链安全有序发展。[①]

5G 方面，2020 年 3 月，工信部发布《关于推动 5G 加快发展的

① 习近平在中央政治局第十八次集体学习时强调 把区块链作为核心技术自主创新重要突破口 加快推动区块链技术和产业创新发展 . http://www.cac.gov.cn/2019-10/25/c_1573535013319838.htm.

通知》，旨在全力推进5G网络建设、应用推广、技术发展和安全保障，充分发挥5G新型基础设施的规模效应和带动作用，支撑经济高质量发展。

（13）平台经济

我国包括电子商务在内的平台经济经过多年发展，逐渐成为各国借鉴的典范。2013年2月，国家税务总局发布《网络发票管理办法》，对境内使用网络发票管理系统开具发票的单位和个人办理网络发票管理系统的开户登记、网上领取发票手续、在线开具、传输、查验和缴销等事项进行规范。

2013年8月，国务院发布《国务院关于促进信息消费扩大内需的若干意见》，指出我国市场规模庞大，信息消费具有良好发展基础和巨大发展潜力。与此同时，我国信息消费面临基础设施支撑能力有待提升、产品和服务创新能力弱、配套政策不健全、行业壁垒严重、体制机制不适应等问题。对此，要求增强信息产品供给能力、培育信息消费需求、加强信息消费环境建设等。

为应对虚拟交易带来的信息不对称、个人信息保护等难题，2014年1月，国家工商行政管理总局发布《网络交易管理办法》，规范网络商品交易及有关服务。在将线下交易规则延伸适用到网络交易的基础上，对第三方交易平台提出特殊规定。

2015年5月，国务院发布《关于大力发展电子商务加快培育经济新动力的意见》。要求秉持积极推动、逐步规范、加强引导的原则，推动建成统一开放、竞争有序、诚信守法、安全可靠的电子商务大市场。为深入贯彻这一指导意见，2015年11月，国务院办公厅发布《关于加强互联网领域侵权假冒行为治理的意见》，要求严厉打击互联网领域侵犯知识产权和制售假冒伪劣商品违法犯罪行为。

2016年7月，国家工商行政管理总局发布《互联网广告管理暂行办法》，明确互联网广告应当具有可识别性，显著标明“广告”，使消费者能够辨明其为广告。付费搜索广告应当与自然搜索结果明显区分。

2017年9月，工信部发布《工业电子商务发展三年行动计划》，部署未来三年工业电子商务发展工作，加快创新工业企业交易方式、经营模式、组织形态和管理体系，不断激发制造业企业创新活力、发展潜力和转型动力，推动制造强国和网络强国建设。

2013年，我国即启动了电子商务法立法工作，几经修改于2018年8月最终通过《中华人民共和国电子商务法》(以下简称《电子商务法》)。该法要求电子商务平台经营者应当采取技术措施和其他必要措施保证其网络安全、稳定运行，防范网络违法犯罪活动，有效应对网络安全事件，保障电子商务交易安全。

2018年3月，我国第一部专门针对快递业的行政法规《快递暂行条例》出台，要求经营快递业务的企业应当建立快递运单及电子数据管理制度，妥善保管用户信息等电子数据，定期销毁快递运单，采取有效技术手段保证用户信息安全。经营快递业务的企业及其从业人员不得出售、泄露或者非法提供快递服务过程中知悉的用户信息。发生或者可能发生用户信息泄露的，经营快递业务的企业应当立即采取补救措施，并向所在地邮政管理部门报告。

2019年6月，国家邮政局、商务部发布《国家邮政局、商务部关于规范快递与电子商务数据互联共享的指导意见》，加强电子商务与快递数据管控。明确要求建立电子商务与快递数据中断通知报告制度，不得恶意中断数据传输，并对数据安全保障和应急管理提出明确要求。发生危害网络安全事件时，应当立即依法启动应急预案，采取相应的补救措施，并向有关主管部门报告。

2019 年 8 月，国务院办公厅发布《关于促进平台经济规范健康发展的指导意见》，旨在促进平台经济规范健康发展，要求优化完善市场准入条件，降低企业合规成本；创新监管理念和方式，实行包容审慎监管；鼓励发展平台经济新业态，加快培育新的增长点；优化平台经济发展环境，夯实新业态成长基础；切实保护平台经济参与者合法权益，强化平台经济发展法治保障。

2020 年 2 月，国家发改委、中共中央宣传部、教育部、工信部、公安部等部门发布《关于促进消费扩容提质加快形成强大国内市场的实施意见》。提出鼓励线上线下融合等新消费模式发展，大力发展"互联网 + 社会服务"消费模式。完善"互联网 +"消费生态体系，鼓励建设"智慧商店""智慧街区""智慧商圈"，促进线上线下互动、商旅文体协同。

2020 年 6 月，银保监会发布《关于规范互联网保险销售行为可回溯管理的通知》，要求保险机构遵循合法、正当、必要原则，并采取有效措施保护信息，保护消费者信息安全权。2020 年 7 月，银保监会发布《商业银行互联网贷款管理暂行办法》，要求商业银行应当建立安全、合规、高效和可靠的互联网贷款信息系统，满足互联网贷款业务经营和风险管理需要。商业银行应当采取必要的网络安全防护措施，加强网络访问控制和行为监测，有效防范网络攻击等威胁。

新冠疫情使得远程办公和直播行业迎来风口，"直播带货"成为普遍现象，更有全国各地领导干部走进直播间，带动当地特色产品、扶贫产品销售，提振经济。为更好地规范直播营销行业的发展，2020 年 7 月，国家市场监管总局发布《关于加强网络直播营销活动监管的指导意见（征求意见稿）》，要求厘清网络平台经营者、商品经营者、网络主播等主体法律责任，严格规范网络直播营销行为，依法查处网络直播营销违法行为。

2020 年 8 月，工信部发布《通信短信息和语音呼叫服务管理规定（征求意见稿）》。征求意见稿明确，任何组织或个人未经用户同意或者请求，或者用户明确表示拒绝的，不得向其发送商业性短信息或拨打商业性电话。用户未明确同意的，视为拒绝。用户同意后又明确表示拒绝接收的，应当停止。

2020 年 8 月，文化和旅游部发布《在线旅游经营服务管理暂行规定》。要求在线旅游经营者应当按照《网络安全法》等相关法律规定，贯彻网络安全等级保护制度，落实网络安全管理和技术措施。在线旅游经营者应当保护旅游者个人信息等数据安全，在收集旅游者信息时事先明示收集旅游者个人信息的目的、方式和范围，并经旅游者同意。在线旅游经营者不得滥用大数据分析等技术手段，基于旅游者消费记录、旅游偏好等设置不公平的交易条件，侵犯旅游者合法权益。

（14）密码安全

密码安全关系国家安全。新形势下围绕密码斗争的国内外形势日益严峻，我国密码工作法制化需求日益迫切。2019 年 10 月 26 日，《密码法》正式颁布。依托《密码法》，我国对密码安全、商用密码管理等制度进行一系列更新细化。

《密码法》颁布后，国家密码管理局、商务部、海关总署、市场监管总局、国务院办公厅等部门发布诸多规范性文件，包括国家密码管理局、市场监管总局《关于调整商用密码产品管理方式的公告》；国家密码管理局、商务部、海关总署《关于做好商用密码进出口管理工作过渡和衔接有关事宜的公告》；国务院办公厅《国家政务信息化项目建设管理办法》；国家市场监管总局、国家密码管理局《关于开展商用密码检测认证工作的实施意见》；国家市场监管总局、国家密码管理局关于《商用密码产品认证目录（第一批）》《商用密码产品认证规则》的公告等，对商用密码法律体系进行调整。

2020 年 8 月，国家密码管理局发布《商用密码管理条例 (修订草案征求意见稿)》，结合新形势和新要求对 1999 年《商用密码管理条例》进行修订。同月，商务部、科技部调整发布《中国禁止出口限制出口技术目录》，将“密码安全技术”新增为限制出口的技术条目。

（15）其他网络安全制度

网络游戏方面，2016 年 5 月，国家新闻出版广电总局发布《关于移动游戏出版服务管理的通知》，进一步规范移动游戏出版服务管理秩序，明确游戏出版服务单位负责移动游戏内容审核、出版申报及游戏出版物号申领工作。2017 年 12 月，中共中央宣传部、中央网信办、工信部、教育部、公安部等部门联合发布《关于严格规范网络游戏市场管理的意见》，指出我国网络游戏仍存在文化内涵缺失、沉迷问题严重、经营行为问题突出、网络游戏系统安全、用户信息安全存在风险等问题。[①]

① 部门发文要求严格规范网络游戏市场管理 http://www.ce.cn/culture/gd/201712/29/t20171229_27492946.shtml

网络游戏防沉迷方面，2014 年 7 月，国家新闻出版广电总局办公厅发布《关于深入开展网络游戏防沉迷实名验证工作的通知》，明确网络游戏防沉迷系统实施工作适用于除移动网络游戏之外的所有网络游戏。受硬件及技术等因素限制，网络游戏防沉迷系统实施工作暂不适用于移动网络游戏。2019 年 10 月，国家新闻出版署发布《关于防止未成年人沉迷网络游戏的通知》，要求严格控制未成年人使用网络游戏时段、时长。每日 22 时至次日 8 时，网络游戏企业不得以任何形式为未成年人提供游戏服务。网络游戏企业向未成年人提供游戏服务的时长，法定节假日每日累计不得超过 3 小时，其他时间每日累计不得超过 1.5 小时。需要特别说明的是，适龄提示并不等同于西方的分级制度，决不允许色情、血腥、暴力、赌博等有害内容存在于面向未成年人的游戏中。

工业互联网领域，2017 年 11 月，在“互联网 +”浪潮的推动下，国务院发布《国务院关于深化“互联网 + 先进制造业”发展工业互联网的指导意见》，提出实施工业互联网基础设施升级改造工程、工业互联网平台建设及推广工程、标准研制及试验验证工程、关键技术产业化工程、工业互联网集成创新应用工程、区域创新示范建设工程、安全保障能力提升工程七大工程，并表示将在国家制造强国建设领导小组下设立工业互联网专项工作组，统筹谋划工业互联网相关重大工作。2018 年 2 月，国家制造强国建设领导小组办公室发布通知，正式设立工业互联网专项工作组。2018 年 5 月，工业互联网专项工作组发布《工业互联网发展行动计划（2018—2020 年）》，提出到 2020 年底，初步建成工业互联网基础设施和产业体系。在上述文件指导下，《工业互联网平台建设及推广指南》《工业互联网平台评价方法》《工业互联网网络建设及推广指南》《工业互联网综合标准化体系建设指南》《加强工业互联网安全工作的指导意见》先后发布。2020年作为工业互联网发展行动计划的收官之年，2月，习近平总书记主持召开中共中央政治局会议，要求推动生物医药、医疗设备、5G网络、工业互联网等加快发展；[①]3月，中共中央政治局常务委员会召开会议，要求加快5G网络、数据中心等新型基础设施建设进度[②]。在此背景下，2020年3月，工信部发布《关于推动工业互联网加快发展的通知》，将加快新型基础设施建设作为首要任务，要求改造升级工业互联网内外网络，增强完善工业互联网标识体系，提升工业互联网平台核心能力，建设工业互联网大数据中心。

工业控制系统安全方面，2011年9月，工信部发布《关于加强工业控制系统信息安全管理的通知》，明确重点领域工业控制系统信息安全管理要求，要求建立工业控制系统安全测评检查和漏洞发布制度，进一步加强工业控制系统信息安全工作的组织领导。指出加强工业控制系统信息安全管理的重点领域包括核设施、钢铁、有色、化工、石油石化、电力、天然气、先进制造、水利枢纽、环境保护、铁路、城市轨道交通、民航、城市供水供气供热以及其他与国计民生紧密相关的领域。2016年10月，工信部发布《工业控制系统信息安全防护指南》，对工业控制系统应用企业做好工控安全防护工作提出要求。2017年，工信部先后发布《工业控制系统信息安

① 习近平主持中共中央政治局会议 研究新冠肺炎疫情防控工作 部署统筹做好疫情防控和经济社会发展工作 . http://paper.people.com.cn/rmrbhwb/html/2020-02/22/content_1972466.htm.

② 中共中央政治局常务委员会召开会议 研究当前新冠肺炎疫情防控和稳定经济社会运行重点工作 中共中央总书记习近平主持会议 . http://www.xinhuanet.com/politics/leaders/2020-03/04/c_1125663518.htm.

全事件应急管理工作指南》《工业控制系统信息安全防护能力评估工作管理办法》《工业控制系统信息安全行动计划（2018—2020 年）》（以下简称《行动计划》）。其中，《行动计划》提出到 2020 年，全系统工控安全管理工作体系基本建立，全社会工控安全意识明显增强。建成全国在线监测网络，应急资源库，仿真测试、信息共享、信息通报平台（一网一库三平台），态势感知、安全防护、应急处置能力显著提升。

电子政务领域，20 世纪 90 年代末期我国开始加强电子政务的建设应用，2000 年我国人事部即提出推行“电子政务”工作。2006 年的《2006—2020 年国家信息化发展战略》同样强调通过改善公共服务、加强社会管理、强化综合监管、完善宏观调控等手段推行电子政务。2008 年以来，我国先后发布《关于加强国家电子政务工程建设项目信息安全风险评估工作的通知》《电子政务电子认证服务管理办法》《关于进一步加强国家电子政务网络建设和应用工作的通知》《国务院办公厅关于促进电子政务协调发展的指导意见》《政务信息资源共享管理暂行办法》《关于加快推进“互联网 + 政务服务”工作的指导意见》《政务信息系统整合共享实施方案》《政府网站发展指引》《国务院办公厅关于加强政府网站域名管理的通知》《政务信息资源目录编制指南（试行）》《电子政务电子认证服务质量评估要求》《电子政务电子认证服务业务规则规范》《国务院关于在线政务服务的若干规定》《国家政务信息化项目建设管理办法》，加强电子政府发展。

教育领域，2018 年 12 月，教育部办公厅发布《关于严禁有害 APP 进入中小学校园的通知》，要求各地采取有效措施，坚决防止有害 APP 进入中小学校园；2019 年 7 月，教育部等六部门发布《关于规范校外线上培训的实施意见》，要求实施备案审查制度，并在2019年12月底前完成对全国校外线上培训及机构的备案排查；2019年8月，发布《教育部等八部门关于引导规范教育移动互联网应用有序健康发展的意见》，引导和规范教育移动应用有序健康发展，更好地发挥教育信息化的驱动引领作用；2019年9月，教育部等十一部门发布《关于促进在线教育健康发展的指导意见》，促进在线教育健康、规范、有序发展。

2017年8月，中央网络安全和信息化领导小组办公室秘书局、教育部办公厅发布《一流网络安全学院建设示范项目管理办法》，中央网信办、教育部决定在2017—2027年期间实施一流网络安全学院建设示范项目。2017年9月，中央网信办、教育部公布首批一流网络安全学院建设示范项目，共7所高校，分别为西安电子科技大学、东南大学、武汉大学、北京航空航天大学、四川大学、中国科学技术大学、战略支援部队信息工程大学。2019年9月，公布第二批一流网络安全学院建设示范项目高校名单，分别是华中科技大学、北京邮电大学、上海交通大学、山东大学。

其他领域，2018年9月，国家能源局发布《关于加强电力行业网络安全工作的指导意见》；2019年8月，水利部发布《水利网络安全管理办法（试行）》；2020年4月，中国气象局发布《中国气象局网络安全管理办法（试行）》。上述法规规章分别结合行业特点对领域内网络安全提出具体要求。

此外，2018年6月，中央网络安全和信息化委员会办公室、公安部发布《关于规范促进网络安全竞赛活动的通知》，明确网络安全竞赛和会议如冠名“中国”“全国”“国家”“全球”等，应报经国家网信部门同意。已经冠名的应重新履行报批程序或停止冠名。政府部门不主办、协办、承办商业性网络安全竞赛，原则上也不作为商业性网络安全竞赛的指导单位。

（三）立法评价

随着社交网络、电子商务、电子政务的深入应用，网络向社会各领域全面渗透，网络社会与现实社会交织。21 世纪的第二个十年，斯诺登事件曝光，暴露出我国在网络社会安全管理中面临的严峻态势，促使国家加强对网络社会安全管理的顶层设计。2016 年《网络安全法》正式出台，强化顶层设计，我国网络安全相关立法节奏随之加快。此外，随着我国国际地位的跃升和竞争力的不断增强，在国际网络空间规则制定中占据一席之位，提出的网络主权原则也不断深入人心。总体而言，这一阶段我国网络安全政策法律的特点如下：

1. 国家博弈融入立法格局，网络主权原则确立

随着网络安全上升到国家安全高度，网络安全的立法目的与格局不再局限于一国国内的安全与发展，逐步将网络空间外交博弈、全球供应链安全等因素考虑在内。WannaCry 勒索病毒席卷全球、跨境网络犯罪活动猖獗、网络恐怖主义甚嚣尘上，这说明网络安全风险治理与防范已经不是一国一地的问题，正在成为全球面临的共同难题；棱镜门事件说明信息网络技术已经成为个别国家监听监视他国，确立网络霸权的重要手段；个别国家不断通过国内立法和政治手段打压华为 5G 在全球市场的发展，说明意识形态等政治经济因素逐渐融入网络安全立法的考量范围；以《合法使用境外数据明确

法》(即《云法》)为代表确立的长臂管辖原则，将国际司法协助制度改革引入被动境地。

对此，我国通过《国家网络空间安全战略》《网络空间国际合作战略》《国家安全法》、网安法等确立网络主权原则。《网络空间国际合作战略》明确,《联合国宪章》确立的主权平等原则是当代国际关系的基本准则，覆盖国与国交往各个领域，也应该适用于网络空间。我国网络安全法治建设建立在网络主权原则基础上，既不搞网络霸权，不干涉他国内政，又不受任何外来干预，秉持道路自信、理论自信、制度自信的理念，致力于建设中国特色社会主义法治体系。

2. 立法理念转向先发制敌，制度设计多向延伸

关键信息基础设施一旦遭到破坏、丧失功能或数据泄露，将对国家安全、国计民生、公共利益造成损害。当前，重要行业关键信息基础设施已经成为网络攻击的重点目标。其中，政府、医疗、教育等更是受到勒索软件攻击较严重的领域，APT 攻击也主要集中在军队国防、政府、金融、外交和能源等领域。[①] 网络攻击的非对称性进一步加剧，网络安全之于国家安全的重要程度，使得我国的网络安全立法理念必须从传统的授权型，向预防型为主、兼顾先发制敌型转变，涵盖威胁态势感知、网络主权与反制、安全信息共享等内容。网安法要求建立网络安全监测预警和信息通报制度，国家网信部门协调建立健全风险评估和应急工作机制。习近平总书记在“4·19”讲话中明确指出，感知网络安全态势是最基本最基础的工作，要全天候全方位感知网络安全态势。[②]

① 国家计算机网络应急技术处理协调中心《2018年我国互联网网络安全态势综述》。

② 习近平在网信工作座谈会上的讲话全文发表 . http://www.xinhuanet.com//politics/2016-04/25/c_1118731175.htm.

转变理念的同时，我国网络安全政策立法全面铺开，网安法配套制度体系逐步完善，网络安全立法的广度和深度不断拓展。广度方面，“互联网+”万物互联的时代背景下，传统领域与信息技术不断融合，网络安全从单纯的计算机领域走向全行业全领域，电力、交通、金融、教育等领域纷纷出台针对性政策文件，加强网络安全立法。深度方面，网安法颁布后，配套制度相继制定出台，从基础设施安全、网络安全审查、数据安全、网络信息内容管理、网络舆情治理、新一代信息技术等多方面细化落实网安法责任。

与此同时，随着国内外网络安全环境的不断变化，新技术新应用的推陈出新，传统安全问题呈现新特点，新型安全问题为立法提出新要求。应赋予传统制度新的时代内涵，与根据现实需求创新制度设计并举。网安法下，网络安全等级保护制度步入2.0时代，保护对象和内容进一步升级。关键信息基础设施保护制度从分级保护理念中逐渐显现，经网安法正式确立为我国网络空间基本制度之一。

3. 数据安全成为核心关切，专门立法呼之欲出

数据作为当今最有价值的资源，已成为信息技术创新、经济发展的基础战略资源。境内外规模化数据泄露事件频发；以个人信息泄露为源头引发的，包括网络诈骗、套路贷在内的网络犯罪活动猖獗，“徐玉玉案件”再次敲响个人信息保护的警钟；Facebook数据滥用事件背后暗含的政治倾向进一步加剧各国对数据安全的担忧；个别国家在鼓吹“网络无国界”，倡导数据自由流动的同时，通过国内立法不断加强进出口管控，使得数据的全球范围流动面临困境。

对此，我国通过《全国人大常委会关于加强网络信息保护的决定》《民法总则》等政策立法加强个人信息保护；通过《刑法》及其司法解释严厉打击侵犯公民个人信息类犯罪；通过《个人信息安全规范》等标准体系细化制度要求；通过《网络安全法》《征信业管理条例》《人口健康信息管理办法（试行）》《地图管理条例》等夯实数据本地化制度。与此同时，《数据安全管理办法》《个人信息出境安全评估办法》正在制定过程中，已向社会公开发布征求意见稿；2020 年 5 月，全国人大常委会法工委表示《个人信息保护法》（草案稿）已经形成，根据各方面意见进一步完善后，将按照全国人大常委会立法工作安排，争取尽早提请全国人大常委会会议审议。[①]

4. 新技术新业态不断涌现，中国方案显露头角

大数据、云计算、人工智能和区块链等新一代信息技术在助推经济发展的同时，也被广泛应用于网络违法犯罪、网络攻击等威胁网络安全的活动中。人工智能通过将漏洞挖掘、注入、攻击等行为自动化，提高攻击效率；区块链支撑的虚拟货币体系使得违法收益更加难以追踪，加剧网络犯罪隐蔽性；新一代信息技术也引入诸如伦理风险、算法安全等新型威胁。对此，我国通过发布《云计算服务安全评估办法》《促进大数据发展行动纲要》《“互联网 +”人工智能三年行动实施方案》《新一代人工智能发展规划》《网络预约出租汽车经营服务管理暂行办法》《网络预约出租汽车监管信息交互平台运行管理办法》等一系列政策文件，在保障新技术新应用发展的同时，应对随之而来的安全问题。

新业态方面，我国拥有庞大的网民数量和广阔的数字经济市场潜力，加之移动互联网的发展，逐步催生并繁荣电子商务、移动支

---

① 全国人大常委会法工委：个人信息保护法正在研究起草中 . https://www.chinacourt.org/article/detail/2020/05/id/5220984.shtml.

付、网约车、共享经济等新业态，为推动经济发展、改善生产生活贡献力量。以淘宝、京东为代表的电子商务，以支付宝、微信支付为代表的移动支付，以共享单车为代表的共享经济更是走出国门，影响全球。我国在相关领域的立法思路和立法理念相对于国际社会较为超前。

5. 主体责任强化安全保障，安全合规基线要求

网络空间的基本支撑主体是众多的网络运营者及其运营的中间平台，而开放、共享、互联的网络平台，必然也是旋涡的中心和矛盾纠纷的汇合点。[①] 网安法体系下，网络运营者作为合规主体，承担落实网络安全等级保护制度、关键信息基础设施保护制度、数据本地化制度、个人信息保护制度、信息内容管理制度等一系列法律义务，网络运营者的合规程度和安全保障水平在一定程度上决定了我国总体的网络安全保障水平和网络空间治理能力。在信息内容管理制度中尤其强调压实网络运营者主体责任。此时，网络运营者实际上处于监管机构和用户的中间层，对用户行为具备一定的管理和约束能力，有义务有责任承担网络舆论引导、网络空间净化的使命。

我国在网络安全法治建设过程中重视和强调网络运营者的角色定位和承担的法律义务。网安法及其配套制度将网络运营者的合规义务加以梳理明确，并规定了相应的行政责任。《中华人民共和国刑法修正案（九）》专门增设拒不履行信息网络安全管理义务罪，将网络运营者的安全保障责任上升至刑事责任，与网安法的行政责任形成衔接。此外，在网安法的系列配套法规中，强调了网络运营者、网络服务提供者、网络信息内容服务使用者和生产者等主体的信息

① 王思源．论网络运营者的安全保障义务 [J]. 当代法学，2017，31(01):27-37.

发布、等级保护等相关技术和管理保护责任。

6. 立法实施效能尚待校验，细化与落实正当时

经过 40 年的建设与发展，我国网络安全法治体系基本形成。网安法为网络安全法治建设提供基础性指引，网信部门统筹、各部门各司其职的监管体制为网络安全监督管理厘清权力边界。与此同时，网安法下网络安全漏洞管理、关键信息基础设施保护、个人信息保护、数据安全等领域的规则细化犹待加强；此外，网络空间作为新技术新应用不断翻新的领域，网络安全问题不是一成不变的，网络安全始终是相对的、动态变化的，当前以人工智能、5G 应用等为代表的新型网络安全问题也有待监管部门和学术研究领域的共同摸索。

此外，网安法实施以来，包括“净网行动”在内的专项行动层层推进，各地网络安全行政执法活动有序展开，网络运营者在网安法下进行主动合规与被动监管，无不从实践层面检视着我国网络安全法治体系的有效性。网安法对网络安全领域的违法行为赋予行政责任后，在如何把握执法透明度，如何有效实现行政责任与刑事责任的有效衔接，如何将复杂多变的违法犯罪行为纳入法律责任体系，如何平衡经济发展水平差异的情况下各省各地区的裁量基准，如何提升一线执法人员的违法犯罪行为处置能力成为我国新时代面临的问题。

第二章　中国网络安全监管演进40年

回顾中国网络监管发展历程，从20世纪80年代以来，随着网络环境和阶段性任务变化，我国网络监管体制和监管机构在不断调整和完善。我国的网络治理一开始便沿袭了传统政治管理模式，即政府主导的自上而下模式。尤其在网络发展初期，政府在网络监管中占据绝对主导地位。长期以来，我国网络监管领域各部门依靠行政力量出台大量的监管措施，呈现职能交叉、政出多门的局面。从早期公安部门主管到多部门触网，再到国信办、工信部、公安部为主导的互联网监管机制的基本形成，再到中央网信办统筹协调监管格局的确立，整体来看，我国网络监管力度经历了公安主管、部门触网、初步统筹、强化统筹四个阶段。监管机制在调整中不断走向完善。此外，随着信息技术的发展，政府主导所产生的问题也越来越凸显，我国开始不断探索网络监管新理念，网络监管模式逐步从单向管理转向多向互动，行业、公民个人参与度不断提升，新时代网络共建共治共享的社会治理格局建设不断推进。

一、公安主管阶段（1994 年—1999 年）

改革开放以来，信息技术的快速发展和信息技术革命的兴起引起了国家领导层的高度关注。为把握该历史机遇，我国采取了一系列重大措施，初步建立了信息化管理体制。

在信息化领导机制的建设层面，20 世纪 80 年代初，在邓小平、宋平等中央领导的关心和指导下，我国开始探索建立信息化领导机制。1982 年，国务院成立计算机与大规模集成电路领导小组，确定了我国发展大中型计算机、小型机系列机的选型依据。1984 年，为加强对电子和信息事业发展的集中统一领导，推动信息产业的发展，国务院决定将国务院电子计算机和大规模集成电路领导小组改为国务院电子振兴领导小组，由时任国务院副总理李鹏担任组长。该领导小组作为国务院对电子和信息事业的领导机构，主要任务为加强对电子行业和信息事业的统一领导，制定发展战略、方针、政策及重大措施，及协调部门、地区之间在发展电子工业、信息事业过程中科研与重大工程建设方面的重大问题等。1986 年，为了统一领导国家经济信息系统建设，在组建国家经济信息中心的同时，我国成立了"国家经济信息管理领导小组"。

20 世纪 90 年代，随着互联网的兴起，信息化成为我国重要的战略目标。1991 年的政府工作报告提出"推动电子技术在国民经济和社会生活中的广泛应用"。1993 年的政府工作报告提出"把电子信息等高新技术放到重要位置，提高投资强度，努力在各个领域广泛推广应用"。[①] 同年年底，国务院批准成立国家经济信息化联席会议，

① 周汉华、苏苗罕.我国信息化法律法规建设六十年 [J]. 电子政务，2009 年第 10 期。

统一领导和组织协调政府、经济领域的信息化建设工作。1996年，国务院办公厅发布《关于成立国务院信息化工作领导小组的通知》(国办发〔1996〕15号)，将原国家经济信息化联席会议办公室改为国务院信息化工作领导小组办公室，统领全国信息化工作。同年，国务院颁布《计算机信息网络国际联网管理暂行规定》，明确国务院信息化工作领导小组负责协调、解决有关国际联网工作中的重大问题。1999年，为加强对全国信息化工作的领导，国务院发布《国务院办公厅关于成立国家信息化工作领导小组的通知》，决定成立国家信息化工作领导小组。领导小组的主要职责为组织协调国家计算机网络与信息安全管理方面的重大问题；组织协调跨部门、跨行业的重大信息技术开发和信息化工程的有关问题等。领导小组包括计算机网络与信息安全管理工作办公室（设在国家计算机网络与信息安全管理中心）、国家信息化推进工作办公室（设在信息产业部信息化推进司）；计算机2000年问题应急工作办公室（设在信息产业部电子信息产品管理司，为临时机构）；国家信息化专家咨询组（负责就我国信息化工作中的重大问题向领导小组提出建议）。按照通知要求，国家信息化工作领导小组不单设办事机构，具体工作由信息产业部承担，并将国家信息化办公室改名为国家信息化推进工作办公室。各省、自治区、直辖市不再另设跨部门的信息化工作协调领导机构。

在部门机构职责的划分层面，随着1994年我国互联网全功能连接实现，我国互联网事业取得飞速进步。相应地，我国也相继颁布了一系列政策法规，确立了一些网络监管机构。1994年《计算机信息系统安全保护条例》和1995年《中华人民共和国人民警察法》(以下简称《人民警察法》)确定了公安机关对计算机信息系统安全的主管职能，并明确保密、安全等部门对计算机信息系统安全的专项主管职能。1996 年《计算机信息网络国际联网管理暂行规定》明确国务院信息化工作领导小组负责协调、解决有关国际联网工作中的重大问题；邮电部、电子工业部、国家教育委员会和中国科学院分别管理已经建立的互联网络；并明确公安机关在国际联网的监管职责。之后国务院出台《商用密码管理条例》，明确国家密码管理委员会及其办公室为全国的商用密码管理主管部门。

1998 年是互联网管理的关键一年。这一年，公安部公共信息网络安全监察局正式成立。“网络警察”正式加入警种大家庭，从职能定位看，“网络警察”负责网络安全监督、检查、指导，巡查和处置网络违法信息，组织开展网络社会突发事件的处置和调查，按照管辖权限查处打击网络违法犯罪，[①] 为其他警种查处利用网络实施的违法犯罪提供情报和技术支撑，兼具行政执法权、刑事侦查权和网络技术侦察权，是有史以来公安机关职责种类最为齐备的警种。同年，信息产业部成立。随着国务院机构的进一步改革，原国务院信息化工作领导小组办公室整建制并入新组建的信息产业部。在信息产业

① 根据公安部刑事案件管辖分工，《中华人民共和国刑法》第 285 条规定的非法入侵计算机信息系统案，非法获取计算机信息系统数据、非法控制计算机信息系统案，提供侵入、非法控制计算机信息系统程序、工具案，第 286 条规定的破坏计算机信息系统案，第 286 条之 1 规定的拒不履行信息网络安全管理义务案、第 287 条之 1 规定的非法利用信息网络案、第 287 条之 2 中规定的帮助信息网络犯罪活动案共 7 类案件由网安部门独立管辖，网安部门发现主要犯罪行为通过网络实施的宣扬恐怖主义、极端主义、煽动实施恐怖活动案（第 120 条之 2），非法持有宣扬恐怖主义、极端主义物品案（第 120 条之 6），侵犯公民个人信息案（第 253 条之 1），非法生产、销售窃听、窃照专用器材案（第 230 条），组织考试作弊案（第 280 条之 1 第 2 款、第 3 款），非法出售、提供试题、答案案（第 284 条之 1 第 3 款），代替考试案（第 284 条之 1 第 4 款），编造、故意传播虚假信息案（第 291 条之 1 第 2 款）的，可以立案侦查，其他有关办案部门应当积极协助、配合。

部下成立了国家信息化办公室，负责推进国民经济和社会服务信息化的工作。

此外，随着网络的普及，针对计算机系统的犯罪也日益增多。为保护计算机系统的信息安全，1997 年 3 月修订的《刑法》在第二百八十五条、第二百八十六条对侵入计算机系统和破坏计算机系统的行为做出专门的处罚规定。公安机关、人民检察院、人民法院在打击计算机犯罪方面的监管职责进一步明确。

这一阶段，我国处在互联网领域监督管理体制建立的初期阶段，加之互联网应用尚未普及，互联网违法犯罪行为和安全问题尚不明显，我国此阶段的行政监管主要在于摸清家底，推进发展。1996 年 7 月，国务院信息办组织有关部门的多名专家对国家四大互联网络和近 30 家 ISP 的技术设施和管理现状进行调查，对网络规范化管理起到推动作用。[①]

二、部门触网阶段（2000 年—2007 年）

2000 年 10 月，党的十五届五中全会把信息化提升到国家战略高度，指出“信息化是当今世界经济和社会发展的大趋势，也是我国产业优化升级和实现工业化、现代化的关键环节。要把推进国民经济和社会信息化放在优先位置”以及“大力推进国民经济和社会信息化，是覆盖现代化建设全局的战略举措。以信息化带动工业化，发挥后发优势，实现社会生产力的跨越式发展”。2001 年 7 月，在

① 1994 年～ 1996 年互联网大事记 . http://www.cac.gov.cn/2009-04/11/c_126500497.htm.

“运用法律手段保障和促进信息网络健康发展”的讲座中，时任中共中央总书记江泽民提出中国互联网监管的十六字方针。他强调指出，对信息网络化问题，我们的基本方针是积极发展、加强管理、趋利避害、为我所用，努力在全球信息网络化的发展中占据主动地位。[①]综上可以看出，我国政府对于网络的态度是在权衡监管与发展中前进的，既要引进发展互联网，又要加强监管为我所用。既要积极推进信息网络基础设施的发展，又要大力加强管理，推动信息网络化快速而健康地向前发展。[②]

为实现党中央、国务院的战略决策，2001 年 8 月，中共中央、国务院决定重新组建国家信息化领导小组，以进一步加强对我国信息化建设和维护国家信息安全工作的领导。时任国务院总理朱镕基任组长。该小组主要职责在于审议国家信息化的发展战略，宏观规划，有关规章、草案和重大的决策，综合协调信息化和信息安全的工作。与 1999 年成立的国家信息化工作领导小组相比，新组建的领导小组规格更高，组长由国务院总理担任，副组长包括 2 位政治局常委和 2 位政治局委员。随着国家信息化领导小组的成立，国务院信息化工作办公室也宣告成立。同年 8 月，党中央、国务院批准成立国家信息化专家咨询委员会，负责就我国信息化发展中的重大问题向国家信息化领导小组提出建议。至此，国家信息化领导小组“一体、两个支撑机构”的格局已经形成。2003 年国务院换届后，成立了新一届国家信息化领导小组，中央政治局常委、时任国务院总理温家宝担任组长。为了应对日益严峻的网络与信息安全形势，同年

① 江泽民：推动信息网络化迅速健康发展，http://www.chinanews.com/2001-07-11/26/104229.html

② 曹海涛 . 从监管到治理——中国互联网内容治理研究 [D]. 武汉：武汉大学，2013.

在国家信息化领导小组之下专门成立了国家网络与信息安全协调小组，组长由中央政治局常委、国务院副总理担任，成员有信息产业部、公安部、国家保密局、国家密码管理委员会、国家安全部等强力部门，各省、市、自治区也设立了相应的管理机构。这一机构的设置为继续加强信息安全法律法规建设提供了有利的条件。①

在部门机构的建设和职责划分层面，这一时期网络应用由重点行业扩展到各行各业和平民百姓家，网络与人们生产生活融合程度进一步提高。网站和论坛等电子公告栏目的开办逐渐兴起，网络作为中国第四大传媒形态的地位初步奠定。新浪、搜狐、网易等门户网站以及大量新开通的网站开始涉足新闻传播。与此同时，网络传播淫秽色情和反动等违法有害信息等内容问题日益突显。如何保障互联网的运行安全和信息安全问题引起了国家监管机构的高度重视。2000年全国人大常委会颁布《全国人大常委会关于维护互联网安全的决定》，要求各级人民政府增强网络的安全防护能力；有关主管部门加强对互联网的运行安全和信息安全的监督管理；人民法院、人民检察院、公安机关、国家安全机关各司其职，密切配合，依法严厉打击利用互联网实施的各种犯罪活动。

此外，内容安全成为网络安全监管的重要对象。2000年国务院公布并施行《互联网信息服务管理办法》，明确信息产业主管部门对互联网信息服务的监管职责，同时规定新闻、出版、教育、卫生、药品监督管理、工商行政管理和公安、国家安全等有关主管部门，在各自职责范围内依法对互联网信息内容实施监督管理。由此带动了新闻、出版、卫生、药品、工商等部门“试水”网络社会管

① 周汉华、苏苗罕．我国信息化法律法规建设六十年[J]. 电子政务，2009年第10期。

理。各部门积极出台相关规范文件，将监管职能向网络内容监管延伸。2001 年国家药品监督管理局发布《互联网药品信息服务管理暂行规定》，确定国家药品监督管理局监管互联网药品信息服务。2001 年卫生部发布《互联网医疗卫生信息服务管理办法》，明确卫生部对网络医疗卫生信息服务的监管职责。2002 年新闻出版署、信息产业部 (含邮电部) 发布《互联网出版管理暂行规定》，确立新闻出版总署对互联网出版活动的审批和监管职责。2003 年文化部发布《互联网文化管理暂行规定》，明确文化部对互联网文化内容的监管。2003 年广电总局发布《互联网等信息网络传播视听节目管理办法》，明确广电总局在互联网等信息网络中开办各种视听节目栏目的主管职责。

为适应发展需要，新的监管部门也开始出现。2000 年 4 月，国务院新闻办公室网络新闻管理局成立，负责统筹协调全国互联网络新闻宣传工作，各省新闻办也陆续设立相应机构，形成了自上而下的监管体制。2001 年起，全国各省一级公安厅局组建正式的公共信息网络安全监察处，负责互联网监管。此阶段，各部门通过出台各种规范，完成了监管边界的跑马圈地，部门间存在诸多监管交叉地带。同时，部门间在竞争中也有合作。2004 年 11 月，为打击网络乱象净化网络环境，由中宣部、国新办、公安部等部门组成“全国集中开展互联网站清理整顿工作协调小组”，开展了为期一年半的网站清理工作。2006 年，由中宣部牵头，包括信息产业部、国新办、教育部、公安部、国家保密局、解放军总参通信部 16 个部门组成“全国互联网站管理工作协调小组”。当时信息产业部还出台了《互联网站协调工作方案》。根据该方案，工商部门负责互联网企业登记，信息产业部负责互联网行业管理，国新办负责网络意识形态监管，公益性网络按照“谁主管、谁负责”的监管原则。此后，类似的互联网监管工作协调小组在县级以上政府机构普遍设立，监管力量以公、检、法为主，旨在对互联网传播“黄赌毒”形成快速打击。我国互联网内容监管初步形成了以国务院新闻办为主导，并辅之以中宣部、新闻出版总署、广电总局、文化部、教育部、全国“扫黄打非”办公室、公安部等多口径的交叉管理模式。

除内容安全外，随着电信产业的兴起与发展，为促进电信行业的发展，同时保障电信网络和信息安全，2000 年国务院颁布《中华人民共和国电信条例》（以下简称《电信条例》），建立了电信业务许可制度、电信设备入网许可制度等，并明确信息产业主管部门对全国电信业的监督管理职责。

在此阶段，行业协会也开始出现，为构建良性网络发展生态做出了积极贡献。2001 年，中国互联网协会成立，标志着互联网行业自律的实质性推行。中国互联网协会成立后，在行业自律方面做了大量工作。比如，该协会牵头制定了《中国互联网行业自律公约》等行业规范。后来，国内又先后成立了网络版权联盟等行业组织，这些细分行业的互联网自律组织是互联网发展竞争的需要，也对维护互联网秩序起到重要作用。但总体来说，此阶段仍然保持了政府主导的监管格局，其他力量参与治理互联网的程度相对有限。

这一阶段，随着信息产业部等部门的成立，以及各监管部门开始涉足互联网领域监管，文化部、国家工商行政管理总局、新闻出版总署等部门逐步在自身监管职责范围内加强涉互联网事务的管理，并通过跨部门联合专项行动等方式，形成监管合力，共同推动互联网领域治理。

电信市场监管方面，2005 年 11 月，公安部、信息产业部、中国银行业监督管理委员会决定在全国范围内统一开展手机违法短信息治理工作，重点打击民众接触多、影响大、反映强烈的违法发送手机短信息的行为。[①]2006 年 6 月，信息产业部分四阶段在全国开展治理和规范移动信息服务业务（SP 业务）资费和收费行为专项活动，净化移动信息服务市场消费环境，加强移动信息服务业务资费和收费行为管理，规范由基础电信企业负责向用户收费的移动信息服务业务。[②] 同年 9 月至 11 月，各省级通信管理局共查处违规移动增值服务商至少 245 家，上市的移动增值服务商 2006 年利润大幅下滑。[③]

重点领域方面，2001 年 4 月，信息产业部、公安部、文化部、国家工商行政管理总局联合召开全国电视电话会议，部署开展“网吧”专项清理整顿工作，将清理整顿与加强管理相结合，区分情况对“网吧”进行规范约束。[④]2007 年 1 月，公安部、信息产业部、文化部、新闻出版总署发布《关于规范网络游戏经营秩序查禁利用网络游戏赌博的通知》，表示自发文之日起用 3 个月的时间，在全国范围内组织开展规范网络游戏经营秩序、查禁利用网络游戏赌博的专项工作，严厉打击利用网络游戏进行赌博，危害网络游戏行业健康发展的行为。

内容安全方面，2004 年 7 月，最高人民法院、最高人民检察院、

① 中国三部委今起打击手机违法短信 针对五种行为 .http://www.chinanews.com/news/2005/2005-11-01/8/645569.shtml

② 专项整治和规范移动信息服务资费和收费行为 . http://www.gov.cn/ztzl/315/content_549953.htm.

③ 2006 年中国互联网发展大事记 . http://www.cac.gov.cn/2014-02/24/c_126182771.htm.

④ 四部局联手专项清理网吧 .http://www.lawyers.org.cn/info/ef0d2d2d75044fc69650c90e194e9753

公安部联合发布《关于依法开展打击淫秽色情网站专项行动有关工作的通知》，明确自 2004 年 7 月中旬至十一前，在全国范围内开展打击淫秽色情网站专项行动。

三、初步统筹阶段（2008 年—2013 年）

为落实十七大提出的深化行政体制改革要求，加大机构整合力度，探索实行职能有机统一的大部门体制，健全部门间协调配合机制。2008 年 3 月，国家大部制改革启动，在“两化融合”的指导思想下，撤销了国务院信息化工作办公室、信息产业部，组建了工业和信息化部。原信息产业部和国务院信息化工作办公室的职责整合划入工业和信息化部。

2011 年 5 月，国务院在国务院新闻宣传办公室加挂牌子，设立国家互联网信息办公室，主要职责包括落实互联网信息传播方针政策和推动互联网信息传播法制建设；指导、协调、督促有关部门加强互联网信息内容管理，依法查处违法违规网站等。国家互联网信息办公室的挂牌，宣告了我国互联网信息管理领域最高权力部门的成立。国家互联网信息办公室成立后集中统一“负责网络新闻业务及其他相关业务的审批和日常监管，指导有关部门做好网络游戏、网络视听、网络出版等网络文化领域业务布局规划”。[①] 这在一定程度上改善了我国长期以来国新办、工业和信息化部、文化部、新闻出版总署、广电总局等十余部委分别负责互联网站审批、经营项目

---

① 国家互联网信息办公室设立，http://www.scio.gov.cn/zhzc/8/5/Document/1335496/1335496.htm.

及内容管理造成的分工不明、权属混乱局面。

至此，国家互联网信息办公室、工业和信息化部、公安部初步统筹的互联网监管体制基本形成：国家互联网信息办公室主管互联网信息内容，负责协调其他部门做好互联网信息内容管理；工业和信息化部负责互联网行业管理；公安部负责防范和打击互联网上违法犯罪活动。特别需要注意的是，这一阶段的互联网监管体制从过去的平行架构转变为立体架构，国家互联网信息办公室不仅负责协调内容管理部门，在整个监管体制中也处于总牵头地位，负责协调行业主管部门、公共安全管理部门，以期最大程度上形成监管合力。①

这一阶段，工信部、国家互联网信息办公室的成立使我国网络安全领域监督管理体制趋于完善。两部门成立以后积极开展行政执法或专项行动，加强互联网领域综合治理。

2009年1月，国务院新闻办公室、工信部、公安部、文化部、工商行政管理总局、广播电影电视总局、新闻出版总署七部委部署开展为期1个月的全国整治互联网低俗之风专项行动。据统计，截至2月，在整治互联网低俗之风专项行动中，已关闭传播淫秽色情和低俗内容的违法违规网站1575家，关闭淫秽色情博客148个。②

2009年12月，中央对外宣传办公室、全国“扫黄打非”办公室、工信部、公安部、文化部、国务院国有资产监督管理委员会、国家工商总局、国家广播电影电视总局、新闻出版总署九部委在全国范围内联合开展深入整治互联网和手机媒体淫秽色情及低俗信息专项

① 王融．中国互联网监管二十年，http://www.tisi.org/4944.

② 全国整治互联网低俗之风专项行动的力度持续加大．http://www.gov.cn/jrzg/2009-02/03/content_1220653.htm.

行动。[1]2012年2月，随着国家互联网信息办公室的成立，这一专项行动的开展由国家互联网信息办公室牵头，全国“扫黄打非”办公室、工信部、公安部、文化部、国务院国有资产监督管理委员会、国家工商总局、国家广播电影电视总局、新闻出版总署继续参与，在全国深入开展并推进这一专项行动。

2013年7月，国家互联网信息办公室联合全国“扫黄打非”办、工信部、公安部、文化部、国家新闻出版广电总局、国家工商总局、共青团中央、全国妇联等部门，组织开展净化暑期网络环境专项行动，关闭274家违法网站、181个网站栏目和频道，对300多家网站进行处罚。

四、强化统筹阶段（2014年—2020年）

虽然国家互联网信息办公室的成立一定程度上缓解了我国网络监管多口径交叉管理的局面，但面对互联网技术和应用飞速发展，我国网络管理体制多头管理、职能交叉、权责不一、效率不高等问题依旧突出。同时，随着互联网媒体属性越来越强，网上媒体管理和产业管理远远跟不上形势发展变化。特别是面对传播快、影响大、覆盖广、社会动员能力强的微客、微信等社交网络和即时通信工具用户的快速增长，如何加强网络法制建设和舆论引导，确保网络信息传播秩序和国家安全、社会稳定，已经成为摆在我国面前的现实突出问题。2013年，十八届三中全会决定指出，网络和信息安全牵

① 2009年中国互联网发展大事记.http://www.cac.gov.cn/2014-02/24/c_126182794.htm.

涉国家安全和社会稳定，是我国面临的新型综合性挑战。全会提出坚持积极利用、科学发展、依法管理、确保安全的方针，加大依法管理网络力度，完善互联网管理领导体制，整合相关机构职能，形成从技术到内容、从日常安全到打击犯罪的互联网管理合力，确保网络正确运用和安全。

为落实十八届三中全会精神，2014 年中央成立网络安全与信息化领导小组，下设国家互联网信息办公室，负责对网络安全和信息化的统筹协调，并正式确立了国家互联网信息办公室的内容安全监督执法职能。这是十八届三中全会以来继中央全面深化改革领导小组、中央国家安全委员会之后，中央在现有架构外新设立的第三个“超级机构”。中央网络安全和信息化领导小组由中国最高领导人出任领导小组组长，国务院总理及主管意识形态工作的政治局常委担任副组长，规格高、力度大、立意远，可以兼顾国防军事、国务院系统及意识形态三个安全战略规划，更有力、更权威地统筹指导中国迈向网络强国的发展战略，体现了中国最高层全面深化改革、加强顶层设计的意志，显示出保障网络安全、维护国家利益、推动信息化发展的决心。中央网信办的成立使得我国信息化及网络安全的领导体制从早期由国务院直接负责提升至中央层面，在经历了调整弱化后，又再次提升至前所未有的新高度。[①] 多年以来的互联网治理多头管理体制得到相当程度的整合。

2017 年正式实施的网安法从立法上进一步确立了统一管理和分工协作相结合的网络监管机制。既有担当统筹、协调、监督的统一权威架构，即国家网信部门负责统筹协调网络安全工作和相关监督

① 王融．中国互联网监管二十年，http://www.tisi.org/4944.

管理工作，又有从合理分工需要、现有职权配置和分层的现实出发的区分具体管理架构，即国务院电信主管部门、公安部门和其他有关机关依照本法和有关法律、行政法规规定，在各自职责范围内负责网络安全保护和监督管理工作。[①]

中央网信办成立后，部门之间的职责分工进一步调整。2015年《中央编办关于工业和信息化部有关职责和机构调整的通知》将工业和信息化部的职责分工进行了调整。将信息化推进、网络信息安全协调等职责划给中央网络安全和信息化领导小组办公室。同年，国务院办公厅发布《关于印发三网融合推广方案的通知》（国办发〔2015〕65号）对各部门在三网融合形态下的网络安全职责做出了划分。通知要求：（1）中央宣传部、网信办、新闻出版广电总局、公安部等负责完善网络信息安全和文化安全管理体系。重点加强对时政类新闻信息的管理，严格规范互联网信息内容采编播发管理，构筑清朗网络空间；（2）工业和信息化部、公安部、安全部、国资委、新闻出版广电总局、网信办等按照属地化管理和谁主管谁负责、谁经营谁负责、谁审批谁监管、谁办网谁管网的原则，健全网络信息安全和文化安全保障工作协调机制；（3）发展改革委、科技部、工业和信息化部、公安部、安全部、财政部、新闻出版广电总局、网信办等负责完善国家网络信息安全基础设施，提高隐患发现、监测预警和突发事件处置能力；（4）中央宣传部、科技部、工业和信息化部、公安部、安全部、新闻出版广电总局、网信办等负责强化日常监控，确保及时发现安全方面存在的新情况、新问题，采取措施妥善应对

① 龙卫球．我国网络安全管制的基础、架构与限定问题——兼论我国《网络安全法》的正当化基础和适用界限[j]暨南学报（哲学社会科学版），2017年05期。

处理，及时、客观、准确报告网络安全重大事件。

部门之间的合作和协调机制也进一步完善。2015年6月，为切实形成打击网络新型犯罪的合力，国务院批准成立了由公安部牵头，工业和信息化部、中国人民银行、最高人民法院、最高人民检察院等22个部门参加的打击治理电信网络新型违法犯罪工作部际联席会议机制。部际联席会议机制将“伪基站”纳入专项治理范围。各成员单位合力开展打击治理，形成了多部门配合联动的工作机制，工作效率持续提升。[①]

2017年，十九大报告再次提及网络强国战略，提出要牢牢掌握意识形态工作领导权，加强互联网内容建设，建立网络综合治理体系。同时还明确要深化机构和行政体制改革。在此基础上，2018年，全国人民代表大会批准了国务院机构的改革方案，在网络监管机构和职责分工方面也进行了诸多调整：（1）中央网络安全和信息化领导小组改为中央网络安全和信息化委员会。国家计算机网络与信息安全管理中心由工业和信息化部管理调整为由中央网络安全和信息化委员会办公室管理；（2）在网络内容监管方面，首先，在国家新闻出版广电总局广播电视管理职责的基础上组建国家广播电视总局，作为国务院直属机构，不再保留国家新闻出版广电总局。改革后，新组建的国家广播电视总局的主要职责为贯彻党的宣传方针政策，拟订广播电视管理的政策措施并督促落实，统筹规划和指导协调广播电视事业、产业发展，推进广播电视领域的体制机制改革，监督管理、审查广播电视与网络视听节目内容和质量，负责广播电视节

---

① 工信部多措并举综合治理电信网络诈骗，http://www.cac.gov.cn/2018-09/12/c_1123418987.htm.

目的进口、收录和管理，协调推动广播电视领域走出去工作等。整合中宣部、国家新闻出版广电总局职责。调整后中央宣传部统一管理新闻出版工作。中央宣传部对外加挂国家新闻出版署（国家版权局）牌子。中央宣传部统一管理电影工作。将国家新闻出版广电总局的电影管理职责划入中央宣传部。中央宣传部对外加挂国家电影局牌子。

这一阶段，在总体国家安全观指引下，我国网络社会综合治理领域的专项行动全面铺开。

电信网络市场监管方面，2016年11月，工信部发布《关于开展互联网基础管理专项行动的通知》，明确发文之日起至2017年7月31日，在全国开展互联网基础管理专项行动，继续强化网站备案、IP地址、域名等互联网基础管理。2017年1月，工信部发布《关于清理规范互联网网络接入服务市场的通知》，明确自即日起至2018年3月31日，在全国范围内对互联网网络接入服务市场开展清理规范工作。清理规范工作旨在依法查处互联网数据中心（IDC）业务、互联网接入服务（ISP）业务和内容分发网络（CDN）业务市场存在的无证经营、超范围经营、“层层转租”等违法行为，加强经营许可和接入资源的管理。2017年5月，工商总局、发改委、工信部、公安部等部门发布《2017网络市场监管专项行动方案》，决定于5月至11月联合开展2017网络市场监管专项行动。此次专项行动将侵权假冒行为、虚假宣传、虚假违法广告行为、刷单炒信行为作为工作重点予以打击。

网络信息内容生态治理方面，2016年，国家网信办牵头会同相关部委，开展“清朗”系列专项行动，治理范围覆盖门户网站、搜索引擎、网址导航、微博微信、移动客户端、云盘、招聘网站、旅游出行网站等各平台各环节，治理内容包括各类违法违规文字、图片、音视频信息。[①]2016年2月，国家网信办联合有关部门在全国范围内启动“招聘网站严重违规失信”专项整治工作；5月，在全国开展网址导航网站专项治理。2017年1月，国家互联网信息办公室下发通知，要求各省、自治区、直辖市互联网信息办公室于1月16日起，正式启动互联网应用商店备案工作；同月，国家网信办联合相关部门开展为期1个月的“标题党”专项整治行动;3月，全国“扫黄打非”办公室做出部署，将从3月至11月在全国范围内组织开展“净网2017”“护苗2017”“秋风2017”等专项行动。其中，“净网2017”专项行动聚焦网络直播平台、“两微一端”、弹窗广告及网络文学作品四个领域，严打制售传播淫秽色情信息行为，督促网络企业落实主体责任。[②]

网络违法犯罪打击方面，2015年11月，为贯彻落实国务院打击治理电信网络新型违法犯罪工作部际联席会议第一次会议精神，部际联席会议决定从2015年11月1日起开展为期半年的全国范围内组织开展打击治理电信网络新型违法犯罪专项行动，针对电信网络新型违法犯罪的专项打击治理进入新阶段。2016年5月，公安部召开2016年公安机关网络安全执法检查工作电视电话会议，部署在全国范围内开展为期三个月的网络安全执法检查工作。[③]2016年7月，

① 2016年国家网信办牵头开展“清朗”系列专项行动 剑指网络顽疾 形成持续震慑. http://www.cac.gov.cn/2016-11/25/c_1119991081.htm.

② 全国“扫黄打非”办公室部署开展“净网2017”“护苗2017”“秋风2017”专项行动. http://www.cac.gov.cn/2017-03/22/c_1120672221.htm?407333g6uu.

③ 公安部召开2016年网络安全执法检查工作电视电话会议. http://www.jsdjbh.gov.cn/zuixin/658.htm.

公安部联合国家互联网信息办公室启动网络诈骗举报联动处置工作机制，以公安机关网安“大数据”战略为引领，把所有成员单位发现和接收的涉及网络诈骗的网民举报接入联动处置平台，及时对涉嫌网络诈骗违法犯罪线索开展侦查调查，对诈骗网站、诈骗账号、网上诈骗信息及时予以关停和清理。①2016年、2017年，公安部连续部署开展打击整治网络侵犯公民个人信息犯罪专项行动。2016年的专项行动中，全国公安机关共侦办各类侵犯公民个人信息案件1886起，抓获犯罪嫌疑人4261名，其中，银行、教育、工商、电信、快递、证券、电商网站等行业内部人员391人、黑客98人；共侦办实施拒绝服务攻击、非法入侵控制网站等各类黑客犯罪案件828起，抓获犯罪嫌疑人1747名。②

金融领域，2016年4月，国务院办公厅发布《互联网金融风险专项整治工作实施方案》，决定建立监管长效机制，集中力量对当前互联网金融主要风险领域开展整治，有效整治各类违法违规活动。同月，中国保监会、中央维稳办、公安部、国家网信办等部门联合发布《互联网保险风险专项整治工作实施方案》。在互联网金融风险专项整治工作的基础上，进一步明确互联网保险的整治工作要求。

2017年6月1日，《网络安全法》正式实施。网安法确立了网信部门统筹，各部门在职责范围内各司其职的网络安全领域监管体制，使得后续开展的行政执法和专项行动更加全面且具有针对性。同时，网安法对网络运营者确立了一系列安全保障义务，对公民个人在信

① 公安部联合国家互联网信息办公室启动网络诈骗举报联动处置工作机制 . http://www.cac.gov.cn/2016-07/08/c_1119189864.htm.

② 公安部召开打击整治黑客攻击破坏和网络侵犯公民个人信息犯罪专项行动部署会，陈智敏讲话，李伟主持 . https://www.mps.gov.cn/n2253534/n2253535/c5657414/content.html.

息内容、个人信息保护方面也赋予一定的法律责任，使得监管部门可以通过网安法规定的行政责任对公民和网络运营者的违法行为进行处置，从源头遏制网络违法犯罪行动，净化网络空间。

2017年7月起，我国监管部门即部署开展多项专项行动，涉及个人信息保护、信息内容治理、地图信息管理等内容。7月，为确保网安法中个人信息保护相关要求有效实施，中央网信办、工信部、公安部、国家标准等四部门联合召开“个人信息保护提升行动”启动暨专家工作组成立会议，启动隐私条款专项工作，首批将对微信、淘宝等十款网络产品和服务的隐私条款进行评审。[①] 同月，国家网信办发出通知，要求全国互联网直播服务企业自7月15日起，向属地互联网信息办公室进行登记备案工作。8月，全国“扫黄打非”办公室会同宣传、网信、工信、公安等部门，在全国范围内开展互联网低俗色情信息专项整治行动。[②] 同月，国土资源部、国家测绘地理信息局会同中央网络安全和信息化领导小组办公室、公安部、国务院办公厅政府信息与政务公开办公室等部门部署开展全国范围内排查整治“问题地图”专项行动。[③] 互联网网站登载的动态和静态地图、微博、微信公众号中登载的地图、政府网站登载的地图等成为重点检查对象之一。此外，8月25日，全国人大常委会启动网络安全法和加强网络信息保护决定执法检查，旨在了解网安法、《全国人大常

① 中央网信办等四部门联合开展隐私条款专项工作. http://www.cac.gov.cn/2017-08/02/c_1121421829.htm.

② 互联网低俗色情信息专项整治行动成效显著，处置、删除有害信息超2000万条. http://www.cac.gov.cn/2017-09/28/c_1121740474.htm.

③ 全覆盖排查整治“问题地图”专项行动启动电视电话会议召开. http://www.gov.cn/xinwen/2017-08/30/content_5221467.htm.

委会关于加强网络信息保护的决定》（“一法一决定”）实施情况。[①]

电信网络市场监管方面，2016年5月至11月，工商总局开展2016年网络市场监管专项行动。2016年12月，网络市场监管部际联席会议制度建立。联席会议以工商总局为牵头单位，由工商总局、发展改革委、工信部、公安部、商务部、网信办等10个部门组成，旨在进一步加强网络市场监管。2017年起，网络市场监管部际联席会议制度各成员单位连续三年开展网络市场监管专项行动，着力规范电子商务主体资格，严厉打击网络市场突出问题，落实电子商务经营者责任。2018年起，网络市场监管专项行动进一步命名为“网剑行动”。2018年2月，国家工商行政管理总局发布《关于开展互联网广告专项整治工作的通知》，决定开展为期10个月的互联网广告专项整治工作，以社会影响大、覆盖面广的门户网站、搜索引擎、电子商务平台、移动客户端和新媒体账户等互联网媒介为重点。

此外，2017年12月，中共中央宣传部、中央网信办、工信部、教育部、公安部、文化部、国家工商总局、国家新闻出版广电总局联合发布《关于严格规范网络游戏市场管理的意见》，部署针对网络游戏违法违规行为和不良内容的集中整治行动。[②]2018年、2019年，工信部连续两年组织开展电信和互联网行业网络安全（行政）检查工作，主要检查网络运行单位的《网络安全法》《通信网络安全防护管理办法》《电信和互联网用户个人信息保护规定》等法律法规的落实情况。2018年7月，工信部、最高人民法院、最高人民检察院等

① 全国人大常委会启动网络安全法和加强网络信息保护决定执法检查. http://www.npc.gov.cn/npc/c184/201708/09b63a5b067f4311aab1ba881bdb7ea7.shtml.

② 中宣部等部委联合印发意见 严格规范网络游戏市场管理.http://www.scio.gov.cn/37236/37377/Document/1614431/1614431.htm.

部门发布《综合整治骚扰电话专项行动方案》，决定在全国范围内组织开展为期一年半的综合整治骚扰电话专项行动。2019 年 3 月，国家市场监管总局发布《市场监管总局关于深入开展互联网广告整治工作的通知》，决定继续深入开展互联网广告整治工作，保持整治虚假违法互联网广告的高压态势。2019 年 5 月，工信部、国资委决定开展深入推进宽带网络提速降费、支撑经济高质量发展 2019 专项行动[1]，进一步提升宽带网络供给能力。2019 年 6 月，中央网信办、工信部、公安部、市场监管总局决定联合开展全国范围的互联网网站安全专项整治工作，对未备案或备案信息不准确的网站进行清理，对攻击网站的违法犯罪行为进行严厉打击，对违法违规网站进行处罚和公开曝光。[2]2019 年 6 月，工信部发布《电信和互联网行业提升网络数据安全保护能力专项行动方案》，决定开展为期一年的行业提升网络数据安全保护能力专项行动，加快推动构建行业网络数据安全综合保障体系。2020 年 3 月，工信部办公厅发布《中小企业数字化赋能专项行动方案》，提出 13 项重点任务和 4 项推进措施助力中小企业疫情防控、复工复产和可持续发展。同月，工信部发布通知，决定在 2020 年开展 IPv6 端到端贯通能力提升专项行动。2020 年 7 月，工信部发布通知，决定开展纵深推进 APP 侵害用户权益专项整治行动，将在 2020 年 8 月底前上线运行全国 APP 技术检测平台管理系统，12 月 10 日前完成覆盖 40 万款主流 APP 检测工作。

---

① 工业和信息化部 国资委关于开展深入推进宽带网络提速降费 支撑经济高质量发展 2019 专项行动的通知 . http://www.miit.gov.cn/n1146285/n1146352/n3054355/n3057674/n4704636/c6871121/content.html.

② 中央网信办等四部委联合开展互联网网站安全专项整治 将处罚并曝光违法违规网站 . http://www.cac.gov.cn/2019-06/11/c_1124609262.htm.

网络信息内容生态治理方面，主要由国家互联网信息办公室牵头或主导。2018 年 2 月，国家互联网信息办公室会同公安部、文化部等部门，对热衷炒作、涉嫌违法违规的各类行为主体进行全面排查清理和依法综合整治，遏制部分平台、机构和个人大肆炒作明星绯闻隐私和娱乐八卦等低俗之风；10 月，国家网信办会同有关部门开展针对自媒体账号的集中清理整治专项行动；12 月，会同有关部门开展针对违法违规、低俗不良移动应用程序（APP）的集中清理整治专项行动。2019 年 1 月，国家网信办启动为期 6 个月的网络生态治理专项行动，对各类网站、移动客户端、论坛贴吧、即时通信工具、直播平台等重点环节中的 12 类负面有害信息进行整治[①];4 月，启动即时通信工具专项整治工作，针对即时通信工具传播违法违规信息、匿名注册、欺诈诱骗、为线下违法违规活动提供平台服务等行业乱象；6 月，会同有关部门开展针对网络音频的专项整治行动。

2020 年新冠疫情的爆发使得信息内容生态治理更为紧迫，为打击疫情期间利用民众恐慌造谣传谣、恶意营销等违法行为，4 月，国家网信办在全国范围内组织开展为期两个月的网络恶意营销账号专项整治行动；5 月，国家网信办在全国范围内启动为期 8 个月的 2020“清朗”专项行动；6 月，国家网信办、全国“扫黄打非”办会同最高人民法院、工信部、公安部、文化和旅游部、市场监管总局、广电总局等部门启动为期半年的网络直播行业专项整治和规范管理行动；7 月，全国“扫黄打非”办公室表示近期将针对自媒体从事虚假新闻、有偿新闻等不法活动开展集中整治。同月，针对社会

① 色情暴力谣言恶搞等 12 类有害网络信息遭“围堵”. http://m.xinhuanet.com/culture/2019-01/04/c_1123945305.htm.

反映强烈的商业网站平台和“自媒体”扰乱网络传播秩序突出问题，国家网信办决定自 2020 年 7 月 24 日起在全国范围内开展集中整治。整治期间，将依法依规严厉查处一批问题严重的网站平台、封禁一批反映强烈的违规账号。

疫情催生在线网课、远程教学，并使之成为学校教育的主要方式，但个别网课平台借此传播淫秽色情、网络赌博等违法有害信息，或进行恶意营销，严重影响正常教学秩序，以及包括未成年人在内的用户的身心健康。对此，7 月，国家网信办决定启动为期 2 个月的“清朗”未成年人暑期网络环境专项整治，重点整治学习教育类网站平台和其他网站的网课学习版块的生态问题。8 月，中央网信办、教育部决定启动为期 2 个月的涉未成年人网课平台专项整治。同月，公安机关决定部署开展为期四个月的“中小学网课网络环境专项整治”工作。与此同时，教育部、国家新闻出版署、中央网信办、工信部、公安部、市场监管总局六部门联合下发《教育部等六部门关于联合开展未成年人网络环境专项治理行动的通知》，启动开展未成年人网络环境专项治理行动，重点整治影响未成年人健康成长的不良网络社交行为、低俗有害信息和沉迷网络游戏等问题。

个人信息保护方面，2019 年 1 月，中央网信办、工信部、公安部、市场监管总局联合发布《关于开展 App 违法违规收集使用个人信息专项治理的公告》，决定在全国范围组织开展 App 违法违规收集使用个人信息专项治理；4 月，国家市场监管总局办公厅决定在全国范围内部署开展“守护消费”暨打击侵害消费者个人信息违法行为专项执法行动，重点打击侵害消费者个人信息违法行为；[①]11 月，工信

① 市场监管总局开展“守护消费”行动 打击侵害消费者个人信息违法行为 . http://www.samr.gov.cn/zfjcj/sjdt/gzdt/201904/t20190410_292709.html.

部开展信息通信领域APP侵害用户权益专项整治行动，针对APP服务提供者和APP分发服务提供者两类主体对象，重点整治违规收集用户个人信息、违规使用用户个人信息、不合理索取用户权限等问题。2020年4月，公安部与中央网信办牵头建立打击危害公民个人信息和数据安全违法犯罪长效机制。机制成员单位包括公安部、中央网信办、最高人民法院、最高人民检察院、工信部、国家市场监督管理总局等。7月，中央网信办、工信部、公安部、国家市场监管总局四部门决定联合启动2020年App违法违规收集使用个人信息治理工作。

这一阶段，各省市地区也开始结合自身信息技术能力和经济发展水平，开展地方层面的专项治理行动。2019年12月，天津市委网络安全和信息化委员会发布《天津市提升数据安全保障能力专项行动方案》，决定开展为期两年的天津市提升数据安全保障能力专项行动。2020年3月，天津市委网信办发布《关于开展疫情防控相关App违法违规收集使用个人信息专项治理的通告》，决定自即日起在全市开展疫情防控相关App违法违规收集使用个人信息专项治理。

网络违法犯罪打击方面，网安法正式施行以来，我国公安机关逐渐进入以“净网”“护网”为核心的严厉打击各类网络违法犯罪行为，净化网络空间的执法新阶段。专项行动开展至今，在打击侵犯公民个人信息类、黑客攻击类、网络赌博、网络淫秽色情等网络违法犯罪行为方面取得显著成效；并通过一案双查机制，对网络违法犯罪案件开展侦查调查工作的同时，同步启动对涉案网络运营者法定网络安全义务履行情况的监督检查，夯实网络运营者安全保障义务，从源头遏制网络违法犯罪行为的发生。此外，2019年6月，公安部部署全国公安机关开展“云剑”行动，严厉打击电信诈骗、民族资产解冻类诈骗、套路贷等新型网络犯罪。2020年4月，公安部再次部署开展以打击治理电信网络诈骗犯罪、民族资产解冻类诈骗犯罪、命案积案攻坚为主要内容的“云剑-2020”行动。[①]2020年8月，由中宣部宣教局、中央网信办传播局、公安部新闻宣传局联合组织开展的打击治理跨境赌博社会宣传教育活动正式启动，并同步开展“打击治理跨境赌博”主题海报和短视频征集活动。该行动旨在把打击治理跨境赌博社会宣传教育融入各类法制宣传阵地，在全社会大力营造打击治理跨境赌博的浓厚氛围。

总的来说，这一阶段，物联网、云计算、大数据、人工智能、机器深度学习等新技术驱动网络空间从人人互联向万物互联演进，现实世界和数字世界日益交汇融合，全球治理体系面临深刻变革。我国在网络监管方面也呈现出一些新的特点：

首先，创新监管方式。随着“互联网+”等信息技术与政府治理深度融合日趋深入，智慧治理作为一种新型的政府治理模式正在推动新一轮政府转型。大数据、云计算、人工智能等新技术在提升政府治理能力方面的作用日渐突出，不断推动国家治理能力的现代化。在执法方面，为进一步加强对互联网企业的督促指导，搭建公安机关与互联网企业的快速沟通处置平台，2015年8月，公安部部署全国公安网安部门深入开展网站“网安警务室”建设，在重点网站和互联网企业设立“网安警务室”，第一时间掌握网上涉嫌违法犯罪情况，服务和指导网站提高安全管理防范能力。[②]在司法方面，为

① 公安部部署全国公安机关开展“云剑-2020”行动. http://www.gov.cn/xinwen/2020-04/15/content_5502475.htm.

② 公安改革：网络社会治理能力持续提升，http://www.sohu.com/a/126178710_114731.

深化司法体制综合配套改革，杭州、北京、广州互联网法院先后成立，不断提升互联网时代司法工作水平，为维护网络安全、化解涉网纠纷、保护人民群众权益、促进互联网和经济社会深度融合提供有力司法服务和保障。[①]

其次，变革监管理念。一直以来，我国网络监管领域政府占据绝对主导地位，虽然自2001年中国互联网协会成立起，行业自律机制在我国也开始发展。但长期以来，行业和个人的参与度仍然相当有限。随着信息技术的发展，政府主导所产生的问题也越来越凸显，我国开始不断探索网络监管新理念。2016年，习近平总书记在中央政治局以“网络强国”为主题的集体学习中指出，“随着互联网特别是移动互联网发展，社会治理模式正从单向管理转向双向互动，从线下转向线上线下融合，从单纯的政府监管向更加注重社会协同治理转变”。党的十九大报告再次强调，要加强社会治理制度建设，完善党委领导、政府负责、社会协同、公众参与、法治保障的社会治理体制，打造新时代共建共治共享的社会治理格局。新背景下，我国逐渐从“网络监管”走向“网络治理”，企业、行业以及公民个人在网络治理领域的参与度进一步提升。网安法确立的以“网络运营者”为网络安全第一责任人的治理机制，以及中央网信办成立后，中国互联网发展基金会、中国网络空间安全协会成立、中国网络社会组织联合会等诸多行业组织的涌现均体现了我国网络安全领域社会治理机制的逐步建立。

① 杭州互联网法院挂牌运行，https://www.chinacourt.org/article/detail/2017/08/id/2969215.shtm.

第三章 中国网络安全司法保障40年

自1994年接入国际互联网以来，我国充分利用后发优势实现了信息技术的飞速发展和网络空间的日益扩大。截至2019年6月30日，中国网民由1997年的62万人增加至8.54亿人，手机网民规模达8.47亿，数量均位居全球第一。其中，在线即时通讯用户达8.24亿，网络视频用户规模达7.59亿，网络购物用户规模达6.39亿，在线政务服务用户规模达5.09亿。移动互联网接入流量消费达553.9亿GB。[①]同时，我国拥有跨越地域最辽阔的互联网基础设施，拥有一批具有世界级影响力的互联网企业，也拥有与世界同步的最新网络样态和技术实践。可以说，网络已是中国在信息化时代傲人的核心资产之一。[②]

与此同时，现实社会与网络空间的关联度和融合性不断增强。现实社会中的民事、行政、刑事问题不断向网络空间扩展，新型法律问题也不断涌现。民事领域，传统的隐私、名誉等民事侵权行为逐渐向网络空间延伸，个人信息保护，数据权益、虚拟财产权益保障等成为民事领域新议题。行政领域，随着网络执法推进，尤其是《网

① 数据来源于《中国法院的互联网司法》报告。

② 于志刚，中国网络犯罪的代际演变、刑法样本与理论贡献[J].法学论坛，2019年第2期。

络安全法》及相关配套规范的实施，围绕网络安全执法的行政诉讼相继出现。刑事领域，网络犯罪日益增长，传统刑事犯罪加速向互联网迁移，利用或针对网络实施的新型违法犯罪活动不断滋生蔓延。在此背景下，我国通过《民法总则》、《中华人民共和国侵权责任法》（以下简称《侵权责任法》）、《治安管理处罚法》、《网络安全法》、《刑法》等不断完善的民事、行政、刑事法律法规推进网络空间安全治理的法治化。

随着网络安全形势及相关立法的不断发展，我国互联网司法也在不断探索和完善。我国各级法院、检察院通过司法实务诠释、落实网络安全立法要求，回应网络安全治理的现实需求，不断推进络安全立法体系、裁判规则以及理论研究的发展与成熟。尤其是党的十八大以来，我国不断推动民事、行政诉讼制度改革，深化以审判为中心的刑事诉讼制度改革，同时依托互联网发展的规模优势、应用优势和产业优势，将推动互联网司法发展纳入深化司法体制改革的整体规划，分领域、分步骤、分层次统筹推进。以设立互联网法院为契机，通过审理新类型互联网案件，不断提炼总结裁判规则，网络安全领域的司法审判机制、裁判规则逐步健全完善，互联网司法治理能力全面提升。

一、惩治网络犯罪

20 世纪 90 年代之前我国仅发生少量的、攻击互联网的计算机和利用计算机伪造文件等所谓计算机犯罪。我国接入国际互联网后，网络犯罪数量快速上升。1998年立案侦查计算机违法犯罪案件仅为百余起，1999年增至400余起，2000年剧增为2700余起，2001年又涨到4500余起。[①]2019年最高人民法院发布的《司法大数据专题报告：网络犯罪特点和趋势》显示，2016年至2018年，全国各级法院一审审结的网络犯罪案件共计4.8万余件，案件量以每年超过30%的速度增长。通过这一系列的数据不难发现，随着我国网络和信息技术的飞速发展，网络犯罪高发多发态势愈加凸显。

纵观我国网络犯罪发展概况，网络犯罪的演变与网络的代际差异具有高度契合性，也不断推进着我国刑事立法的发展。在我国接入互联网初期，网络主要充当信息媒介功能，是传统信息传播手段的有益替代和补充，网络的工具属性突出。大型门户网站和计算机信息系统不但承载着网络的主要利益，而且是犯罪的直接侵害对象。[②]在此阶段，侵入计算机信息系统、破坏系统安全的行为相继出现，典型如1997年发生的"江民炸弹事件"[③]，1998年发生的

---

① 近年来中国计算机犯罪骤增，五大新动向值得关注，http://news.sohu.com/49/14/news148471449.shtml

② 于志刚，中国网络犯罪的代际演变、刑法样本与理论贡献[J].法学论坛，2019年第2期。

③ 事件回顾：1997年6月24日，王江民先生在其主页上发布了KV300L++版，内含逻辑炸弹。凡是在MK300V4制作的仿真盘（盗版盘）上执行KV300L++的用户硬盘数据均被破坏，同时硬盘被锁，软硬盘皆不能启动。7月23日，国内5家反病毒软件公司联合谴责江民公司发布的KV300L+＋版反病毒软件中含有"逻辑炸弹"，"在特定条件下对计算机实施破坏，其结果与某些计算机病毒的破坏作用相似……"。江民公司解释称：江民公司并未在KV300中安放任何破坏性程序。五厂商所称的"逻辑炸弹"，其实是江民公司为打击日益猖獗的盗版软件行为而在软件中编制的"逻辑锁"，这一"逻辑锁"首先不可能对任何购买正版产品的用户造成任何影响和损失，其次对部分盗版用户也只是起到暂时锁住机器的作用。江民公司特别强调，KV300中的"逻辑锁"与病毒没有关系，因为病毒是具有自我复制和传染性的破坏性程序，而"逻辑锁"却不会对用户数据造成任何伤害。1997年9月8日，公安部门认定KV300L++事件违反计算机安全保护条例之23条，属于故意输入有害数据，危害计算机信息系统安全的行为，对其做出罚款3000元的决定。详情请参见：https://baike.baidu.com/item/江民炸弹/10083352?fr=aladdin，2020年4月19日最后访问。

"CIH病毒事件"[①]。为保护计算机信息系统安全,1997年《刑法》第二百八十五条、二百八十六条分别规定了非法侵入计算机信息系统罪和破坏计算机信息系统罪。前者制裁非法侵入三个重要领域计算机信息系统的行为,后者打击破坏计算机信息系统的行为。进入互联网2.0时代,个人不再是信息的被动接受者,而是各类网络活动的直接参与者。网络的社会属性不断凸显。传统犯罪网络化趋势增强,各类利用网络实施犯罪的行为涌现。在此背景下,2000年《全国人民代表大会常务委员会关于维护互联网安全的决定》出台,将利用互联网传播淫秽信息、造谣、诽谤、盗窃、诈骗、窃取国家秘密等行为明确纳入刑法规制范畴。随着网络和信息技术的进一步发展,网络犯罪日益高发多发并逐渐走向产业化,犯罪行为日益多样和隐蔽,电信网络诈骗、侵犯公民个人信息等新型案件层出不穷。我国刑事规制理念也在不断发展,对网络犯罪的打击范围和力度不断加强。2009年《中华人民共和国刑法修正案(七)》增设了非法获取计算机信息系统数据罪,非法控制计算机信息系统罪、出售、非法提供公民个人信息罪,并将提供侵入、非法控制计算机信息系统程序工具这类刑法理论上的帮助行为作为正犯行为入罪,增设提供侵入、非法控制计算机信息系统程序工具罪作为独立的罪名。之

① CIH病毒属文件型病毒,杀伤力极强。主要表现在于病毒发作后,硬盘数据全部丢失,甚至主板上BIOS中的原内容也会被彻底破坏,主机无法启动。只有更换BIOS,或是向固定在主板上的BIOS中重新写入原来版本的程序,才能解决问题。1998年6月2日,首例CIH病毒在中国台湾被发现;1998年6月6日,发现CIH病毒V1.2版本;1998年6月12日,发现CIH病毒V1.3版本;1998年6月30日,发现CIH病毒V1.4版本;1998年7月26日,CIH病毒在美国大面积传播;1998年8月26日,CIH病毒实现了全球蔓延,公安部发出紧急通知,新华社和新闻联播跟进报道;1999年4月26日,CIH病毒1.2版首次大规模爆发,全球超过六千万台电脑受到了不同程度的破坏。详情请参见:https://baike.baidu.com/item/CIH病毒/221488?fr=aladdin,2020年4月19日最后访问。

后面对网络犯罪手段、类型、危害、频率等出现的新情况以及打击网络犯罪出现的新难题,2015年《中华人民共和国刑法修正案(九)》将网络犯罪立法作为其重要内容,对刑法中涉互联网安全的内容做了大量的补充和完善,增设了拒不履行信息网络安全管理义务罪,非法利用信息网络罪,帮助信息网络犯罪活动罪,编造、故意传播虚假信息罪,并对出售、非法提供公民个人信息罪进行整合,修改为侵犯公民个人信息罪。

在网络犯罪形势以及相关立法的不断发展的背景下,针对网络犯罪的刑事司法制度也在不断探索和完善。尤其是在面对网络犯罪的快速发展和异化,刑事司法更显主动性和适应性,其中不乏突破性探索,为弥补刑事立法的不足,回应打击网络犯罪的现实需求发挥了重要作用。

1997年《刑法》出台后,我国先后发布了14个与网络犯罪直接相关的司法解释,既包括专门针对网络犯罪的规定,又包括涉及网络犯罪的规定。内容涵盖利用网络编造、故意传播虚假恐怖信息,网络攻击、网络病毒、网络色情、网络赌博、网络诽谤、网络诈骗、侵犯公民个人信息等。专门针对网络犯罪的规定如2004年发布的《最高人民法院、最高人民检察院关于办理利用互联网、移动通讯终端、声讯台制作、复制、出版、贩卖、传播淫秽电子信息刑事案件具体应用法律若干问题的解释(一)》(法释[2004]11号)、2010年发布的《最高人民法院、最高人民检察院关于办理利用互联网、移动通讯终端、声讯台制作、复制、出版、贩卖、传播淫秽电子信息刑事案件具体应用法律若干问题的解释(二)》(法释[2010]3号)、2011年发布的《最高人民法院、最高人民检察院关于办理危害计算机信息系统安全刑事案件应用法律若干问题的解释》(法释[2011]19号)、2013年发布的《最高人民法院、最高人民检察院关于审理编造、故意传播虚假恐怖信息刑事案件适用法律若干问题的解释》(法释[2013]24号)、2013年发布的《关于办理利用信息网络实施诽谤等刑事案件适用法律若干问题的解释》(法释[2013]21号)、《最高人民法院、最高人民检察院关于办理刑事案件收集提取和审查判断电子数据若干问题的规定》(法发〔2016〕22号)、2017年发布的《最高人民法院、最高人民检察院关于办理侵犯公民个人信息刑事案件适用法律若干问题的解释》(法释[2017]10号)、2019年发布的《最高人民法院、最高人民检察院关于办理非法利用信息网络、帮助信息网络犯罪活动等刑事案件适用法律若干问题的解释》(法释[2019]15号);涉及网络犯罪的规定如2005年发布的《最高人民法院、最高人民检察院关于办理赌博刑事案件具体应用法律若干问题的解释》(法释[2005]3号)、2006年发布的《最高人民检察院关于渎职侵权犯罪案件立案标准的规定》(高检发释字[2006]2号)、2007年发布的《最高人民法院关于审理危害军事通信刑事案件具体应用法律若干问题的解释》(法释[2007]13号)、2011年发布的《最高人民法院、最高人民检察院关于办理诈骗刑事案件具体应用法律若干问题的解释》(法释[2011]7号)、2011年发布的《最高人民法院关于审理破坏广播电视设施等刑事案件具体应用法律若干问题的解释》(法释[2011]13号),2016年发布的《最高人民法院、最高人民检察院关于办理环境污染刑事案件适用法律若干问题的解释》(法释〔2016〕29号)。

以上司法解释回应了司法实务中出现的问题,在刑法框架下明确细化裁判规则。以2011年发布的《关于办理危害计算机信息系统安全刑事案件应用法律若干问题的解释》为例。该司法解释产生于我国网络犯罪快速上升，我国成为世界上黑客攻击的主要受害国之一的背景之下。[①] 从司法实践来看，制作传播计算机病毒、侵入和攻击计算机信息系统的犯罪增长迅速，非法获取计算机信息系统数据、非法控制计算机信息系统的犯罪日趋增多，制作销售黑客工具、倒卖计算机信息系统数据和控制权等现象十分突出。这些违法犯罪行为具有严重的社会危害性，不仅破坏了计算机信息系统运行安全与信息安全，而且危害了国家安全和社会公共利益，侵害了公民、法人和其他组织的合法权益。严厉打击危害计算机信息系统安全犯罪，加大对信息网络安全的保护力度，刻不容缓。

然而，在办理危害计算机信息系统安全案件的过程中，适用刑法相关规定遇到了一些问题，需要进一步明确：一是刑法第二百八十五条、第二百八十六条规定的有关术语，如“专门用于侵入、非法控制计算机信息系统的程序、工具”和“计算机病毒等破坏性程序”等，其含义需作进一步明确。二是刑法第二百八十五条、第二百八十六条涉及的“情节严重”“情节特别严重”“后果严重”“后果特别严重”等规定缺乏具体认定标准，办案部门认识不一，难以操作。三是对于倒卖计算机信息系统数据和控制权等行为的定性、以单位名义或者形式实施危害计算机信息系统安全犯罪的处理、危害计算机信息系统安全共同犯罪的处理等疑难问题，司法实务部门

① 2010 年发布的《中国互联网状况》白皮书显示，2009 年我国被境外控制的计算机 IP 地址达 100 多万个；被黑客篡改的网站达 4.2 万个；被“飞客”蠕虫网络病毒感染的计算机每月达 1800 万台，约占全球感染主机数量的 30%。而据公安部提供的情况，近 5 年来，我国互联网上传播的病毒数量平均每年增长 80% 以上，互联网上平均每 10 台计算机中有 8 台受到黑客控制，公安机关受理的黑客攻击破坏活动相关案件平均每年增长 110%。

反映突出。

例如2007年发生的“熊猫烧香”案件。2006年10月，25岁的湖北武汉新洲区人李俊编写了一款拥有自动传播、自动感染硬盘能力和强大的破坏能力的病毒，它不但能感染系统中exe、com、pif、src、html、asp等文件，它还能中止大量的反病毒软件进程并且会删除扩展名为gho的文件，被感染的用户系统中所有.exe可执行文件全部被改成熊猫举着三根香的模样。2007年1月初肆虐网络，在近乎一夜之间使数百万台计算机遭到感染。1月中旬，该病毒的制作者李俊被湖北警方逮捕，成为我国破获的国内首例制作计算机病毒大案。

“熊猫烧香”案件的出现是我国面临网络安全威胁越来越多、影响也越来越大的一个重要体现，也暴露出我国在应对此类案件时立法上的不足。当时我国法律对计算机犯罪的规定只有为数不多的几条。例如《刑法》第二百八十六条规定：“违反国家规定，对计算机信息系统功能进行删除、修改、增加、干扰，造成计算机信息系统不能正常运行，后果严重的，处5年以下有期徒刑或者拘役；后果特别严重的，处5年以上有期徒刑。违反国家规定，对计算机信息系统中存储、处理或者传输的数据和应用程序进行删除、修改、增加的操作，后果严重的，依照前款的规定处罚。故意制作、传播计算机病毒等破坏性程序，影响计算机系统正常运行，后果严重的，依照第一款的规定处罚。”此外，还有《治安管理处罚法》中第二十九条规定。而对于刑法286条中的“后果严重”和“后果特别严重”，法律都没有明确的量化的规定，这就造成了在实践中对于网络违法的处罚往往都是根据《治安管理处罚法》的相关条款，而仅仅是“处五日以下拘留；情节严重的，处五日以上十日以下拘留”处罚显然太轻，根本达不到警示和震慑的作用。[1]

为适应司法实践需要，明确危害计算机信息系统安全犯罪的法律适用问题，该司法解释一是明确了非法获取计算机信息系统数据、非法控制计算机信息系统罪，提供侵入、非法控制计算机信息系统程序、工具罪，破坏计算机信息系统罪等犯罪的定罪量刑标准；二是规定了对明知是非法获取计算机信息系统数据犯罪所获取的数据、非法控制计算机信息系统犯罪所获取的计算机信息系统控制权，而予以转移、收购、代为销售或者以其他方法掩饰、隐瞒的行为，以掩饰、隐瞒犯罪所得罪追究刑事责任；三是明确了对以单位名义或者单位形式实施危害计算机信息系统安全犯罪的行为，应当追究直接负责的主管人员和其他直接责任人员的刑事责任；四是规定了危害计算机信息系统安全共同犯罪的具体情形和处理原则；五是明确了“国家事务、国防建设、尖端科学技术领域的计算机信息系统”“专门用于侵入、非法控制计算机信息系统的程序、工具”“计算机病毒等破坏性程序”的具体范围、认定程序等问题；六是界定了“计算机信息系统”“计算机系统”“身份认证信息”“经济损失”等相关术语的内涵和外延。

部分司法解释为解决司法实务难题对现行立法做出扩张解释，扩大刑法相关规定在信息时代的可适用性，并为后续立法完善提供前期经验。例如，《最高人民法院、最高人民检察院关于办理危害计算机信息系统安全刑事案件应用法律若干问题的解释》第七条的规定突破了传统意义上的“犯罪所得”的范围，将非法获取的数据和

---

① “熊猫烧香”烧出了法律漏洞，http://news.sina.com.cn/o/2007-03-01/033411309767s.shtml.

非法取得的控制权解释为“犯罪所得”。这种司法解释反映了信息时代社会的实际状况，不仅在法制的框架下解决了司法实践中的新问题，也推动了刑法理论随时代进步发展，为犯罪对象相关理论的创新发展提供了司法依据。[①] 此外，随着传统犯罪借助网络因素而迅速扩散，网络开始以犯罪“工具”的形象展现。[②] 贩卖淫秽物品、电信诈骗、网络赌博、盗取网络游戏装备等涉财产类网络犯罪爆发式增长。在此背景下，传统刑事立法诸多适用问题凸显。为解决上述问题，2004年《最高人民法院、最高人民检察院关于办理利用互联网、移动通讯终端、声讯台制作、复制、出版、贩卖、传播淫秽电子信息刑事案件具体应用法律若干问题的解释（一）》出台，对“制作、复制、出版、贩卖、传播淫秽物品牟利罪”以及“传播淫秽物品罪”在网络空间的适用问题做出明确决定。2005年《最高人民法院、最高人民检察院关于办理赌博刑事案件具体应用法律若干问题的解释》将“赌博罪”中“赌场”的认定扩展至“赌博网站”。

为应对网络犯罪逐渐走向产业化的新形势，回应打击网络犯罪利益链的现实需求，2010年“两高”发布的《最高人民法院、最高人民检察院关于办理利用互联网、移动通讯终端、声讯台制作、复制、出版、贩卖、传播淫秽电子信息刑事案件具体应用法律若干问题的解释（二）》做出了突破性的探索。该解释第三条规定：“利用互联网建立主要用于传播淫秽电子信息的群组，成员达三十人以上或者造成严重后果的，对建立者、管理者和主要传播者，依照刑法第三百六十四条第一款的规定，以传播淫秽物品罪定罪处罚。”第四条

① 于志刚、吴尚聪，我国网络犯罪发展及其立法、司法、理论应对的历史梳理[J].政治与法律，2018年第1期。

② 皮勇，我国新网络犯罪立法若干问题[J].中国刑事法杂志，2012年第12期。

规定："以牟利为目的，网站建立者、直接负责的管理者明知他人制作、复制、出版、贩卖、传播的是淫秽电子信息，允许或者放任他人在自己所有、管理的网站或者网页上发布，具有下列情形之一的，依照刑法第三百六十三条第一款的规定，以传播淫秽物品牟利罪定罪处罚：(一)数量或者数额达到第一条第二款第(一)项至第(六)项规定标准五倍以上的；(二)数量或者数额分别达到第一条第二款第(一)项至第(六)项两项以上标准二倍以上的；(三)造成严重后果的。"第五条规定："网站建立者、直接负责的管理者明知他人制作、复制、出版、贩卖、传播的是淫秽电子信息，允许或者放任他人在自己所有、管理的网站或者网页上发布，具有下列情形之一的，依照刑法第三百六十四条第一款的规定，以传播淫秽物品罪定罪处罚"。这一司法解释将特定的传播淫秽物品行为的网络技术支持的提供者，直接作为传播淫秽物品罪、传播淫秽物品牟利罪的实行犯加以评价和制裁，不再考虑其所帮助的、实际在网络中传播淫秽物品的行为人是否构成犯罪的问题，不再以共犯来对相关的技术帮助行为进行定性评价，也就是说，在传播淫秽物品罪和传播淫秽物品牟利罪两个罪名中实现了帮助犯的正犯化。①

《最高人民法院、最高人民检察院关于办理利用互联网、移动通讯终端、声讯台制作、复制、出版、贩卖、传播淫秽电子信息刑事案件具体应用法律若干问题的解释(二)》通过解释论的方式解决了我国网络犯罪帮助行为的处罚难题，开辟了针对"帮助行为正犯化"的规制模式，并为后续网络犯罪帮助行为正犯化立法积累了司法经验。2015 年《中华人民共和国刑法修正案(九)》第二十九条增设的"帮

① 于志刚，中国网络犯罪的代际演变、刑法样本与理论贡献 [J]. 法学论坛，2019 年第 2 期。

助信息网络犯罪活动罪”即是对该司法探索在立法上的回应。

除司法解释外，网络刑事司法发展历程中我国审结了一系列具有网络安全刑事典型的、具有指导意义的案例。检察院方面，通过“叶源星、张剑秋提供侵入计算机信息系统程序、谭房妹非法获取计算机信息系统数据案”，司法机关明确，对有证据证明用途单一，只能用于侵入计算机信息系统的程序可依法认定为“专门用于侵入计算机信息系统的程序”。“张凯闵等52人电信网络诈骗案”对境外证据和的电子数据的认定具有指导意义。在最高人民法院指导案例104号“李森、何利民、张锋勃等人破坏计算机信息系统案”中，法院认定环境质量监测系统属于计算机信息系统。用棉纱等物品堵塞环境质量监测采样设备，干扰采样，致使监测数据严重失真的，构成破坏计算机信息系统罪。在最高人民法院指导案例105号“洪小强、洪礼沃、洪清泉、李志荣开设赌场案”中，法院认定，以营利为目的，通过邀请人员加入微信群的方式招揽赌客，根据竞猜游戏网站的开奖结果等方式进行赌博，设定赌博规则，利用微信群进行控制管理，在一段时间内持续组织网络赌博活动的，属于赌博罪中的“开设赌场”。在最高人民法院指导案例103号“徐强破坏计算机信息系统案”中，法院认定，企业的机械远程监控系统属于计算机信息系统。违反国家规定，对企业的机械远程监控系统功能进行破坏，造成计算机信息系统不能正常运行，后果严重的，构成破坏计算机信息系统罪。在最高人民法院指导案例102号“付宣豪、黄子超破坏计算机信息系统案”中，法院认定，通过修改路由器、浏览器设置、锁定主页或者弹出新窗口等技术手段，强制网络用户访问指定网站的“DNS劫持”行为，属于破坏计算机信息系统，后果严重的，构成破坏计算机信息系统罪。对于“DNS 劫持”，应当根据造成不能正常运行的计算机信息系统数量、相关计算机信息系统不能正常运行的时间，以及所造成的损失或者影响等，认定其是“后果严重”还是“后果特别严重”。

随着新型犯罪的不断涌现以及网络犯罪呈现出主体多元化、手段隐蔽性高、分工链条精细、作案地域分散等特点，尤其是网络诈骗犯罪经常上下游之间通过网络联络实施犯罪。司法审判方面也做出了积极的回应。例如在“谭张羽、张源等非法利用信息网络案”[①]中，法院判决细化了非法利用信息网络罪相关的认定标准。在该案中，法院明确行为人明知上家的“刷单广告”是从事诈骗的行为，仍以非法获利为目的，为其犯罪提供广告推广帮助，情节严重的，构成非法利用信息网络罪。一些典型的、具有重大影响的司法案例的出现也推动了相关司法解释的出台，并推进了相关执法行动的开展。

① 该案基本案情：2016 年 12 月，为获取非法利益，被告人谭张羽、张源共同商定，利用注册的公司开展在网络上从事为他人发送“刷单获取佣金”的诈骗信息业务。谭张羽、张源雇佣被告人秦秋发等负责发送诈骗信息。张源主要负责购买“阿里旺旺”账号、软件，租赁电脑服务器等；秦秋发主要负责招揽联系有发送诈骗信息需求的上家、接收上家支付的费用及带领其他人发送诈骗信息。三被告在明知不存在刷单事实，系上家用于诈骗的情况下，仍然帮助发布诈骗信息，每一人添加上述信息里的 QQ 号，谭张羽、张源从上家处获取 30 至 70 元报酬。被害人王某甲、洪某在添加谭张羽、张源等人组织发送的诈骗信息中的 QQ 号后，分别被骗 31000 和 30049 元。法院在本案中认定，被告人谭张羽、张源、秦秋发以非法获利为目的，通过信息网络发送刷单诈骗信息，其行为本质上属于诈骗犯罪预备，构成非法利用信息网络罪。虽然本案中尚无证据证实已有诈骗行为人归案并受到刑事追究，但已有多位受害者出现，不影响非法利用信息网络罪的成立。谭张羽、张源、秦秋发共同实施故意犯罪，系共同犯罪。在共同犯罪中，谭张羽、张源起主要作用，均系主犯；秦秋发起次要作用，属从犯，依法予以从轻处罚。江苏省沭阳县人民法院一审判决、宿迁市中级人民法院二审判决，以非法利用信息网络罪判处被告人张源有期徒刑二年一个月，并处罚金人民币 10 万元；被告人谭张羽有期徒刑一年十个月，并处罚金人民币 8 万元；被告人秦秋发有期徒刑一年四个月，并处罚金人民币 3 万元。

例如2016年的“徐玉玉案”。2016年8月，即将步入大学校门的山东女生徐玉玉在接到诈骗分子自称教育局工作人员打来的领取助学金的电话后，按照对方的指使将自己卡中用来交大学学费的9900元现金存入对方的指定账号，该笔钱随后被诈骗分子取走。徐玉玉得知被骗后伤心过度，诱发心脏骤停离世。该案中，犯罪分子事先从网上购买到了山东地区当年高考学生的名单，于是按图索骥拨打诈骗电话，由于准确掌握被害人的信息，让被害人深信不疑。为了遏制公民个人信息犯罪的猖獗态势，公安机关在全国范围内开展了打击侵犯公民个人信息的违法犯罪专项整治活动，同时也推进了《最高人民法院、最高人民检察院关于办理侵犯公民个人信息刑事案件适用法律若干问题的解释》的快速出台。

二、强化民事救济

我国民事司法对网络安全的保护与网络产业发展状况密切相关。在我国网络发展早期阶段，网络的民用化程度较低，相关的民事纠纷较少，民事司法对网络安全的保障作用并不明显。随着网络和信息技术的发展，利用网络侵害自然人、法人民事权益的案件快速上升，同时个人信息保护、数据权益、虚拟财产权益保障等新型民事纠纷不断涌现。在此背景下，民事司法对网络安全的保障作用不断彰显，为保障个体权益、维护市场竞争秩序、提升社会创新活力提供了相对明确、可预期的规则指引，为全面推进网络强国建设提供了有力支撑。

1. 隐私与个人信息保护领域

我国对隐私的保护从早期依附于“名誉权”到之后通过“隐私利益”再到通过“隐私权”，司法在其中起的作用不可忽视。可以说，我国隐私保护制度是在司法裁判主导下不断推进才最终得以在立法上确立和完善的。

由于我国宪法、民法通则本身的立法局限，在 2009 年《侵权责任法》通过之前，隐私权并没有成为立法上的权利，因此实在法意义上的宪法隐私权和民法隐私权并不存在，尽管教义学意义上的隐私权在宪法和民法理论中被提到。① 在此阶段，有关隐私权保护主要集中在最高人民法院颁布的司法文件及相关司法实践中。1988 年最高人民法院《关于贯彻执行〈中华人民共和国民法通则〉若干问题的意见 (试行)》首次提及了“隐私”这一概念，初步确立了以“名誉权”保护隐私的间接保护模式。②1993 年，《最高人民法院关于审理名誉权案件若干问题的解答》再次确认了将隐私纳入名誉权保护的范畴，并增加了隐私侵权情形。③ 随着侵犯隐私问题的凸显，尤其是网络和信息化的飞速发展导致的隐私保护危机，原有的名誉权保护模式的弊端愈发凸显。一方面，这种附属于既有权利的保护模式造成了名誉权纠纷中司法裁判的过重负担；④ 另一方面，侵犯隐私

① 张建文、高悦，从隐私权的立法与司法实践看新兴权利保护的综合方式 [J]. 求是学刊，2019 年第 6 期。

② 该意见第 140 条规定，以书面、口头等形式宣扬他人的隐私，或者捏造事实公然丑化他人人格，以及用侮辱、诽谤等方式损害他人名誉，造成一定影响的，应当认定为侵害公民名誉权的行为。

③ 该解答第七条明确，对未经他人同意，擅自公布他人的隐私材料或者以书面、口头形式宣扬他人隐私，致他人名誉受到损害的，按照侵害他人名誉权处理。

④ 张建文、高悦，从隐私权的立法与司法实践看新兴权利保护的综合方式 [J]. 求是学刊，2019 年第 6 期。

与侵犯名誉本身在行为构成等方面存在着诸多差异性，名誉权保护模式无法覆盖复杂的隐私侵权情形。在此背景下，2001年《最高人民法院关于确定民事侵权精神损害赔偿责任若干问题的解释》中对隐私保护模式做出了突破性的规定。该解释第一条第二款规定，“违反社会公共利益、社会公德侵害他人隐私或者其他人格利益，受害人以侵权为由向人民法院起诉请求赔偿精神损害的，人民法院应当依法予以受理”。该规定一改此前的名誉权保护模式，将隐私确立为独立的“人格利益”加以保护，对隐私的法律保护力度进一步加强。此后的司法实践甚至不乏将隐私权作为一种独立的人格权来保护。例如2008年北京市朝阳区法院审理的“王某诉L公司隐私权、名誉权纠纷案”[①]，法院就认为，“公民个人感情生活问题，包括男女关系问题，均属于其个人隐私范畴的一部分。在正常的社会生活中，类似这些问题一般仅为范围较小的相对特定人所知晓，当事人一般正常情况下不愿、也不会在不特定的社会公众间广为散播。大旗网在网站上设置专题网页，进行调查和走访，披露当事人的真实身份，将网页与其他网站相链接，扩大了事件在互联网上的传播范围，使不特定的社会公众得以知晓，这一行为显然侵犯了王某的隐私权”。2008年最高人民法院印发的《民事案件案由规定》中更是首次将“隐私权纠纷”作为单独的案由规定。

在司法的不断推进下，2009年《侵权责任法》正式在立法上确立了“隐私权”。但《侵权责任法》作为救济性法律并没有确权功能，隐私权概念、保护对象、侵权方式等均未能在立法上加以明确。因此在该法实施之后上述事项开始在司法中逐渐明确。随着科技的飞

① 详情请参见：北京市朝阳区人民法院（2008）朝民初字第29276号。

速发展和信息的快速传播，现实生活中出现大量关于个人信息保护的问题，个人信息的不当扩散与不当利用已经逐渐发展成为危害公民民事权利的一个社会性问题。尤其是随着大数据时代的到来，隐私数据化及数据隐私化趋势明显，“个人信息”成为隐私保护的一个重要内容。相对民事立法对个人信息保护的滞后，以及民法学界对个人信息是否应当纳入隐私保护体系的争论和迟疑，我国司法界越来越倾向于将能够指向特定个人的信息进行一体保护，以回应大数据时代隐私和个人信息保护需求。例如在“庞某与北京 Q 信息技术有限公司等隐私权纠纷案”[①]中，法院就指出，“在对个人信息进行保护的思路上，各国有不同看法，从而形成了不同的立法例。有的将个人信息归属于隐私权进行保护（美国），有的则将个人信息归属于一般人格权或直接作为个人信息权进行保护（德国）。与国外的分歧一样，我国法律界对个人信息的保护思路也存在与上述情况相似的争鸣。然而，专业的争鸣本是为了更好地服务于权利保护的实践，如果因为专业争鸣未能达成共识就放弃对民事权益进行保护，岂非本末倒置？因此，无论对于个人信息的保护思路有怎样的分歧，都不应妨碍对个人信息在个案中进行具体的保护”。并认为，“随着对个人信息保护的重视，隐私权中已经被认为可以包括个人信息自主的内容，即个人有权自主决定是否公开及如何公开其整体的个人信息”。这充分体现了大数据时代，司法实践对隐私权的认知和定位不再局限于消极防御功能而是兼具积极利用权能的现代化隐私权。这一裁判思路在“孙某诉中国联合网络通信有限公司上海市分公司侵犯其隐私权”[②]等案均有所体现。此外，我国司法也在举证责任的分

① 详情请参见：北京市第一中级人民法院（2017）京 01 民终 509 号。

② 详情请参见：上海市浦东新区人民法院（2009）浦民一（民）初字第 9737 号。

配上做出了积极的探索，在“庞某与北京Q信息技术有限公司等隐私权纠纷案”中，法院认为，“从收集证据的资金、技术等成本上看，作为普通人的庞某根本不具备对东航、Q公司内部数据信息管理是否存在漏洞等情况进行举证证明的能力。因此，客观上，法律不能也不应要求庞某证明必定是东航或趣拿公司泄露了其隐私信息。东航和Q公司均未证明涉案信息泄漏归因于他人，或黑客攻击，抑或是庞某本人。法院在排除其他泄露隐私信息可能性的前提下，结合本案证据认定上述两公司存在过错”。该案开创性地在隐私侵权的问题上适用了过错推定原则，对于缓解大数据时代隐私侵权举证难的问题极具示范性。

在不断推进隐私权制度的发展以回应不同时期隐私保护需求之外，司法实践也在积极应对信息技术快速发展过程中民众的新型权利诉求。2012年欧盟启动数据保护改革之后，全球隐私及个人数据保护快速发展。以“被遗忘权”“数据可携权”为代表的新型权利诉求出现，并引发全球热议。2015年我国出现了首例“被遗忘权”的司法判例。[①] 在被遗忘权理念初入中国，先例不足理论积累不够的情

① 该案基本案情：原告任甲玉起诉要求百度公司删除百度“相关搜索”推荐关键词链接中涉及的其曾经在“陶氏教育”工作经历的特定个人信息，认为该个人信息所涉及的人格利益是对其个人良好业界声誉的不良影响，进而还会随之产生影响其招生、就业等经济利益的损害，认为百度公司侵犯了其姓名权、名誉权，并主张享有被遗忘权。法院判决认为，我国现行法中并无法定称谓为“被遗忘权”的权利类型，民事权益的侵权责任保护应当以原告对诉讼标的享有合法的民事权利或权益为前提。原告所主张的被遗忘权要成为法律保护的对象，须同时具备利益的正当性及保护的必要性。鉴于涉诉工作经历信息是原告最近发生的情况，其目前仍在企业管理教育行业工作，该信息正是其行业经历的组成部分，与其目前的个人行业资信具有直接的相关性及时效性；这些信息的保留对于包括原告所谓潜在客户或学生在内的公众知悉任甲玉的相关情况具有客观的必要性。原告主张的被遗忘的利益不具有正当性和受法律保护的必要性，不应成为侵权保护的正当法益，最终驳回了原告的诉讼请求。详情请参见：北京市第一中级人民法院（2015）一中民终字第09558号民事判决书。

况下，该判决确立了以“非典型人格利益”的保护路径并建立了相应的判定标准，为大数据背景下新型个人信息保护权利纠纷提供了裁判经验。

2. 反不正当竞争领域

随着互联网技术的不断发展，网络环境下的市场竞争行为日趋激烈，流量、数据成为经营主体在互联网空间中的重要争夺目标。在此背景下，数据和流量的不正当获取和利用行为的纠纷也呈现多发趋势。司法实践充分运用反不正当竞争法在促进技术创新与竞争秩序维护中发挥了重要作用。

流量劫持。为争夺网络流量，以保障计算机系统安全为名，通过虚假弹窗、恐吓弹窗等方式擅自变更或诱导用户变更其浏览器主页，不正当地抢夺流量利益的行为涌现。在北京猎豹网络科技有限公司、北京猎豹移动科技有限公司、北京金山安全软件有限公司与上海二三四五网络科技有限公司不正当竞争纠纷上诉案[①]中，前三家公司共同经营的金山毒霸软件，通过“垃圾清理”“版本升级”“浏览器保护”等功能将终端用户设定的2345网址导航主页变更为由北京猎豹移动科技有限公司主办的毒霸网址大全。二三四五公司以上述行为构成篡改主页、劫持流量等不正当竞争行为起诉。最终法院审理认定，北京猎豹网络科技有限公司、北京猎豹移动科技有限公司、北京金山安全软件有限公司发挥安全软件正常功能时未采取必要且合理的方式，超出合理限度，实施了干预其他软件运行的行为，不仅违反了诚实信用原则和公认的商业道德，还违反了平等竞争的原则，应当承担法律责任。

① 详情请参见：上海知识产权法院（2018）沪73民终5号民事判决书。

网络爬虫。国内最早涉及行业内数据竞争的案件当属2010年海淀区人民法院审理的“大众点评诉爱帮网系列案件”。在该案中，大众点评指责爱帮网大量复制其网站内容（商户介绍与用户点评内容），先后以著作权、不正当竞争为诉由起诉，其著作权诉由曾获海淀区人民法院支持，后被二审法院驳回，但其不正当竞争诉由最终获得法院支持。继“大众点评诉爱帮网系列案件”之后，有关数据不正当竞争的案件不断出现：2013年北京市第一中级人民法院审理的百度诉360违反robots协议案，2015年北京市知识产权法院审理的新浪诉脉脉非法抓取微博用户数据案，2016年上海市浦东区人民法院审理的大众点评诉百度抓取用户点评信息案，2017年深圳市南山区人民法院审理的酷米客诉车来了破坏加密措施、不正当爬取APP数据案，2017年北京市海淀区人民法院审理的奋韩网诉“58同城”不正当获取分类信息案，2018年杭州互联网法院审理的淘宝诉美景案，等等。[①] 通过这一系列案件，我国司法确立了相应的裁判规则。例如在谷米科技诉元光科技等不正当竞争纠纷案中，法院判定经营者收集、分析、编辑、整合具有商业价值的大数据资源的行为，受反不正当竞争法保护，他人未经许可利用网络爬虫技术盗用大数据资源，并用于经营同类应用程序，构成不正当竞争，推动了大数据行业的公平竞争规则的确立。

三、规范行政行为

自1994年《中华人民共和国计算机信息系统安全保护条例》（以

① 田小军，曹建峰，朱开鑫．企业间数据竞争规则研究 [J]. 竞争政策研究，2019(4).

下简称《计算机信息系统安全保护条例》）出台以来，我国围绕计算机安全、网络安全的相关执法就已经开展。近年来随着《网络安全法》及相关配套制度的建立健全，相关执法行动更加集中化、全面化，执法力度也不断加强，围绕网络安全执法的行政诉讼相继出现。

在中国裁判文书网中以“网络安全法”为关键词搜索相关行政诉讼案件，结果显示最早的相关文书发布于 2018 年 2 月，截至 2020 年 5 月 8 日，相关法律文书共计 22 篇，剔除相关性不大的还余 13 篇，起诉事由主要包括以下内容：

1. 公安机关是否具有相关网络安全执法权问题：以“阜阳市不见不散网吧诉阜阳市公安局颍东分局案”[①] 为例

基本案情：2017 年 10 月 11 日，阜阳市公安局向阳路派出所民警对位于阜阳市颍东区北京东路阜阳市“不见不散”网吧进行检查，发现该网吧未按规定核实 89 号机上网人员的身份信息。2017 年 11 月 10 日根据《互联网上网服务营业场所管理条例》第三十二第（三）项之规定，给予阜阳市不见不散网吧警告并处罚款六千元整。原告阜阳市不见不散网吧不服遂提起行政诉讼，要求撤销阜阳市公安局颍东分局该处罚决定。

本案网吧提起诉讼的一大重要原因在于其认为，“《互联网上网服务营业场所管理条例》规定的公安机关的职责范围是信息网络安全、治安和消防，而核对登记上网消费者身份信息属于网吧经营活动，只能由行业主管部门即文化部门实施监督管理，完全排除公安机关的监管处罚权”。

对此，阜阳市公安局颍东分局辩称，核对登记身份信息正是信

① 详情请参见：（2018）皖 12 行终 140 号。

息网络安全监管的一项具体要求，是公安部门重点打击防范网络犯罪的有效手段，也是网吧经营者的义务。依据法律法规和现实，公安部门的工作重点是打击防范网络违法犯罪，文化部门侧重于防止未成年人进入网吧，保护未成年人身心健康。颍东分局还援引了《网络安全法》第八条、《互联网上网服务营业场所管理条例》第四条、《人民警察法》第七条、《国务院办公厅转发文化部等部门关于开展网吧等互联网上网服务营业场所专项整治意见的要求》、《文化部、国家工商行政总局、公安部、信息产业部、教育财政部、国务院法治办公室、中央文明办、共青团中央关于进一步深化网吧管理工作的通知》第三条的规定证明其作为处罚主体的适格性。

法院审理认为，《互联网上网服务营业场所管理条例》第四条规定，公安机关负责对互联网上网服务营业场所经营单位的信息网络安全、治安及消防安全的监督管理。第二十三条规定，互联网上网服务营业场所经营单位应当对上网消费者的身份证等有效证件进行核对、登记，并记录有关上网信息。登记内容和记录备份保存时间不得少于60日，并在文化行政部门、公安机关依法查询时予以提供。第三十二条第（三）项规定，公安机关具有对未按规定核对、登记上网消费者的有效身份证件或者记录有关上网信息的互联网上网服务营业场所经营单位进行处罚的职权。据此，颍东分局有相关监管处罚权。

2. 公安机关是否存在行政不作为问题：以“仇萍诉镇江市公安局京口分局四牌楼派出所案”[①]为例

从目前的司法案例来看，以公安机关行政不作为为由提起行政

① 详情请参见：（2019）苏11行终1号。

诉讼的案例较少。在“仇萍诉镇江市公安局京口分局四牌楼派出所案”中，原告仇萍以被告四牌楼派出所超期未查出在网络上散布其隐私信息的网民的真实身份信息，存在行政不作为为由提起了诉讼。

基本案情: 2017 年 11 月 26 日，网名为“星星望月亮”的人在 my0511 网站上诬陷诽谤原告，散布仇萍隐私。12 月 29 日，仇萍以“散布他人隐私”为案由向四牌楼派出所报案。后仇萍以四牌楼派出所超期未查出“星星望月亮”的身份信息，未做出处理决定，在本案的调查中存在不作为，向人民法院提起了行政诉讼。

经法院审理查明，被告四牌楼派出所接到报案后对本案进行了调查取证，发现在 my0511 网上发布该信息的账号为“星星望月亮”，并对相关证人进行了调查和询问。2018 年 1 月 18 日，被告呈请京口公安网安大队查询 my0511 网站账号“星星望月亮”并落地查证该账号的真实身份。2018 年 2 月 6 日，被告向梦溪论坛（即 my0511 网站）发出《调取证据通知书》，要求调取梦溪论坛账号“星星望月亮”的身份信息。当日，超速公司向被告出具情况说明一份，载明“经我处查询，未发现该账号关联的身份信息”。2018 年 2 月 27 日，被告多次联系原告未果，后告知原告丈夫案件调查情况，并告知其将继续调查。2018 年 3 月 14 日，京口公安网安大队对原告反映的其个人隐私的散布情况进行远程勘验取证，并于 2018 年 5 月 3 日向原告出具情况说明一份，载明“后我大队接四牌楼派出所申请，查询该发帖人的真实身份及住址，我大队经网上勘察及查询，截至目前该案因技术原因无法落地”。另查明，2018 年 1 月 28 日，被告以案情复杂为由，呈请镇江市公安局京口分局延长办理期限三十日，获批准。

法院认为，按照《公安机关办理行政案件程序规定》的规定，公安机关办理治安案件的期限最长不应超过六十日，确有客观原因无法在法定期限内做出行政处理决定的，应向被侵害人说明情况，同时应继续调查取证并及时依法做出处理决定。本案中，被告在受理了原告的报案后，因案情复杂，向上一级公安机关履行了延长办理期限30日的批准手续。通过向原告、相关证人进行询问，向京口公安网安大队申请查询发帖人的真实身份及住址，向超速公司调取发帖人的身份信息等一系列调查行为，未能查明发帖人的情况。在本案无法在法定期限内做出行政处理决定的情况下，被告通过原告丈夫向原告告知了案件调查情况，同时表示将对本案继续进行调查。嗣后，被告继续对相关证人进行了询问，并对相关事实进行了调查和核实，履行了继续调查的法定职责；在办案程序上，也无明显违法和不当之处。原告主张被告在履职中存在不作为，证据不足，不予支持。最终判决驳回原告诉讼请求。

3. 公安机关的处罚是否存在行为定性或法律适用错误问题为例

综观目前司法案例主要涉及网络实名制、网络违法有害信息、网络安全等级保护、上网服务场所入场实名登记等具体行政行为，各级法院通过一系列的行政诉讼案件对监管部门是否具备相关网络安全监管职权，具体行政行为中法律事实认定、法律行为定性等是否准确，是否存在行政不作为等充分发挥了司法审判和监督职能，为推进和保障网络安全相关执法行为的合法性和规范化发挥了积极作用。

四、创新审判机制

2017年6月，中央全面深化改革领导小组第三十六次会议审议通过《关于设立杭州互联网法院的方案》。同年8月8日，最高人民法院明确依托杭州铁路运输法院，试点设立专门审理涉互联网案件的杭州互联网法院。8月18日，杭州互联网法院在浙江省杭州市挂牌成立，成为我国乃至全球首家互联网法院。在总结杭州互联网法院试点经验基础上，2018年8月，最高人民法院印发《关于增设北京互联网法院、广州互联网法院的方案》的通知，决定设立北京、广州互联网法院。2018年9月，北京互联网法院、广州互联网法院先后成立。当前，三家互联网法院运转平稳，在中国司法改革和网络治理创新的光辉历程中，写下浓重一笔。

互联网法院按照"网上案件网上审理"的基本思路，一方面推动诉讼环节全程网络化，探索建立与互联网时代相适应的审判模式和程序规则；另一方面根据实际需要，创新完善涉互联网案件裁判规则，利用集中审理优势，总结提炼涉互联网纠纷新特点、新规律、新规则，推动完善网络空间治理法律规范体系。

作为集中管辖互联网案件的基层人民法院，互联网法院集中管辖所在市辖区内的网络购物合同纠纷、网络服务合同纠纷、网络金融借款合同纠纷、小额借款合同纠纷、网络侵权纠纷、网络著作权纠纷以及因行政机关做出互联网信息服务管理、互联网商品交易及有关服务管理等行政行为而产生的行政纠纷等十一类互联网案件，在案件审理、平台建设、诉讼规则、技术运用、网络治理等方面，形成了一批可复制可推广的经验。

杭州、广州、北京等互联网法院的成立，为互联网领域的司法治理带来了诸多成效：（1）实现互联网审判体系的创新发展。从杭州互联网法院试点情况来看，通过集中管辖互联网案件、完善配套机制建设，有利于提升专业化审判水平，规范促进当地互联网产业发展。（2）强化互联网空间秩序的规范治理。通过对更多新型互联网案件的公正审理，有利于及时总结研究互联网产业发展的新情况新问题，以公正裁判引导和规范网络行为，强化对网络虚拟财产、知识产权、企业商业秘密、公民个人信息的保护力度，推动构建网络空间安全保障体系，强化网络空间综合治理能力，促进全面提升重要数据资源和个人信息安全保护能力，打造公平诚信、用户放心的网络环境。（3）推广互联网空间全球治理的中国经验。互联网法院的增设和完善，是我国主动参与全球网络空间治理和规则制定的重大尝试。近年来，人民法院在智慧法院建设上的成就得到国际社会广泛认可。通过在北京、广州增设互联网法院，将进一步探索互联网司法新模式、新经验，总结形成网络治理的中国经验，以开放、包容的思路，积极开展国际司法合作交流，全面贯彻落实习近平总书记提出的推进全球互联网治理体系变革的"四项原则"和共同构建网络命运共同体的"五点主张"。①

① 最高人民法院司改办负责人就互联网法院审理案件司法解释答记者问，https://www.chinacourt.org/article/detail/2018/09/id/3489190.shtml.

第四章　中国网络空间国际治理 40 年

40 年间，中国对国际网络空间治理规则态度和行为方式也发生了转变，而涉及网络安全的双边、多边协议的争执及签订使得网络空间成为各国关注的焦点和经久不衰的话题。以中美、中欧网络关系的暗自较量和博弈为代表，外界对中国网络安全立法的审视，中国立法理念对世界国家立法产生的影响成为 40 年的又一重要看点。

一、中国网络空间国际治理沿革

随着中国经济的快速发展和弯道超车，中国国力不断增强，话语权持续提升。40 年间，中国坚持维护国家主权、网络主权，积极参与国际网络空间治理，努力推进构建和平、安全、合作、开放的网络空间，在亚太经济合作组织、上海合作组织、金砖国家中发挥着重要建设性作用。

（一）高举网络安全主权大旗

按照联合国的官方表述：自从俄罗斯联邦于 1998 年首次在联合国大会第一委员会提出一项决议草案以来，信息安全问题就一直在联合国议程上。特别是 2005 年以来作为各方妥协的成果，联合国设立互联网治理论坛（IGF），其宗旨是促进各利益相关方在互联网相关公共政策方面的讨论和对话，但决策不具有约束力，至今已举办 14 届。此外，早期的努力还包括 2005 年 1 月在联合国大会上获得通过的全球网络安全文化的决议。这份决议的内容有所丰富，包括了保护重要信息基础设施的内容，并在附件中提炼了关键要点。

2011 年 9 月，中国、俄罗斯、塔吉克斯坦、乌兹别克斯坦四国常驻联合国代表联名致函联合国秘书长，要求将上述国家共同起草的《信息安全国际行为准则》议案作为本届联大正式文件散发。该准则呼吁建立多边、透明和民主的互联网管理机制，充分尊重在遵守各国法律前提下信息和网络空间的权利和自由。这是中国在 2010 年互联网政策白皮书中倡导联合国在国际互联网管理中应发挥全方位的作用之后，在联合国层面推进全球网络空间安全框架的有益尝试。

2012 年，国际电信世界大会阿联酋提交的《国际电信规则》草案融合了俄罗斯提案内容，要求体现政府在互联网发展与管理中的作用，提升各国政府对互联网资源的分配。该提案得到了俄罗斯、中国、沙特等国的支持，美国、加拿大、英国、澳大利亚等国则反对，由于规则要求《国际电信规则》超过 160 个国家签字后才能生效，故未发生法律约束力，1988 年规则继续有效。

2014 年 6 月，中国与联合国首次就网络问题联合举办国际会议。中国系统阐述了在网络安全问题上的立场与实践。信息和通信技术为人类社会提供了全新数字机遇，同时带来了前所未有的挑战。中国主张国际社会加强合作，共同维护网络空间的安全、稳定与繁荣。

为此，应把握好四点重要原则：一是和平原则，各国应摒弃“零和”思维和冷战时期的意识形态，树立互信、互利、平等、协作的新安全观。二是主权原则，各国对其领土内的信息通信基础设施和信息通信活动拥有管辖权，有权制定符合本国国情的互联网公共政策，任何国家不得利用网络干涉他国内政或损害他国利益。三是共治原则，应遵循多边、民主、透明的原则，努力实现资源共享、责任共担、合作共治。四是普惠原则，应倡导互利共赢理念，开展国际合作，跨越“数字鸿沟”。

2016 年，网络安全已成为全球性挑战，影响着世界和平、安全、贸易和可持续发展，中方与联合国第二次共同举办网络问题研讨会，主题为“构建网络空间的准则、规则或原则：促进一个开放、安全、稳定、可接入、和平的信息通信技术环境”。中国明确表示，国际社会要坚持对话合作，通过对话管控、化解分歧，在合作中寻求共同安全；坚持各方普遍参与，坚持多边主义，由各国平等参与、共同决策，并鼓励各利益攸关方发挥各自应有的作用；坚持联合国主渠道作用。中国是 2004 年成立政府专家组以来的重要成员国，联合国副秘书长希望包括中国在内的联合国信息安全政府专家组成员共同努力建立开放、可靠、安全、稳定、包容的网络空间。

2017 年 11 月，第 72 届联大负责裁军和国际安全事务第一委员会（联大一委）会议通过了《防止外空军备竞赛进一步切实措施》和《不首先在外空放置武器》两份安全决议，“构建人类命运共同体”理念再次载入这两份联合国决议，这一理念首次纳入联合国安全决议（首次写入联合国决议为 2018 年 2 月联合国社会发展委员会第 55 届会议决议）。

其他多边机制下，围绕“互联网域名系统的管理权”的议题最为典型。2014 年 4 月，全球互联网治理大会在巴西举办，通过了《全球互联网多利益相关方圣保罗声明》，声明主要包括“多方模式”的治理原则以及“未来互联网治理的路线图”两部分内容。声明强调，互联网治理必须建立在民主的多利益相关方流程之上，确保所有利益相关方，包括各国政府、私营部门、公民社会、技术社群、学术社群和用户都能秉着负责的态度，有益地参与进来。该次会上，各国尤其关注美国转交 IANA 监管权的问题以及后来的多利益各方如何参与的问题。在多方历经长期、繁复的博弈之后，2016 年 10 月，美国 NTIA 正式将互联网域名系统的管理权移交给 ICANN，标志着网络空间全球治理有望实现多方利益主体共同参与的格局。

整体而言，联合国的网络安全议题主要围绕政治—军事和经济—发展两条主线展开，前者包括联合国人权理事会、特定常规武器公约会议对 AI 规制的努力；后者如中国参与的亚太信息高速公路总体计划，2016 年报告认为“亚太经济社会区域 74% 的固定宽带用户位于东亚和东北亚，本区域半数以上固定宽带用户数都是靠中国独力撑起”。

（二）致力维护网络空间和平

2007 年，爱沙尼亚遭受网络攻击后面临一个棘手的问题，即这种新型的网络攻击在法律上如何定性，能否定义为战争或武力攻击，这在当时的国际法中找不到答案。一种观点认为“真正意义上”的网络战早期代表是 2010 年爆发、2011 年到 2014 年逐渐开始披露的“震网”病毒攻击事件。随后的若干案例也被认为具有网络战的“具象”，包括2015年12月23日，乌克兰至少三个区域的电力系统遭到网络攻击，伊万诺-弗兰科夫斯克的部分变电站控制系统遭到破坏，造成大面积停电，电力中断3~6小时，约140万人受到影响。后经证实，使乌克兰电力系统感染的恶意软件名为Black Energy(黑暗力量)。该软件不仅能够关闭电力设施中的关键系统，还能让黑客远程控制目标系统。这是有史以来世界上首例得到确认的电力设施攻击行动。

美国持续通过网络战的有关战略和文件，扩充国家任务部队、网络保护部队、作战部队和支持部队等的人数，挑战着既有的国际格局与秩序。而与美国对网络战的定义注重于物质上的破坏、经济上的损失和整体领域的威慑不同，上合组织对网络战的定义则包括传播有损他国精神、道德和文化的信息。这些对网络战的范围、领域和适用性的差异要求在联合国和其他多边渠道进行规范和削弱，以降低网络空间战争爆发的风险和对非军用系统、网络、设施的威胁。《塔林手册》便是在这种复杂背景下产生的。

中国一直致力于维护网络空间的和平，中国最高领导人习近平总书记在多次讲话中强调网络空间和平的重要意义，并坚决予以维护。2015年12月16日，在第二届世界互联网大会开幕式上，习总书记发表重要讲话称，“维护网络安全不应有双重标准，不能一个国家安全而其他国家不安全，一部分国家安全而另一部分国家不安全，更不能以牺牲别国安全谋求自身所谓绝对安全。”在此次大会上，习总书记提出了推进全球互联网治理体系变革的“四项原则”，即尊重网络主权、维护和平安全、促进开放合作、构建良好秩序。世界互联网大会是中国举办的规模最大、层次最高的互联网大会，也是世界互联网领域一次盛况空前的高峰会议。习总书记在会议上提出的四项原则，足以表明中国维护网络空间和平安全的决心和努力。

2009 年，北约合作网络防御卓越中心组织了 20 名来自不同国家的专家，开始编纂《可适用于网络战的国际法的塔林手册》，即《塔林手册 1.0》。手册于 2013 年出版，包含 95 条内容。2017 年，《塔林手册》升级到 2.0 版，由原先仅适用于处理网络战争，拓展到和平时期的网络行动，实现了战争时期和和平时期网络空间国际规则的全覆盖，其名称也改为《可适用于网络行动的国际法的塔林手册》。

在 2.0 版本的编纂过程中，包括中国在内的国际专家组和超过 50 名来自其他不同国家的专家对各章内容进行了匿名评审，表明《塔林手册》2.0 版的国际化程度有了一定提高，这反映了在网络空间国际规则制定的问题上，需要包括中国在内的所有国家的共同参与，体现了“有限的国际化”。例如在网络主权内容上，对于是否将数据主权纳入考虑，中国专家发出了不同的声音。当然这种分歧的长期存在也为后续包括美国《云法》的出台埋下了伏笔。

（三）塑造亚太网络安全理念

1989 年 11 月 5 日至 7 日，亚太经济合作会议首届部长级会议举办，标志着亚太经济合作组织（APEC）的成立。1991 年 11 月，中国以主权国家身份，中国台北和香港（1997 年 7 月 1 日起改为“中国香港”）以地区经济体名义正式加入亚太经合组织。APEC 是亚太地区重要的经济合作论坛，也是亚太地区最高级别的政府间经济合作机制。成立最初，只是每年举行一次部长级会议，研究成员间的合作事宜。随着亚太地区经济合作的不断深入与拓宽，部长级会议已难以适应新形势的需要。1993 年 7 月，美国提出在亚太经合组织

第五届部长级会议之后召开一次首脑会议。由于没得到全体成员的赞同，首脑会议被定名为“领导人非正式会议”。同年 11 月，亚太经合组织首次领导人非正式会议在美国西雅图召开，各成员领导人或代表出席。

西雅图会议后，领导人非正式会议这一形式延续了下来，成为固定机制。此后，领导人非正式会议每年举行一次，就各成员共同关心的议题展开深入探讨，并在重点议题上形成广泛共识，通过一系列成果文件，作为指导各成员间下一阶段合作与发展的指导性文件。

中国国家主席出席了历次亚太经合组织领导人非正式会议，就全球及地区形势、亚太经合组织的合作方向等一系列重大问题阐述看法和主张，为历次会议的成功发挥了积极和建设性作用。中国还于 2001 年和 2014 年分别在上海和北京成功主办亚太经合组织领导人非正式会议。

得益于电信工作组和电信部长会议的持续推动，信息与网络安全成为 APEC 的重要话题。2005 年，亚太经济合作组织通过“值得信赖的安全和可持续的在线环境”（Trusted Safe and Sustainable Online Environment，TSSOE）战略。该战略试图遵循亚太经济合作组织于 2002 年在墨西哥洛斯卡沃斯（Los Cabos）关于网络安全领域做出的承诺，颁布国内网络安全法律，发展计算机安全事件响应小组，促进国际合作，加强网络安全，打击网络犯罪。鼓励亚太经合组织成员经济体在一些项目上采取行动，包括制定战略，解决网络环境的滥用，建立伙伴关系，发展观察和预警能力，支持合作努力。2002 年发布《APEC 网络安全战略》,2005 年发布了《确保可信、安全和持续的在线环境战略》。

2012 年 8 月 7 日至 8 日，在俄罗斯圣彼得堡召开亚太经合组织（APEC）电信工作组第九次电信部长会议，本次会议的主题是“通过信息通信技术构建信心和安全，促进经济发展和繁荣”。会议确定了未来几年 APEC 电信工作组的发展目标和工作重点，并通过《圣彼得堡宣言》。工信部副部长在发言中介绍了我国信息通信业发展政策和应对网络信息安全挑战所采取的措施，呼吁 APEC 各经济体进一步加强合作与交流，把握机遇，应对挑战，充分利用信息通信技术的巨大潜力，共同推动亚太信息社会建设。

2013 年 9 月，亚太经合组织与世界经济合作与发展组织（OECD）召开了名为“亚太经合组织—世界经济合作与发展组织网络经济安全风险管理研讨会”的联席会议，会议有 3 个目标：提高对网络安全的认识，增加经济合作与发展组织的安全指导；为一系列部门（政府、工业界和技术界）提供一个讨论的平台；使亚太经合组织—电信和信息工作组与经济合作与发展组织信息安全和隐私工作小组（WPISP）的合作达到一个里程碑。

2014 年的第十四次部长级会议声明继续强调，在允许信息自由流动的同时应保护 APEC 通信和信息系统的完整性。为应对这一挑战，部长们支持电信工作组制定的 APEC 网络安全战略，并指示执行该战略。

2017 年 11 月，亚太经合组织第二十五次领导人非正式会议在越南岘港举行，就涉及网络安全和数字经济发展形成了《APEC 跨境电子商务便利化框架》。

2018 年 17 日至 18 日在巴布亚新几内亚首都莫尔斯比港举行亚

太经合组织第二十六次领导人非正式会议，这次会议的主题为“把握包容性机遇，拥抱数字化未来”。习近平主席在巴布亚新几内亚首都莫尔斯比港出席亚太经合组织工商领导人峰会并发表题为《同舟共济创造美好未来》的主旨演讲。

（四）推动金砖国家安全共识

2001 年，美国高盛公司首席经济师吉姆·奥尼尔首次提出“金砖四国”（巴西、俄罗斯、印度、中国）这一概念，特指世界新兴市场。2009 年，金砖国家领导人在俄罗斯叶卡捷琳堡举行首次会晤，之后每年举行一次，标志着金砖国家领导人会晤机制的建立。2010 年南非（South Africa）加入后，正式改称为金砖国家（BRICS）。多年来，金砖国家在重大国际和地区问题上共同发声，积极推进全球经济治理改革进程，大大提升了新兴市场国家和发展中国家的代表性和发言权。

金砖国家近几年高度关注网络安全与信息技术相关议题。2013 年 12 月 6 日，金砖国家安全事务高级代表第四次会议在南非开普敦举行。各方就当前国际和地区安全形势、反恐、网络信息安全、交通运输安全，以及叙利亚、阿富汗、伊朗、非洲等共同关心的地区问题深入交换意见，达成广泛共识，会议决定，成立金砖国家网络安全问题工作组。

2016 年 10 月的第八次会晤中，五国领导人围绕“打造有效、包容、共同的解决方案”主题，就金砖国家合作及其他共同关心的国际和地区问题深入交换看法，达成广泛共识。会议通过的《果阿宣言》涉及网络安全与信息技术的内容如下：（1）我们重申，在公认的包括《联合国宪章》在内的国际法原则基础上，通过国际和地区合作，使用和开发信息通信技术。这些原则包括政治独立、领土完整、国家主权平等、以和平手段解决争端、不干涉别国内政、尊重人权和基本自由和隐私等。这对于维护和平、安全与开放的网络空间至关重要。（2）我们主张建立一个公开、统一和安全的互联网，重申互联网是全球性资源，各国应平等参与全球网络的演进和运行，并考虑相关利益攸关方根据其各自作用和职责参与其中的必要性。（3）我们欢迎2016年9月30日在新德里举行的第四届金砖国家教育部长会成果，包括《新德里教育宣言》。我们强调教育和技能对经济发展的重要性，重申普及高质量教育的必要性。我们对金砖国家网络大学和大学联盟的进展表示满意，上述两项机制均将于2017年启动合作项目，这将促进金砖国家间在高等教育领域的合作和伙伴关系。（4）我们强调落实金砖国家有关研究和创新倡议的重要性，欢迎在印度举办第一次金砖国家青年科学家论坛，建立金砖国家青年科学家创新奖，以及金砖五国科技部门和有关机构资助的，在科技合作框架下10个主题领域首次征集项目建议。我们欢迎成立金砖国家研究基础设施和大科学项目工作组，以加强金砖国家全球先进研究基础设施研究网络。

2017年1月1日，中国正式接任金砖国家主席国。5月21日，金砖五国的网络安全专家、学者在重庆召开网络经济与网络安全研讨会，为金砖国家领导人第九次峰会提供智力支持和政策建议。7月27日至28日，在北京举行第七次金砖国家安全事务高级代表会议，就全球治理、反恐、网络安全、能源安全、重大国际和地区热点及国家安全和发展等问题进行探讨并深化共识。9月4日，金砖国家领导人第九次会晤在厦门国际会议中心举行。国家主席习近平主持会晤并发表题为《深化金砖伙伴关系 开辟更加光明未来》的重要讲话。围绕“深化金砖伙伴关系，开辟更加光明未来”的主题，致力于未来共同发展的愿景，在金砖国家合作已有进展的基础上更进一步。讨论了共同关心的国际和地区问题，协商一致通过《金砖国家领导人厦门宣言》，涉及网络安全的具体成果文件是《金砖国家确保信息通信技术安全使用务实合作路线图》，主要内容如下：

我们重申致力于工业领域合作，包括产能和产业政策、新型工业基础设施与标准、中小微企业等，共同抓住新工业革命带来的机遇，加速金砖国家工业化进程。我们鼓励探讨建立金砖国家未来网络研究机构。我们将加强金砖国家在物联网、云计算、大数据、数据分析、纳米技术、人工智能、5G及其创新应用等信息通信技术的联合研发和创新，提升五国信息通信技术基础设施建设和互联互通水平。我们倡导在基础设施安全、数据保护、互联网空间领域制定国际通行的规则，共建和平、安全的网络空间。我们将增加信息通信技术投资，确认有必要进一步提升信息通信技术研发投资，在提供产品和服务方面释放创新活力。我们鼓励研究机构、组织、企业在概念论证和试点项目方面建立认证和便利化伙伴关系，通过智慧城市、卫生保健、能效设施等领域的下一代创新举措，发挥在信息通信技术软硬件和技能方面的互补优势。我们支持就落实金砖信息通信技术发展议程和行动计划积极开展合作。

我们支持联合国在制定各方普遍接受的网络空间负责任国家行为规范方面发挥中心作用，以确保建设和平、安全、开放、合作、稳定、有序、可获得、公平的信息通信技术环境。我们强调《联合国宪章》确立的国际法原则至关重要，特别是国家主权、政治独立、领土完整和国家主权平等、不干涉别国内政、尊重人权和基本自由。我们强调应加强国际合作，打击滥用信息通信技术的恐怖主义和犯罪活动，重申德班宣言、福塔莱萨宣言、乌法宣言和果阿宣言为此提出的建议。正如乌法宣言提及，应在联合国主导下制定国际法律文书以打击使用信息通信技术的犯罪行为。我们满意地注意到金砖国家关于信息通信技术使用安全性专家工作组取得的进展。我们决定根据《金砖国家确保信息通信技术安全使用务实合作路线图》或者任何其他达成共识的机制推进合作，注意到俄罗斯关于金砖国家达成确保信息通信技术安全使用的政府间合作协议的倡议。我们相信所有国家应平等参与互联网及其治理的演进和运行，并考虑相关利益攸关方根据其各自作用和职责参与其中的必需性。互联网核心资源的管控架构需更具代表性和包容性。我们满意地注意到金砖国家信息通信技术合作工作组取得进展，认识到加强该领域合作的必要性。为此，金砖国家将继续通过现有机制共同努力，在国际社会平等参与互联网管理的基础上，促进安全、开放、和平、合作使用信息通信技术。

金砖各国均为新兴经济体国家，在网络空间面临共同机遇与挑战，一是打击网络犯罪和网络恐怖主义上有着类似诉求，二是信息基础设施相对薄弱，亟待消除数字鸿沟。因此金砖国家网络安全合作具有天然的战略基础，前景广阔。

（五）凝聚亚欧网络安全共识

上海合作组织起源于1989年，是中国、俄罗斯、哈萨克斯坦、吉尔吉斯斯坦、塔吉克斯坦关于加强边境地区信任和裁军谈判进程的组织。2001 年 1 月，乌兹别克斯坦提出作为正式成员加入“上海五国”。[1]2001 年 6 月 15 日，在上海举行的峰会上六国元首正式签署《上海合作组织成立宣言》，宣布成立永久性政府间国际组织。2002 年 6 月 7 日，在上合组织圣彼得堡峰会上签订了《上海合作组织宪章》，文件于 2003 年 9 月 19 日生效，规定了上海合作组织的宗旨和原则。上合组织的设立与安全有着天然联系，安全议题称为上合组织的“传统强项”。上合组织指出，网络犯罪和信息安全是其关于打击恐怖主义、分裂主义和极端主义的上海公约的组成部分。早在 2001 年签署的《打击恐怖主义、分裂主义和极端主义上海公约》中，就明确将通过网络策划和煽动破坏公共安全、恐吓民众以及造成直接物质损失等行为纳入恐怖主义活动范畴。2006 年 6 月 15 日，上合组织元首在上海会晤，主要议题是关于加强当代信息安全，通过合作加大各国保障信息安全的力度。成员国国际信息安全专家组根据理事会决议成立并开展工作。会议签署了《上海合作组织成员国元首关于国际信息安全的声明》。2007 年 8 月 16 日，上合组织元首理事会会议在吉尔吉斯斯坦首都比什凯克举行。鉴于国际信息安全问题日益突出，本次峰会将通过上合组织成员国保障国际信息安全行动计划。

2009 年《叶卡捷琳堡宣言》强调了确保国际信息安全作为国际安全共同制度的关键要素之一的意义。上合组织成员国在此次峰会期间签署了《上海合作组织成员国保障国际信息安全政府间合作协定》，成立了上合组织成员国国际信息安全专家组。2011 年《上海

① https://baike.so.com/doc/5397359-5634660.html. 首次访问日期：2020 年 3 月 11 日。

合作组织十周年阿斯塔纳宣言》强调，应加大网络反恐合作，并开始制定成员国网络治理机关预防和应对网络恐怖主义的共同措施。2012 年，在北京举行的上海合作组织国家元首理事会第十二次常务会议表示，上海合作组织应将应对国际网络犯罪纳入其打击恐怖主义、分裂主义和极端主义的工作范围内。2013 年和 2015 年，上合组织先后两次向联合国大会提交了“信息安全国际行为准则”。特别是在 2015 年的版本中，上合组织提出了在网络空间应尊重国家的主权独立、领土完整和文化多样性，不得使用网络和通信技术干预他国内政，禁止传播煽动恐怖主义、极端主义、分离主义以及其他种族和宗教仇恨的信息，主张一国应当拥有对网络信息和服务的独立控制权，各国在全球网络治理中应当扮演平等角色等内容。

2015 年和 2016 年，上合组织相继签署并通过了《上海合作组织成员国打击恐怖主义、分裂主义和极端主义 2016 年至 2018 年合作纲要》、《乌法宣言》和《塔什干宣言》等一系列文件，其中均涉及网络反恐问题。2018 年 1 月 24 日至 26 日，作为上海合作组织成员国元首理事会第十八次青岛会议的前置环节，武汉举办了上合组织成员国国际信息安全专家组例行会议。会议成果认为：安全是上海合作组织可持续发展的基石，各方将秉持共同、综合、合作、可持续的安全观，落实打击“三股势力”上海公约、反恐怖主义公约、反极端主义公约等合作文件，有效打击毒品贩运、跨国有组织犯罪、网络犯罪。

整体而言，多边网络安全治理尽管取得了推动和促进各国网络安全治理法治和实践水平的成果，但仍面临诸多问题：首先，如《网络犯罪公约》一样，多边机制对威胁网络安全行为（特别是刑事犯罪）

的定义和惩处仍然存在分歧，未能达成一致，这导致一国难以获得其他成员国充分的司法协助。其次，司法合作和协调机制仍是短板，成员国在法律条文、司法制度、执法合作上仍然存在制度和机制性的对接缺口，包括核心的引渡机制并未落入实效和实现覆盖。再次，即使成员国之间实现了制度间的对接，仍然需要执法力量在调查取证和抓捕上的跨国协同，这对行动能力提出了极高要求。此外，各国在网络空间国家行为准则上存在较大差异，这也是一些多边机制下的成员国被称为“摇摆国家”的原因。

综上，中国很早就开始参与国际网络空间治理，并发挥着重要作用，尤其是在应对网络犯罪、恐怖主义、网络战方面，充分履行了网络大国应尽的责任。中国积极参与网络空间事务，在经合组织、上合组织、金砖国家等区域性国际组织的决策中占据重要地位。40年的风起云涌，中国的国际地位已不能与40年前同日而语，中国高举网络主权旗帜，积极促成双边或多边治理协议，已经成为国际网络空间治理的一支重要力量。中国介入国际事务的机会和能力都在变化，中国的网络空间治理理念及行动对世界各国产生了广泛而深刻的影响。上升中的中国已经将和平发展视作未来相当长时期的既定战略路径，从而能够使国际体系在相对缓和的状态下实现过渡转型。[①] 在参与国际网络空间治理方面，中国面临着更多的阻碍和挑战，需要继续努力发展自己和广泛开展国际合作，坚持履行大国责任。

① 吴贤军．中国和平发展背景下的国际话语权构建研究 [D]. 福建师范大学，2015年6月3日。

二、中美网络空间博弈与合作

当前，网络空间作为继陆地、海洋、天空、太空之外的第五空间，正日益成为国际竞争与博弈的新焦点与新疆域。各国围绕关键资源获取、国际规则制定的博弈日趋尖锐复杂。作为网络空间的重要行为体，中、美两国在网络空间的互动成为影响中美关系大局的重要变量。纵观两国在网络领域的关系发展历程，相比于在网络安全领域的合作，中美在该领域的冲突和竞争更为凸显。

（一）博弈发展历程

中美在网络空间的博弈与两国互联网技术、产业发展等诸多因素密切相关，且受制于中美关系的大环境。综合来看，中美网络空间博弈在美国不同政府时期呈现出不同的特点。尤其是特朗普政府时期，中国互联网产业的发展成为美国头号关注问题，中美在网络空间的博弈态势也更加显性化和公开化。

1. 克林顿及小布什政府时期

早在 20 世纪 80 年代，中国政府就开始了接入互联网的努力，并就互联网安全问题与美国方面进行了协商，但是并未取得实质性进展，以至于 20 世纪 90 年代初期，美国再次以国家安全为由单方面拒绝中国加入互联网的请求。究其原因，主要是美国认为两国的意识形态、社会体制等诸多方面存在冲突，互联势必会给彼此带来巨大伤害。但是随着互联网的不断发展和进步，美国对发展中国互联网的认知发生巨大变化，并认为中国互联网是一个巨大市场，应当及早入驻与开发。在此背景下，1994 年美国允许中国接入互联网，并为中国网络安全问题制定方案和应对策略。

在中国接入互联网早期发展阶段时，中美博弈形势尚不明显。这一时期，美国等西方发达国家将互联网当作向不同意识形态国家特别是中国进行思想文化渗透的工具，美国各界也毫不避讳地称，互联网将成为改变中国的重要工具。

2. 奥巴马政府时期

奥巴马上台后，中国进入 web2.0 时代，信息技术、应用、产业等蓬勃发展，中美网络安全关系开始面临新考验。在监管方面，信息内容成为中国网络安全监管的重要对象之一。随着互联网产业的飞速发展，中国对于国际网络空间规则制定的参与度也逐渐增加。美国方面，小布什政府时期重点处理的恐怖主义威胁逐渐降低，多个领域的网络犯罪上升。美国对于网络威胁的判断也发生了相应的转变，认为情报和知识产权窃取为首的网络犯罪是其面临的主要威胁，而中国则被认定为是该威胁的主要来源。中美围绕网络间谍、网络安全审查、网络监控、国际网络空间规则等的摩擦和冲突日益凸显。

在网络间谍方面，美国极力鼓吹“中国威胁论”。奥巴马曾公开发表演讲称，美国政府多次受到中国黑客的攻击。美国国防部也宣称来自中国和俄罗斯的黑客正谋求渗入美国的电力控制系统，危及美国国家安全。[①] 在“中国威胁论”的指导下，美国借口“国家安全”打压中国整个信息技术产业。2012 年美国众议院常设特别情报委员会发布《关于中国电信设备公司华为和中兴对美国国家安全构

① https://www.terradaily.com/reports/Chinese_Russian_hackers_probing_US_power_grid_report_999.html.

成威胁的调查报告》，认为华为和中兴向美国关键基础设施行业提供的设备会危害美国国家安全核心利益，建议外国投资委员会阻止这两家公司发起的收购和兼并交易。报告限制美国政府系统、承包商、私有企业购买两家公司的设备，并建议对中国电信行业的不公平贸易展开调查。2013 年 3 月，美国通过《合并与进一步持续拨款法》，明确阻止美国商务部、司法部、国家宇航局和国家科学基金会四家机构采购来自中国或由中国公司实际控制所生产的产品。

在网络安全审查及情报监控问题上，一方面，美国高举“互联网自由”和“人权保护”两面大旗，在国内、国际采取多项措施抵制、打压中国。2010 年 1 月至 5 月这短短 4 个月的时间里，先后发生了包括谷歌将搜索服务“撤离”中国大陆、国务卿希拉里发表“互联网自由”演说点名抨击中国网络审查政策以及美国国务院公开资助所谓“全球互联网自由联合会”（Global Internet Freedom Consortium）150 万美元用于研发“翻墙软件”在内的一系列标志性事件。[①] 另一方面，通过“棱镜门”计划对我国进行广泛监控，使中美网络安全领域的冲突上升到新的高度。

在国际网络空间规则制定方面，中美也存在较大分歧和冲突。2011 年，中、俄等国向联合国大会提交了信息安全国际行为准则议案，倡导“网络主权”理念并主张发挥联合国在国际互联网治理原则等方面的主导作用。但美国方面对该议案反应平淡，甚至有国会议员向众议院国际事务委员会提交决议，指责中俄等国提出的行为准则“对互联网信息的自由流动构成了威胁，并将有损言论自由原则的普遍性”，并指责该准则“有利于部分国家政府以政局稳定为由

① 沈逸，网络安全与中美安全关系中的非传统因素 [J]. 国际论坛，2010 年第 12 卷第 4 期。

加强对互联网内容的控制”。[①]

3. 特朗普政府时期

近年来随着中国信息技术的蓬勃发展，尤其是 5G、人工智能、区块链等新技术新应用的不断突破，中国更是成为美国网络安全领域重点关注对象。

特朗普政府上台后，把网络安全议题提升为政府的首要关切问题，加大对网络空间领域“大国竞争威胁”的渲染。尤其是随着我国新技术新应用的快速发展，我国已被特朗普政府定位为“战略竞争对手”。2017 年 12 月 18 日，美国白宫发布新版的《国家安全战略》，这也是美国总统特朗普上台后发布的首份国家安全战略。战略将我国定义为“修正主义国家”，视我国为美国的战略竞争者。

近年来，特朗普政府将中国作为假想敌，以“美国利益优先”为基本原则，密集发布包括《合法使用境外数据明确法》《出口管制改革法 2018》《外国投资风险审查现代化法 2018》等在内的一系列直接影响中国经济发展和网络安全的政策及立法。2018 年，美国商务部工业安全署（BIS）发布文件，拟对包括人工智能与机器学习技术、先进计算技术、数据分析技术、量子信息和传感技术等在内的 14 项新兴技术实施出口管制。中美贸易摩擦形势下，我国包括华为、科大讯飞、美亚柏科等在内的多家机构被列入美国商务部出口管制名单。整体来看，美国通过发布诸多战略政策法律，以加强外商投资审查、供应链安全、出口管制及设置关税壁垒等为手段，大大增加了我国互联网、通信企业的交易成本及合规成本。对我国信息技术等高新技术的引进、信息产品的出口、电子商务的发展均产生了

① 陈侠，美国对华网络空间战略研究 [D]. 外交学院，2015.

巨大冲击。

2018年8月1日，美国联邦政府公报网站发布文件，美国商务部以国家安全和外交利益为由，在原有《出口管理条例》基础上，新增对中国44家企事业机构实施出口管制，将对名单内实体实行额外许可证要求，并限制许可证以外的行为。列入出口管制“实体清单”的包括中国航天科工股份有限公司第二院以及下属研究所、中国电子科技集团公司第13研究所以及关联和下属单位、中国电子科技集团公司第14研究所以及关联和下属单位、中国电子科技集团公司第38研究所以及关联和下属单位、中国电子科技集团公司第55研究所以及关联和下属单位、中国技术进出口集团有限公司、中国华腾工业有限公司、河北远东通信。主要涉及的是中国电科，中国电科目前拥有8家上市平台，即四创电子、国睿科技、杰赛科技、太极股份、海康威视、华东电脑、凤凰光学、卫士通。

此外，美国积极发展盟友，扩大其在国际网络空间的影响力。近年来亚太地区网络空间更是其势力渗透的重点，相关举措频频。2019年，美日确认对日本的网络攻击适用《美日安保条约》。美国国会更是直指中国威胁，建议建立印太网络联盟。同时，美国还通过国际组织在网络安全领域向中国施压。2017年，美国针对中国《网络安全法》第三十七条的数据跨境安全评估制度向WTO提交文件，以阻碍数据自由流动为由，要求WTO敦促中国暂缓实施该措施。

2019年5月15日，美国总统特朗普正式签署《确保信息通信技术与服务供应链安全》行政令，禁止交易、使用可能对美国国家安全、外交政策和经济构成特殊威胁的外国信息技术和服务。同日，美国商务部下属工业和安全局发表声明，将把华为及其附属公司列入“实体清单”，清单上的企业或个人购买或通过转让获得美国技术需获得有关许可；但如果美国认为技术的销售或转让行为危害美国国家安全或外交政策利益，则会拒绝颁发许可。①

如果说中美博弈初期主要集中体现于部分冲突事件，融于美国对外整体政策中，现阶段中美间的博弈则更具针对性、对抗性和系统性。美国在网络空间的对华策略通过战略、政策、立法等在制度上加以固化，使其更具常态性和普适性。通过出口管制制度、供应链安全管控制度、外商投资审查制度等，对中国进行信息技术、网络安全人才封锁。同时通过积极调用国内外力量，削弱中国发展势头。持续加强“中国威胁论”的舆论宣传，高举“互联网自由”大旗，抨击中国互联网监管制度，削弱中国在国际网络空间的影响力和参与度。

（二）博弈典型事件

中美在网络空间的博弈散见于相关冲突事件及一些政策立法中。本节选取了中美网络空间博弈十大典型事件（截至 2019 年 12 月 31 日），可在一定程度上显示出中美博弈的焦点及美国在网络空间对华政策的整体倾向。从 2001 年的“中美黑客大战”到 2013 年“斯登诺”事件再到 2019 年美国司法部起诉华为、2020 年美国司法部起诉中国四名军人事件，中美之间的网络安全博弈参与主体从民间组织逐渐走向政府层面，博弈焦点从传统的网络攻击、网络间谍、网络内容管控逐渐向 5G 等新技术新应用领域扩展。

① http://www.gold678.com/C/20190517010133l967.

1. 2001 年中美黑客大战事件

2001 年 4 月 1 日，美国一架侦察机在中国南海上空活动，中国派出两架军用飞机对其进行监视。不料美机突然转向，向中方飞机直冲过来，导致其机头和左翼与中方一架飞机相撞坠毁。而当时驾驶这架飞机的飞行员王伟，当场机毁人亡。

中美撞机事件引发了“中美黑客大战”。在这场危机中，中美两国的网民和民间黑客向对方的政府网站发起了报复性攻击。中国江西宜春政府、西安信息港、贵州方志与地情网中国青少年发展基金会、福建外贸信息网、湖北武昌区政府信息网、桂林图书馆、中国科学院理化技术研究所中国科学院心理研究所等部分网站被美国黑客攻击。美国白宫官网，联邦调查局、国家航空和航天局、国会、纽约时报、洛杉矶时报等网站被黑。

2. 2010 年谷歌退出中国大陆事件

2010 年，国际搜索引擎霸主谷歌提出要退出中国大陆市场，其缘由为中国政府部门审查政策过于苛刻，并且不断授意相关黑客对其实施攻击。随后美国相关部门负责人发表讲话，要求中国政府向谷歌公司和美国政府致歉，并赔偿谷歌公司因此而遭受的经济损失。随后美国国务院声称，“美国在以后的外交政策中，优先考虑互联网自由化的国家”。

有美国学者认为，谷歌事件是中美网络安全关系的关键拐点。在此之后，美方开始怀疑中国在网络领域的真实战略意图。谷歌事件恰好处于美国对中国“网络间谍”忧虑逐渐上升的时期，美方将谷歌的网络安全系统被“中国黑客”攻破、其内部数据“被窃取”

视为一个严重的案例。时任美国国务卿希拉里借此事为由，在 2010 年 1 月发表了“互联网自由”演讲，宣布美国将把“不受限制的互联网访问作为外交政策的首要任务”。

3. 2012 年华为、中兴事件

2011 年 2 月 11 日，华为收购 3Leaf 的举措被美国外商投资委员会否决。当月，华为发表公开信，希望美国公开调查，以澄清华为威胁美国国家安全的指责。2012 年 10 月 8 日，美国众议院情报委员会发布报告称，经过近一年的调查，华为和中兴通讯可能威胁美国国家通信安全，会给美国国家安全带来风险。认为这两家公司的设备可能被用来针对美国民众进行间谍活动，建议美国政府部门阻止这两家公司在美国的企业并购及相关产品进入美国市场。但报告没有提供被用于间谍活动的证据。中方对此表示严重关切和强烈反对。

4. 2013 年斯登诺事件

2013 年，斯诺登事件爆发并持续发酵，给各国网络安全敲响了警钟，成为当年国际社会关注的焦点。斯诺登事件揭开了美国长期的网络空间监控黑幕。一是揭露了美国具备全球网络监控的能力。中国、俄罗斯等十几个国家和地区的网络和信息系统均遭受美国监听，大量的情报信息被窃取。网络空间国家间一场监控与反监控的博弈已经公开并不断激化。斯诺登事件引发了中方的巨大担忧，严重挫伤了中美之间在网络安全问题上的互信，成为中国推动网络安全技术自主化的重要动因。

5. 2014 年美国司法部起诉五名中国军人事件

2014 年 5 月 19 日，在中美网络工作组即将举行第二次会议前夕，美国司法部以涉嫌经济间谍犯罪为理由，起诉中国 5 名军官窃取美国核反应堆资料和太阳能公司的核心技术资料，并在其官方网站上公布通缉令。美国强调此为针对“国家黑客行为”的首例诉讼，并将继续使用一切法律手段来处置、应对任何形式的网络间谍活动。

中国随即决定中止中美网络工作组活动。5 月 19 日就美国司法部不顾中方强烈反对，执意宣布起诉 5 名中国军官一事提出严正交涉和抗议。5 月 20 日，中国外交部针对美国司法部宣布起诉 5 名中国军官发表谈话称，美国捏造事实、无中生有，此举损害中美合作与互信，中方已经在第一时间向美方提出抗议，敦促美国纠正错误、撤销所谓起诉。同日，中国国家互联网应急中心公布了当年 3 月 19 日至 5 月 18 日，源自美国的木马、僵尸网络控制中国服务器及主机等情况，以及美国的 IP 对中国境内网站植入后门等较为严重的数据；5 月 26 日，中国国务院新闻办发布《美国全球监听行动纪录》白皮书，首次对涉及中国的监听窃密问题进行官方确认和表态。一时间，中美的网络安全问题变得更为紧张。

6. 2015 年美国集体诉讼联想集团事件

2015 年 4 月 2 日，旧金山联邦法院接收针对联想的集体诉讼，指责联想集团在电脑预装软件 Superfish，暗中监控、截取及传送用户讯息，并向用户发出更多的网页广告。根据上诉文件，Superfish 操纵合法连接、监察活动和把未经请求的广告加入合法网页，因此联想的做法违反关于《计算机欺诈与滥用法》，也违反《联邦窃听法》，同时涉及违约和非法入侵。2 月 21 日，美国政府曾发布警示称，联想某些型号笔记本中预装的 Superfish 软件，会带来信息安全风险，要求联想公司予以删除。随后有美国律所宣布要对联想发起集体诉讼。联想随后就此事道歉，并发布了自动删除工具。

7. 2019 年美国司法部起诉华为事件

2019 年 1 月，美国司法部在纽约针对华为公司提起包括银行欺诈、阴谋电汇欺诈等在内的 13 项指控。被告方包括华为公司、其两家附属机构以及首席财务官、创始人任正非之女孟晚舟。另外，美国已于当日向加拿大递交引渡华为孟晚舟的文件。检方指控孟晚舟以欺诈方式就华为在伊朗的生意误导美国银行。检方还指控华为利用在香港的空壳公司向伊朗出口不符合美国制裁的设备。随后，华为向美国联邦法院提起诉讼，指控美国《2019 财年国防授权法》的 889 条款违反美国宪法。

2020 年 2 月 13 日，美国司法部打压华为升级，再次向纽约布鲁克林联邦法院对华为公司提起新诉讼。[①] 新起诉书以美国 2019 年 1 月的指控为基础，指控华为及其关联公司“在过去数十年时间里，敲诈勒索与合谋试图从 6 家美国公司窃取商业机密来发展自己的业务”。2 月 14 日，华为在其官网发表反驳美国司法部指控的声明。同日，外交部发言人耿爽回应，“美方一段时间以来在拿不出任何证据的情况下，滥用国家力量，无理打压特定中国企业，既不道德，也不光彩，有失一个大国的水准，我们敦促美方立即停止对中国企

① https://www.justice.gov/opa/pr/chinese-telecommunications-conglomerate-huawei-and-subsidiaries-charged-racketeering

业的无理打压”。[1]

从典型事件分析中美网络安全博弈特点和态势，显而易见，美国的网络安全更具“攻势”，而中国还在处于“守势”，对网络技术的掌控以及应对网络安全的能力中美两国都是不对称的。[2]这些事件发生的根本原因，无外乎中国作为新兴国家对老牌霸权主义国家美国的国际地位产生了威胁。网络安全关系国家安全，没有网络安全就没有国家安全，在此背景下，网络安全成为塑造新型全球市场的关键因素，在促进经济增长及国际地位方面扮演着重要角色。中国企业新技术领域方面的创新能力日新月异，尤其是华为在 5G 技术方面的领导能力，使得美国对中国产生了严重的不信任和防备。因此，美国一再通过政府层面给华为、中兴等中国先进企业施加压力，并且联合盟友限制其设备占据全球市场。美国步步紧逼，进攻中国拥有核心技术的跨国企业，而中国则处于明显的“守势”，虽然在国家主权和安全的问题上绝不退步，但并未对美国实施相对称的制裁活动。中国始终坚持“构建网络空间命运共同体”，希望中美能够和平解决所有争端，共同应对网络发展新挑战。

（三）合作态势

即使出于国家利益、意识形态等方面的差异，中美博弈日益激烈，但中美作为国际网络安全大国和强国，零和博弈并不是双方所愿意看到的结果。博弈之中必然存在互动合作，以履行大国职责，共同推动国际网络安全空间发展。作为网络大国和网络强国，中美

---

① 中方驳斥美对华为新起诉：无理打压，既不道德也不光彩 http://mil.news.sina.com.cn/china/2020-02-15/doc-iimxxstf1616827.shtml，最新访问时间 2020 年 3 月 6 日。

② 李程斌 . 中美网络安全的国际政治经济学分析 [D] 外交学院 .2014 年 6 月 15 日。

是国际网络空间治理中不可或缺的重要主体，在规则制定的必要性和重要性方面也拥有一定的合作意识。具体而言：

首先，虽然美国不断完善本国的网络战政策立法，并且提升网络军队的战斗力。但不可否认的是，美国与中国一样，仍然认同联合国信息安全政府专家组会议确立的信息通信技术应用于和平目的的原则，应以国际规则约束国家行为。其次，鉴于全球网络空间不是法外之地，中美一致认为国际规则对于维护信息和数据安全，以及对于防范、打击和遏制网络战、经济间谍活动、网络犯罪和网络恐怖主义带给国家主权、安全和发展利益的威胁至关重要。再次，中美同意国际法尤其是联合国宪章确立的以国家主权原则为代表的相关原则和精神适用于网络空间，此共识分别在 2013 年和 2015 年联合国信息安全政府专家组会议的工作成果报告中得到确认和重申。[①]

实践中，中美在多次在打击网络犯罪及恐怖主义方面开展双边合作。2015 年以来，中美举行了三次打击网络犯罪及相关事项高级别联合对话，达成了丰富的共识和合作文件，这些文件至今依然有效。

2013 年 12 月 4 日，中国国家主席习近平在人民大会堂同美国副总统拜登举行会谈。双方就中美关系及共同关心的国际和地区问题深入交换意见，一致认为，中美双方要加强对话、交流、合作，努力推进中美新型大国关系建设。习近平指出，当今世界并不安宁。中美在维护世界和平稳定、促进人类发展进步方面肩负共同责任，

① 何晓跃．网络空间规则制定的中美博弈：竞争、合作与制度均衡 [J]. 太平洋学报，2018，26(02)：29。

加强对话与合作是两国唯一正确选择。双方要牢牢把握两国关系正确方向不动摇，尊重彼此核心利益和重大关切，积极拓展务实合作，妥善处理敏感问题和分歧，确保中美关系持续健康稳定向前发展。习近平强调，双方要保持两军密切交往和对话，推进传统和非传统安全领域合作，加强反恐、执法、防扩散等领域合作。

2017 年 4 月，习近平主席和特朗普总统在海湖庄园举行首次会晤时达成共识的 4 个对话机制之一便是美执法及网络安全对话，是两国政府推动双方在执法和网络安全领域合作的重要平台。为此在 2017 年 10 月，中国国务委员、公安部部长郭声琨和美国司法部部长杰夫·塞申斯、国土安全部代理部长伊莲·杜克共同主持了首轮中美执法及网络安全对话。尽管存在分歧，双方仍努力在上述事项上取得切实进展。

具体就网络犯罪和网络安全，双方表示将继续落实 2015 年中美两国元首达成的中美网络安全合作共识，包括以下五条共识：一是对一方就恶意网络活动提供信息及协助的请求要及时给予回应，二是各自国家政府均不得从事，或者在知情情况下支持网络窃取知识产权，包括贸易秘密，以及其他机密商业信息，以使其企业或商业行业在竞争中处于有利地位，三是承诺共同制定和推动国际社会网络空间合适的国家行为准则，四是保持打击网络犯罪及相关事项高级别对话机制，五是就网络安全案件加强执法沟通，互相做出迅速回应。

双方愿改进与对方在打击网络犯罪方面的合作，包括及时分享网络犯罪相关线索和信息，及时对刑事司法协助请求做出回应，包括网络诈骗（含电子邮件诈骗）、黑客犯罪、利用网络实施暴力恐怖活动、网络传播儿童淫秽信息等。双方将在网络保护方面继续合作，包括保持和加强网络安全信息分享，并考虑今后在关键基础设施网络安全保护方面开展合作。双方同意保留并用好已建立的热线机制，根据实际需要，就所涉及的紧急网络犯罪和与重大网络安全事件有关的网络保护事项，及时在领导层或工作层进行沟通。

整体来看，美国通过战略、政策、立法等手段对我国信息技术等高新技术的引进、信息产品的出口、电子商务的发展均产生了巨大冲击。但从中美双方持续的对话机制和实务看，零和博弈并不是双方所愿意看到的结果。随着中国国际地位的持续增长和核心技术自主化程度的不断提升，美国为了维护自身的竞争优势，将采取更多措施限制中国企业的创新和发展。2013年12月，国家主席习近平在北京人民大会堂同美国副总统拜登举行会谈时，后者曾表示，“美中关系是21世纪最重要的双边关系”。在国际体系发生历史性转型，中国迅速崛起的国际背景下，中美两国作为新兴大国和守成大国如何相处，成为国际社会关注的焦点。中美关系是走向冲突对抗，还是走向合作共赢，成为两国面临的重大问题。[①]本质上说，中国智慧、中国方案有助于共同应对国际网络空间安全发展面临的挑战和威胁，中美作为最重要的国家行为体，应该摒弃意识形态、政治文化方面的差异，摒弃冷战思维，聚同化异，坚持不冲突、不对抗，相互尊重，合作共赢，携手应对地区、国家，乃至全球面临的安全问题，在深化合作中扩大利益共同点，切实担负网络空间治理的大国责任。

① 成芳.21世纪中美大国关系研究——走向合作共赢之路[D].吉林大学.2017年.

三、中欧网络安全分歧与合作

作为网络空间的重要行为体，中国与欧盟在网络安全领域开展了多领域、跨议题的对话合作，并取得了丰硕成果。与此同时，由于地缘政治、数字经济发展、网络安全治理理念等因素的影响，中欧在网络安全领域也存在诸多分歧。相对于中美博弈明显的“攻守”之势，中欧博弈则相对平和。

（一）博弈发展历程

亚欧大陆向来就是美国全球战略的重点之一，欧美联盟也是美国联盟战略的核心之一，长期以来是美国全球战略的稳固“后方”，[①]中欧关系受之牵制。此外，随着中国网络产业的强势兴起，以及5G、大数据等新技术新应用的发展，中欧之间经济发展方面存在诸多利益分歧，这种分歧自然地延伸并映射到网络安全领域。

1. 博弈的重要领域

中欧之间网络安全领域的博弈或利益分歧主要体现在打击网络犯罪、5G技术、网络军控、国际网络安全治理权等方面。

在打击网络犯罪方面，虽然在相关国际议程中中欧有较高的共识，然而在网络空间规则制定问题上，中欧分属发展中国家阵营和发达国家阵营，在立场和意见上存在博弈。

2001年11月，27个欧洲国家和美国、日本、加拿大、南非在匈牙利首都布达佩斯签署了《网络犯罪公约》。这是欧盟层面出台的第一个打击网络犯罪的法律，也是互联网领域的第一个国际条约，

① 刘丰，美国的联盟管理及其对中国的影响[J].《外交评论》，2014年第6期。

欧盟一直着力推动其成为各国制定网络安全法规、开展国际合作的范本。中国致力于呼吁制定全球性打击网络犯罪的国际法，主张在联合国框架下建立公正、透明、权威的互联网国际管理机构、制定新的国际公约。欧盟则认为联合国系统的国际机构效率低下。如欧盟认为国际电信联盟（ITU）缺乏真正的公信力和透明性，因而抵制由它管理互联网，意图通过《网络犯罪公约》来取代联合国的作用。

2011 年 9 月，中国、俄罗斯等四国联合起草了一份《信息安全国际行为准则》议案，提交给第 66 届联合国大会讨论，旨在推动网络安全国际公约的建立，制定联合国框架下的网络治理体系，该提议遭到了美国和欧盟国家的反对而流产；2015 年 1 月，中国联合上海合作组织部分国家致函联合国秘书长，请其将《信息安全国际行为准则》作为第 69 届联合国大会的正式文件讨论，以尽早促成各国就网络空间国际准则达成共识，但欧美等国仍反应冷淡。在 ITU 的多边讨论中，欧美国家也表现出对联合国治理框架的不信任，2012 年底召开的国际电联大会上讨论的网络安全治理议题文件签署阶段，中俄等 89 个发展中国家统一签署，而欧美为主的西方阵营则拒绝签署会议文件。

在 5G 技术方面，近年欧盟对我国表示高度关注。2019 年 9 月 28 日，中欧就未来通信网络技术 5G 签订重要伙伴关系协议。欧盟认为，对欧洲电信企业而言，中国是至关重要的 5G 市场。根据协议，欧盟企业特别是电信和信息通信技术企业，将更容易进入中国市场。届时，欧洲企业在参与中国政府支持的 5G 研究、发展和创新项目时，能享受中国企业目前在欧盟 5G 研究项目中享受到的同等条件。随着中欧 5G 协议的签署，相应的行业协会、欧盟 5G 公私合作联盟以及中国 IMT-2020（5G）推进组也已起草并将签署一份行业协议。但与此同时，欧盟对我国 5G 等新技术新应用保持高度警惕的态度。2019 年，欧盟针对中国信息技术产品和服务专门进行了安全风险研究，发布决议敦促欧盟委员会制定战略以减少欧盟在网络安全领域对外国技术的依赖，并建议实施 5G 设备认证计划。

在网络军控方面，为加强各国在网络安全规则制定领域的沟通协调，联合国分别于 2004 年、2009 年、2013 年 6 月和 2013 年 12 月四次成立了网络安全“政府专家小组”，为各国交换意见和化解分歧提供了平台。通过该平台，美国、俄罗斯、欧盟和中国在内的外交官首先对网络安全相关术语的界定进行了沟通，对网络安全的潜在威胁和网络主权原则有了共识性的认识，对某些领域的规范制定和自愿初步合作奠定了互信基础。但在网络武装冲突等高政治领域，各方难以在联合国的多边框架内达成一致，如在 2006 年联合国涉及网络军控的《从国际安全的角度来看信息和电信领域的发展》决议草案投票中，唯一的反对票就来自美国；在 2013 年底的联大会议上，欧美等国主张将现有国际法适用于网络空间，加深了网络空间军事化的忧虑，遭到了中俄等国的反对。

在国际网络安全治理权方面，美国与欧盟在联合国电信大会等多边会议上多采取一致立场，联合众西方国家抵制中俄等新兴国家提出的修改《国际电信规则》的建议，反对将域名管理和标准制定权力移交给联合国接管。在联合国国际电信联盟组织的提议下，2001 年的联合国大会上通过了关于召开信息社会世界峰会（WSIS）的决议，按照决议将会议分为两个阶段，即 2003 年的日内瓦峰会和 2005 年的突尼斯峰会，并分别通过了《日内瓦原则宣言》《日内瓦行动计划》《突尼斯承诺》《突尼斯信息社会议程》等文件。在突尼斯峰会上，各国决定从2006年起，每年召开“互联网治理论坛（IGF）”，探讨网络发展中国家建立更加公正合理网络治理模式的途径。

欧盟在WSIS峰会和互联网治理论坛中采取的立场：一方面反对中俄提出的联合国接管国际网络安全治理权的提议，在支援发展中国家网络发展和缩小数字鸿沟问题上态度不积极；另一方面支持ICANN和互联网治理论坛壮大以削弱美国的网络霸权，一定限度上支持新兴国家的改革诉求，积极倡导欧盟的多利益攸关方模式和自由民主的网络价值观。

2. 博弈的主要原因

中欧之所以在网络安全领域存在长期博弈，究其原因，主要包括以下两方面：

首先，中欧网络空间治理模式及理念存在差异。美欧等信息通信技术传统强国主张“多利益攸关方”（Multi—stakeholder）的治理模式，认为网络空间在性质上属于“全球公域”，治理应主要依托政府部门以外的行为体来完成。与美欧不同，中国、俄罗斯等新兴经济体则倡导“多边主义”（Multilateralism）的原则，认为网络空间具有主权属性，主权国家应是网络空间国际治理的核心行为体，强调政府的网络审查和监管对于创造良好网络安全环境的重要性，力求实现对关键资源的主权管辖，进而以制衡乃至对冲美国的霸权优势。[①] 比较典型的案例是联合国信息安全政府专家组的工作。2016—2017年，该专家组在是否赋予国家自主判定和反击网络攻击的权力

① 王瑞平．中欧网络空间治理合作：进展、挑战及应对思考[J]. 现代国际关系，2019年第6期。

问题上未能取得共识。中方明确反对网络空间军事化，反对赋予国家在网络空间合法使用武力的条款，这不仅符合中方的利益，而且有利于网络空间的和平与发展。欧盟在很大程度上与中方拥有一致利益，但由于美欧阵营的存在，欧盟受到美国影响较大，不得不支持美国的立场。[①]

其次，中欧网络空间安全战略的侧重点有所不同。长期以来，欧盟以高标准的数据保护水平引领全球数据保护立法。2016 年，GDPR 的通过标志着欧盟数据保护立法进入新的阶段。在数据保护之外，近年来欧盟也开始进行网络安全立法改革。2013 年，欧盟出台《欧盟网络安全战略》。作为网络安全领域内的第一份政策性文件，更偏重于治理层面和社会安全领域，同时也突出对个人权益的保障。2017 年，欧盟通过 NIS 指令。2019 年，欧盟层面第一部综合性的《网络安全法》正式实施。整体来看，欧盟在网络安全领域的立法以公民基本权利保障为出发点，凸显数字化发展过程中对个人尊严和基本权利尊重的价值观。

近年来，我国网络安全立法也快速发展。国家战略政策层面，《国家网络空间安全战略》《网络空间国际合作战略》等相继出台。2017 年网络安全领域的首部综合性法律网安法也正式实施，《网络安全审查办法》《关键信息基础设施保护条例》《网络安全等级保护条例》等相关配套制度不断完善。虽然备受重视的《个人信息保护法》以及个人信息保护相关规范也在加快推进。但总体来看，我国当前阶段的网络安全立法首要关注的是政治和社会稳定。

① 鲁传颖．网络空间大国关系面临的安全困境、错误知觉和路径选择—以中欧网络合作为例 [J]. 欧洲研究，2019 年第 2 期。

值得一提的是，随着欧盟 GDPR 与我国网安法、《中华人民共和国国家情报法》（以下简称《国家情报法》）的实施，中欧在部分领域的博弈也愈加明显。GDPR 通过长臂管辖，将其适用范围扩展至全球，对我国带来直接冲击。欧盟方面则对我国数据本地化政策以及公权力机关获取私人数据的权限保持高度警惕。

（二）合作态势

中欧之间虽然存在博弈，但聚焦合作亦成为双方最大的共识。整体来看，中欧网络安全合作大致经历了起步、发展和深化三个阶段。从早期学术研究合作逐渐扩展至政府间制度、战略合作层面。

1. 起步阶段——学术研究领域合作

20 世纪 80 年代起，中欧就已经开始了网络领域的合作。1987 年 9 月 14 日，德国的维纳·措恩教授使中国首次接入了国际互联网并发送出了中国第一封电子邮件，中国利用架设在德国卡尔斯鲁厄大学计算机中心（IRA）的服务器首次注册了中国的国际顶级域名 .cn。1996 年，中国开通了中欧之间唯一用于科学技术研究的网络连接专线，两年后双方开通了与中英学术网络国际线路 CERNET—JANET。

1984 年，欧盟开始实施“研究、技术开发及示范框架计划”（Framework Programmes for Research and Technological Development）。该计划是当今世界上最大的官方科技计划之一，以研究国际科技前沿主题和竞争性科技难点为重点，是欧盟投资最多、内容最丰富的全球性科研与技术开发计划。迄今已完成实施七个框架计划，第八项框架计划——“地平线 2020”正在实施。1998 年，《中华人民共和国政府与欧洲共同体科学技术合作协定》签署。根据该协定，欧盟“研究、技术开发及示范框架计划”正式对华开放，中国可参与该计划，中国国家高技术研究发展计划（863 计划）和国家重点基础研究发展规划（973 计划）也向欧盟开放。协定为促进中国与欧盟的科技合作提供了难得的机遇和新的渠道。为了实施中欧科技协定，帮助中方的机构和学者参与欧盟科技框架计划，中国科学技术部决定成立“中国—欧盟科技合作促进办公室”。该办公室于 2001 年 6 月正式挂牌工作。[①]

2. 扩展阶段——多领域网络安全技术合作

随着信息化快速推进，经济发展和社会民生的关键应用越来越依赖互联网，中欧在推进数字化的过程中均遇到了信息孤岛、信息资源浪费、应用系统互联互通程度低等问题。

为解决此问题，2005 年，在中国科技部和欧盟委员会共同组织了中欧网格国际会议（Grid@Asia Workshop），讨论了加强网络资源共享，提升协同工作能力，提高信息资源配置效率等问题。2006 年，中欧下一代互联网合作全面启动，双方在京签署《中欧高速网络基础设施及其重大应用战略合作的联合声明》，形成中欧在科技领域立体多层次的合作格局。在欧盟 2007 年推出的“第七框架”研究计划中，涉及网络基础设施建设、信息技术研究和合作项目，中国的企业和相关机构也参与到了项目中。

这一阶段，中欧互联网合作的领域拓展到网络经济、网络技术研发、网络犯罪治理等各个方面。

---

① http://www.most.gov.cn/zzjg/zzjgzs/zzjgsyjlzx/.

3. 深化阶段——网络安全战略性合作

随着双方领导人对网络问题的重视程度不断上升，中国与欧盟在网络领域开展了多层次的对话机制，涵盖了双方在网络空间中广泛存在的共同利益，也取得了一定成果，并成为中欧关系中的重要组成部分。

2012 年，中欧网络工作小组成立。2013 年，第 16 次中国—欧盟领导人会晤发表《中欧合作 2020 战略规划》声明，表示中欧支持并推动构建和平、安全、有弹性和开放的网络空间。通过中欧网络工作小组等平台，推动双方在网络领域的互信与合作。在《联合国打击跨国有组织犯罪公约》和《联合国反腐败公约》框架下，中欧在打击跨国犯罪、网络犯罪等方面开展具体项目合作，适时就反恐问题举行专门磋商。2016 年，习近平主席访问欧洲期间，强调了中欧在工业化信息化方面加强对话磋商和技术交流的重要性。2019 年，第 21 次中国—欧盟领导人会晤联合声明指出，国际法尤其是《联合国宪章》适用于并且对维护网络空间的和平稳定至关重要。双方努力推动在联合国框架内制定和实施国际上接受的网络空间负责任的国家行为准则。双方将在中欧网络工作组下加强打击网络空间恶意活动的合作，包括知识产权保护的合作。在 5G 领域，双方欢迎在 2015 年中欧 5G 联合声明基础上的对话合作机制取得的进展和进一步交流，包括产业界之间开展技术合作。

这一阶段，中欧网络合作的内容不仅限于技术交流，而是上升到战略层面，共同致力于建设合理的网络空间秩序，向着网络空间命运共同体的方向不断迈进。

（三）合作机制

目前，中欧网络对话合作领域主要建立了三个对话机制，分别为中欧信息技术、电信和信息化对话，中欧网络工作组，中欧网络安全与数字经济专家组。这三个对话机制分别定位为互联网技术发展与应用、网络空间国际治理和国内网络政策领域。[①]

1. 中欧信息技术、电信和信息化对话

2009 年，在中国工业和信息化部与欧盟委员会通信网络、内容和技术总司等主管部门的推动下，第一次中欧信息技术、电信和信息化对话在北京举行，双方围绕信息通信基础设施建设、电子商务、电子政务及数字转型等内容进行探讨。此后，这一年度对话机制轮流在中国和欧洲举办，至 2018 年底已举办 9 次。

中欧信息技术、电信和信息化对话既包括一些长期性议题，如信息通信技术政策与监管、数字转型、通信基础设施合作等，又包括一些时代意义很强的话题，如数字经济、5G 研发、工业数字化等。此外，双方在对话框架下还开展了联合研究项目，如 2016 年启动的“中欧物联网与 5G”联合研究项目，就物联网与 5G 领域的技术、产业和政策展开深入研究分析、探索合作。

2018 年 9 月，在第九次中欧信息技术、电信和信息化对话会议上，中欧双方重点围绕 ICT 政策和数字经济、ICT 监管、5G 研发、工业数字化等议题进行了深入交流，一致同意充分利用中欧信息技术、电信和信息化对话机制，积极拓展 5G、工业互联网、人工智能等领域的合作。中国可以在欧盟及其成员国两个层面与之深化合作，

① 鲁传颖，试析中欧网络对话合作的现状与未来 [J].《太平洋学报》，2019 年第 11 期。

继续推进双方信息社会项目的可持续发展。

2. 中欧网络工作组

2012 年的《第 14 次中欧峰会联合宣言》宣布，将由中国外交部与欧盟对外行动署联合建立“中欧网络工作组”（EU — China Cyber Task Force），这是一个由双方外交部门牵头的关于国际网络安全的跨部门沟通协商机制。

中欧网络工作组建立后不久，斯诺登事件爆发，网络安全一时成为全球最重要的国际政治、安全话题。中欧作为美国开展“大规模监听”的共同受害者，通过该机制，共同发声谴责“大规模监听”的恶意网络行为，一定程度上引领了网络安全国际治理的议程。此外，双方通过中欧网络工作组加强了在国际安全领域的合作，中欧外交部门之间就建立网络空间中的国家行为准则、国际法在网络空间中的适用、建立信任措施，以及加强关键基础设施保护、打击网络犯罪的国际合作等议题展开讨论。通过对话，双方增加了政策透明度，增进了相互之间在网络领域的信任，为双方网络安全相关机构（如计算机应急响应机构）的深化合作奠定了基础。①

3. 中欧网络安全与数字经济专家组

2016 年，在全球网络空间安全形势不断恶化的背景下，中欧各自在网络空间实施了一系列新举措，从网络的安全、发展与治理入手，围绕网络空间的战略规划、政策制定、产业发展和人才培养等问题探索建立全方位战略体系。如何加强中欧在网络安全和数字经济领域的协调，对于双方网络战略和政策的实施具有重要作用。

① 鲁传颖 . 试析中欧网络对话合作的现状与未来 [J]. 太平洋学报，2019 年第 11 期。

2016 年 7 月，在第十八次中欧领导人会晤期间，由中国国家互联网信息办公室与欧盟委员会通信网络、内容和技术总司共同组织的“中欧网络安全与数字经济专家组”成立。该机制主要任务是聚焦双方内部网络政策和监管模式，商讨如何加强政策协调沟通，增加政策透明度，减少各自国内的相关法律法规对双方商业和数字经济领域的影响，并为双方在战略层面建立互信、在产业层面加强合作提供建议。

截至 2018 年底，中欧网络安全与数字经济专家组已举办 4 次会议，并商定未来继续开展对话。中欧网络安全与数字经济专家组围绕中欧在网络安全、数字经济领域的法律法规、制度建设对双方所产生的影响，以及如何进一步推动中欧在产业发展、人才培养和科学研究的合作开展对话。如在数据安全领域，欧盟制定了 GDPR，中国制定了《个人信息和重要数据出境安全评估办法（征求意见稿）》，这些管理政策不仅对双方互联网及相关企业的运营模式和个人信息安全带来重要影响，也会引起一定程度的司法管辖权争议。①

① 鲁传颖．试析中欧网络对话合作的现状与未来 [J]. 太平洋学报，2019 年第 11 期。

第五章　中国网络安全法治未来展望

法治是人类社会进入现代文明的重要标准，是国家治理体系和治理能力现代化的基础。改革开放 40 多年以来，我国把握信息化发展给国家和人民带来的历史机遇，围绕如何解决计算机普及应用带来的国家和社会安全等一系列问题，实现了网络安全法治从无到有、从碎片化到体系化、从应对化到预防化的升级转变，走出了一条既与国际接轨，又不乏中国特色的网络安全法治之路。自 2017 年 6 月 1 日《网络安全法》正式施行，网络安全法治建设进程加速推进，“数据驱动型”国家创新治理体系全面探索，网络安全立法建设、执法行动和司法实践均取得长足进展，网络共建共治共享综合治理格局基本形成。2020 年以来，席卷全球的新冠疫情和经济危机推动国家秩序、国际形势和世界格局不断演变。疫情之下数字经济作用凸显，“逆全球化”、“技术脱钩”、“单边贸易保护主义”等导致的不确定性加剧，网络空间治理面临前所未有的冲突、风险、机遇和挑战。后疫情时代必须直面国情国力重大考验，不断完善推进国家治理体系和治理能力现代化。

逆水行舟，不进则退。我国网络安全法治虽有建树，但网络安全法治强国的建设仍然任重道远，综合统筹推进网络安全立法、网络安全执法、网络安全司法、网络安全守法、网络安全法治监督、网络安全法学研究等是应有之义。我国网络安全立法建设、监管制度及网络空间国际博弈 40 多年的演化为展望未来网络安全法治进路提供了参照，并将以不同权重的变量形式投影于未来的动向和趋势中。但显然，仅基于过往和依赖于既有技术、管理、政策的“参数”仍然无法准确预判未来的法治走向，一方面，网络和代码有其自发性，正在不断的创设和重塑规则并实现转化；另一方面，未来也有其能动性，仰赖于法律对网络安全规则的设计和构造。鉴于此，预判法治未来，不仅需要在技术迭代、冗余和试错中研判颠覆性信息技术乃至其他领域、行业科技对法律的影响，也需要从人类社会命运演进和既有的法律价值体系中寻找渊源。尽管由于技术、经济和社会发展的不确定性和国际博弈的波谲云诡导致中长期的预测和展望非常困难，新技术、新应用、新业态、新规则不断冲击既有的法治理念与治理规则，但中国网络安全法治仍应跳出当下，对未来的立法规划进行预判和预演，以假定和消除某些不确定性，实现“良法善治”的网络安全法治强国愿景。在我们看来，未来中国网络安全法治发展应至少涵盖以下方面：

一、以服务于“数字化福祉”为根本要旨

计算机广泛应用、社会数字化、信息化是必然发展趋势，而因计算机化、数字化信息系统及其网络带来的一系列安全问题将是国际社会共同面临、长期存在和变化的社会问题。初期的网络工具安

全治理阶段，国家即认识到利用、发展计算机和信息化是国家发展和人民利益之所需，随之而来的计算机安全问题（网络安全问题）必然成为新的社会问题，必须对计算机信息系统及其网络安全采取基础性、根本性、保障性的长治久安的保护措施。数字化发展已经作为国民经济和社会发达程度的重要衡量和评价指标，数字化福祉也成为我国信息化发展的出发点和落脚点。中国网络安全法治 40 年的演变轨迹表明，无论是初期的网络工具安全治理阶段，或是认知不断深化的网络社会安全治理时期，直至上升为国家战略的网络国家网络安全治理现阶段，都体现了国家推进信息化和社会经济全面发展，最大化国家、社会和个人的数字化福祉这一根本宗旨。

在技术日新月异的今天，如何有效地利用法治资源，在产业技术政策中确立以技术创新为核心的法治目标，是企业获得生命力和国家谋求长足发展的基础性保障。[①] 从 1996 年《中华人民共和国计算机信息网络国际联网管理暂行规定》用户接入要求 [②] 到 2000 年《全国人民代表大会常务委员会关于维护互联网安全的决定》对威胁运行安全和信息安全的刑事责任保障，从 2012 年《全国人民代表大会常务委员会关于加强网络信息保护的决定》对公民个人电子信息的保护到 2016 年《网络安全法》保障各类网络主体的网络使用权 [③]、

① 易继明:《技术理性、社会发展与自由—科技法学导论》，北京大学出版社 2005 年 12 月第 1 版，第 66 页。

②《中华人民共和国计算机信息网络国际联网管理暂行规定》第十条个人、法人和其他组织（以下统称用户）使用的计算机或者计算机信息网络，需要进行国际联网的，必须通过接入网络进行国际联网。

③《网络安全法》第十二条 国家保护公民、法人和其他组织依法使用网络的权利，促进网络接入普及，提升网络服务水平，为社会提供安全、便利的网络服务，保障网络信息依法有序自由流动。

区分各类行为的基本规范，再到2019年《密码法》对一般加密权的赋能[①]，可以看出，网络安全法治均以维护国家安全、社会稳定，保护有关各方的合法利益和权益为立法目的，始终体现了造福绝大多数人的数字化福祉这一宗旨。毋庸置疑，未来的网络安全立法将坚定不移地贯彻这一宗旨，指导网络安全法律凸显的稳定性与灵活性这一矛盾的处理，并渗透入法律法规的肌理中，决策法律条文设计、不同意见解决的价值取向。举例而言，在这一根本宗旨之下，人工智能、物联网、智慧城市、量子计算等必须以服务于人，以提升人的能力和实现人的全面发展为终极目标，大数据、云计算的数据价值，区块链、数字货币的虚拟价值将升华为对所有网络空间命运共同体的真实增值。

值得注意的是，尽管我国经济日益数字化的趋势明显，但我国“人口众多的发展中国家”这一基本国情没有改变，社会主要矛盾转化后，发展的不平衡不充分导致不同主体间的“数据鸿沟”将长期存在。“数字化福祉”的立法宗旨必然蕴含着包容性发展的内在需求，一方面要致力于缩减不同地区、行业、主体间的“数据鸿沟”，满足不同主体在信息化发展进程中多层次、差异化、个性化的发展和安全需求，另一方面必须警惕“数字歧视”剥夺合法权利，维护弱势群体或特殊群体非数字化生活的权利，真正实现不同主体的获得感、幸福感、安全感。

①《密码法》第八条　公民、法人和其他组织可以依法使用商用密码保护网络与信息安全。

二、正确处理技术发展与法律能动的关系

中国网络安全法治 40 年的轨迹体现出技术与法律关系的辩证关系。通常典型和密集的立法和规范往往也是相应的信息、网络技术趋于成熟和普遍应用的时点，上世纪 90 年代中后期的法治若干单点“爆发”和本世纪第二个十年以来的立法全面化分别对应着公共互联网络的普及，对网络运行与网络信息安全的同等重视与反应的阶段性特征。

从全球网络安全法治的过往观察，“技术先行”和“法律后起”实际上具有普遍性。技术的内驱与外引，法律的保障与规范，都体现出各自作为现代社会主要矛盾解决机制的工具性价值，这种矛盾导致的问题驱动具有“自我激励”与“自我强化”的特点，体现为在未来相当长的时期内，围绕新技术、新应用的既有规则解释、现实执法监管仍将持续展开，缓解技术产生的立法滞后。且当这种务实无法承载新技术、新应用的累计效应时，必然催生新立法、新执法手段和新司法裁判。从而“跟上”技术的代际步伐，避免产生用“20 世纪的法律规范 21 世纪的技术”的情形。不仅如此，法律在适应技术、算法和代码规则的同时，也必须通过其作为一门成熟科学体系的“独立性”，天然的迟延产生的“稳健性”体现制衡技术风险、实现良性的自有价值，并成为实现技术中立性——由于信息和网络技术构筑的虚拟场景对资源、人力的摄取和带动，等待其自限性弱化风险不具有成本效益性——消弭技术自身的滥用冲动，在可能导致的社会危害性呈现之前评价机制。正是由于技术风险的不确定性与法律规则具有相互传导与相互契合的关联。由此，法律的能动性为未来法

治建设提供了多种可能路径。

三、立法、执法、司法等的科学统筹推进

中国网络安全法治，必须客观认识网络社会活动新常态，精准把握网络安全内在规律，科学推进网络安全立法、网络安全执法、网络安全司法、网络安全守法乃至网络安全法治监督等，加速构建形式法治与实质法治相统一的法治模式，为网络大国迈向网络强国提供“固根本、稳预期、利长远”的网络安全法治强国保障。

第一，充分论证、审慎立法。在新时代满足人民群众日益增长的对美好生活的新需要新期望的思路下，网络安全法治一方面应保持经济与社会发展规划与立法规划向匹配的稳健路线，随着对科技认知的深入逐步推动从信息安全立法、网络安全立法到数据安全立法的递进，奠定《网络安全法》《数据安全法》《个人信息保护法》等基础性法律的基石地位，使其经得起立法后评估和信息、网络技术发展的冲击与考验，既能够为配套制度的建立形成支撑，并与配套制度共同构筑紧凑、有效的实施体系，也应当能够独立适用，作为执法和司法裁判的直接依据。另一方面，应当认识到不同发展阶段、不同发展时期的地区和水平差异，允许部分地区通过先行先试等方式进行地方立法，这些地方性立法反映了地区信息与网络技术发展的状况，聚焦于地区网络产业特点，并能够为持续、更高位阶的立法提供素材和经验。

同时，应到当从整体上避免单纯问题导向和以解决单一技术问

题为目标的突击立法、重复立法。其考虑因素包括:（1）这些立法问题也会传导到执法环节，导致重复评估、检查等现实问题;（2）一些技术问题或导致的法律风险具有阶段性和局部性，也与技术发展、普及和应用的范围程度有关，在问题暴露不充分的情况下立法将难以概括问题的全貌，也会导致解决的偏失，不仅如此，有些阶段性问题也会随着发展而淡化，从而成为“假问题”;（3）网络安全立法具有从法律、法规到规章，直至指引、标准的层次性构成特征，粒度不均匀和不符合特征规律的立法会导致下位配套机制的无所适从，从而导致要么立法援引标准，要么标准重复条文的情况，无益于问题的根本解决;（4）最为重要的是，尽管40年来网络安全法治领域制定了大量的法律类文件，但基础性法律供给实际上是不足的，立法资源有限应当用于这些关键性、基础性的法律工作中。例如:对信息与数据法律概念和法律属性的清晰界定、数据分级分类的基础性工作、个人信息与数据权属安排等等，这些底层问题决定了未来网络安全法治的基本价值和路径方向。

尤为值得一提的是立法影响评估。近年来我国立法影响评估学理研究逐渐增多并逐渐走向制度化，2015年我国新修订的《立法法》新增加立法评估机制，包括立法前评估和立法后评估。对包括《网络安全法》在内的现行立法以及《数据安全法》等未来立法的立法前评估、立法后评估应当成为常规操作。一方面，作为现行有效的、可以规范数据安全的重要立法，《网络安全法》已实施三年有余，应当结合三年多的实施经验对《网络安全法》及配套制度的实效进行评估，以对数据安全立法是否科学合理及时总结、反思、调整。另一方面《数据安全法》《出口管制法》《个人信息保护法》等拟议中的立法应当充分评估预期效果，包括可操作性、立法影响等等。此外，我国在网络安全相关立法制度设计中不能忽视国际影响评估，包括是否会引来国际社会的质疑，影响我国国家形象、产业发展；是否确有必要；未来能否落实；是否有更好的替代机制；是否对当下及未来可能面临的网络安全威胁留有弹性应对机制等等。

第二，规范执法，强化能力。过往40年的执法实践不仅是序章，更是汇聚所有网络安全有关部门执法体验的篇章。尽管从信息安全到网络安全的监管存在诸多亟待提升和解决的问题，但这些问题与尝试解决问题的路径都是未来执法再出发的起点和来源。从网络安全40年执法的经验教训看，未来的网络安全执法应当从制度和人员两方面均衡布设，体现静态依据与动态实施之间的协调。

首先，需要夯实监管执法的制度内容，并为制度的设定和实施提供充分的，可以包括法律、经济、社会、管理、技术、心理等各类学科的综合依据。具体在制度建设和支持方面包括：（1）论证监管之上的顶层设计的合理性和契合度，特别是信息安全、网络安全和数据安全的中央层面的顶层设计，国家安全、社会公共利益与组织权益、个人利益等不同法律价值在网络空间的形式化和权益体现；（2）执法检查、评估、指导、协助、约谈等各类监管措施的自洽与彼此关系，与检测、认证、监测等市场化机制的互用与转换；（3）从网络安全信息共享制度建设的高度，整合和区划预案、演练、监测预警、通报警示等监管协调能力建设，体现对网络安全风险和事件管理的前置思路，并为网络安全信息共享、未来的数据安全共享提供基础依据;（4）完成既有的如《网络安全法》等基础法律、配套制度，与修订中的法律如《治安管理处罚法》，以及《数据安全法》等体现行政执法内容的法律之间的有效衔接，这区别于《民法典》，未来《个人信息保护法》等侧重民事权益的法律，也设定了与《刑法》、预防网络安全犯罪立法等刑事法律的边界。

其次，执法规范化深入建设、行政机关和人员执法能力提升等现实需求迫切。网络安全违法行为往往具备技术性、多样性、复杂性等特点，网安法下监管机构依法实施的所有行政处罚均有面临行政复议乃至行政诉讼的可能，电子数据的调查取证成为行政执法办案的关键环节，也是可能面临的行政复议和行政诉讼的核心证据。就公安机关而言，如何严格按照《公安机关办理行政案件程序规定》，同时贴合实战情况，提高办案人员收集、获取、固定、运用电子证据的能力，提升办案质量，规范执法行为，是法治公安建设的重要问题之一。网络安全行政执法中，监管机构往往借鉴相对成熟的刑事司法领域中电子证据收集与提取、电子证据审查与判断的规则，实施行政执法中的电子数据取证与鉴定工作。事实上，行政执法取证与刑事案件取证实际存在证据要点和证据要求、量化情节等问题差别，对标《刑法》形式要求的基础上实现差异化，细化包括网安法在内的行政执法量化认定等要求，可能是深化网安法行政执法的未来方向之一。此外，如何解决网络安全行政执法中海量电子数据即时批量鉴定、见证人员不足等证据效力补强问题也是高质量高效率执法非常值得研究的方向。从执法人员和执法机构能力提升角度来说，执法人员应当构筑对应于网络安全的相应领域、学科，匹配相应的技术能力提升体系，通过持续的再学习不断保持执法能力。

执法机构则应当具备相应的技术储备甚至适当超前的执法能力，通过算法算力设计与实现为执法协助的密码分析、漏洞检测等领域或场景提供多种选择和支持。

第三，司法救济，利益平衡。司法体系作为评价网络行为、体现法律价值的最终机制，未来建设应继续确定司法机构对法律的独立解释与适用，确保司法对各类网络行为、数据活动的权益终裁功用，实现对个案执法、各类网络参与主体的指引和导向。具体应当考虑以下 3 点：（1）深入研究和实施互联网法院在网络安全领域的功能，顺应信息与网络技术发展在司法领域的职能趋势；（2）发挥并落实对司法人员特别是法官等专业人员的自身决定性作用，在通过技术方式辅助司法的同时，避免算法偏差、数据垄断，乃至未来"量子霸权"等对司法人员的限制和影响，保持人的心智能力和自由裁量权；（3）在推进同案同判、类案检索的同时，针对新技术、新应用的网络安全领域案件，发挥司法的独特性和引领性，实现对新情势、新利益的平衡，通过司法的法律适用"穿透"表象和阐释技术本质，洞见对社会的影响性。

第四，综合治理，协调应用。未来的网络安全法治，同样也应当意识到法治的边界和局限性，这就要求安全治理遵循科技发展规律，构建各类治理模式、措施协调应用的综合治理体系，特别是对科技发展的若干趋势进行研判，包括：（1）信息技术与生物技术的融合化过程中，运用法律、伦理、社会、心理等各类学科的方法论，预判在法律行为规制之外的其他学科的规范作用；（2）在量子计算等颠覆性技术与数据经济和商业应用模式等结合时，法律、经济、管理等相关学科门类的综合评价，在将对技术和法律的敬畏渗透在市场化监管过程的事前、事中和事后的各个环节；（3）承认技术加速中社会、经济、人的发展的不平衡性，技术“自嗨”会导致的失衡、失控风险，将法律、经济、伦理、社会、管理乃至道德等人类社会的成果施之于术，使得人类命运共同体能够分享科技成果，同时也通过社会化的风险分担控制机制降低技术的不确定性风险——而这也是社会化的风险创新机制——给网络空间的未来以更多可能。

四、围绕数据这一核心要素的安全制度设计

数据正在推动经济发展、促进国家治理能力现代化、增进人类福祉等方面发挥着日益重要的作用，“数据驱动”开始成为现代社会运行的基本模式。与此同时，复杂的数据安全形势也对个人、公共乃至国家安全日益造成冲击。长期以来，我国对数据安全的保障主要依附于对计算机信息系统安全，或商业秘密、著作权等权益的保护。“数据安全”作为一种独立的权益并没有得到立法的充分重视。随着信息技术及数据经济的快速发展，数据作为一种新型的、独立的保护对象逐渐获得立法上的认可。2015 年《国家安全法》第 25 条明确提出，“实现网络和信息核心技术、关键基础设施和重要领域信息系统及数据的安全可控”，直接将数据安全上升到国家安全的高度。2017 年《网络安全法》将数据安全纳入网络安全的重要组成部分。网络安全等级保护制度、关键信息基础设施保护制度、个人信息保护制度等为数据安全的落实提供重要的制度支

撑。2018年《数据安全法》、《个人信息保护法》纳入人大常委会立法规划，数据安全类专项立法提上日程。在《数据安全法》、《个人信息保护法》尚未出台的背景下，我国国家层面开始自下而上的制度探索。2019年国家互联网信息办公室相继发布《数据安全管理办法（征求意见稿）》、《个人信息出境安全评估办法（征求意见稿）》等多个《网络安全法》配套文件。2020年《民法典》也从民事权益角度明确对“个人信息”、“数据”、“虚拟财产”的保护，为数据的民事保护提供基础法律依据。《网络安全法》实施三年多以来暴露的网络数据安全治理短板，以及当下不断发展的国内外数据安全形势也对我国未来数据安全立法提出了更高的要求。2020年7月3日，历时3年制定的《数据安全法（草案）》正式向社会公开征求意见，备受关注。《数据安全法（草案）》的出台意味着一部统一的《数据安全法》即将到来。在我国数据安全形势严峻、数据安全法治尚不健全的背景下，《数据安全法》承载着解决我国数据安全内外部风险、构建数据安全核心制度框架，进而保障个人、公共、国家在大数据时代安全利益的重要使命和期待。在全国人大发布的草案起草说明中将《数据安全法》定位为数据安全领域的基础性法律。从当前发布的版本来看，草案尚处于初级阶段，对于包括数据跨境、重要数据保护、数据聚合等核心制度缺乏更进一步思考和统筹。

数据安全问题是各国共同面临的难题。从全球范围来看，尚未有国家或地区颁布统一的《数据安全法》，这意味着我国数据安全立法乃至数据治理方面无法直接从其他国家获得既定的、成熟的经验借鉴，需要更多地依靠本土智慧进行理论创新和制度探索。数据安全问题关涉个人、企业、社会、国家诸多利益主体，关联经济、政治、军事等诸多领域，牵连线上与线下两大环境，相应的应对策略也应是通盘考虑的系统策略。此外，在数据属性、权益划分等基础性法律问题尚未厘清，数据技术、产业日新月异的背景下，要构建起数据安全立法制度全貌难度和复杂性不言而喻，客观上也不符合当前技术、产业乃至理论发展对数据安全制度设计的弹性需求。

展望未来，数据领域基础性法律问题的解决还需要不断探索，加强数据权利的本质、内涵、外延、客体、分类的研究，为数据权利保护提供底层支撑，在此基础上，完备的国家立法应覆盖数据主权维护、数据权利确认、生命周期保护、供应链条监管、跨境传输审查、境外要素（资本、技术、产品、人员、服务）审查、数据主体监管、数据滥用禁制等数据权利法律制度。

结语

每一年，四十年。

当今世界百年未有之大变局加剧。随着世界多极化、经济全球化、文化多样化、社会信息化、技术多元化深入发展，全球治理体系深刻变革，谁在信息化上占据制高点，谁就能够掌握先机、赢得优势、赢得安全、赢得未来。如何正视后疫情时代的不稳定性与不确定性，维护国家主权、安全和发展利益；如何在国外断供、技术脱钩的逆全球化困境中振兴基础信息产业；如何合理布局立法规划和产业改革，缩小地区差异，实现网络空间的良性发展；如何完善以政府监管为核心、各方共同努力的共建共治共享治理机制，实现人民安居乐业、社会安定有序，成为目前乃至未来四十年我国网络安全法治建设和发展必须解决的问题。

要解决这些议题，未来的中国网络安全法治，要在传统经济与数字经济的冲突中发现法治的需求，要在发达区域与发展区域的差异中寻求安全规律，要在社会安全与经济发达的契合中积极应对挑战，要在着眼世界的视野和本国实践的根基中确定中国方案，统筹平衡安全与发展、国内与国际。未来的网络安全法治，既要重视“新时代”对国家网络安全战略的新要求，也要防范“新技术”对国家和社会安全可能带来的新威胁，更要落实“新矛盾”对网络安全保护的新任务；既需要以“数据”为核心充分释放数字经济红利，尽可能缩减不同主体的“数据鸿沟”，也需要以人为本，包容性发展，避免对弱势发展人群的“数字歧视”；既需要以“创新”为驱动完善落实网络安全立法、执法与司法，也需要以“技术”为纽带强化全民网络安全文化，协同一致。

附件　全球数据交易实践、行业规范现状与政策法律问题研究

摘要

随着信息技术和人类生产生活交汇融合，各类数据迅猛增长。与此同时，数据产权问题成为新型法律问题，引发国内外的广泛探讨和争论。从全球范围来看，数据产权问题仍停留在理论研究阶段，尚没有哪个国家在立法上确立了数据产权。

国内学者对于数据产权问题可以划分为赞成派和反对派。赞成派认为随着大数据、物联网、云计算等技术的发展，传统法律已无法适应当前数据经济利益关系调整的需要，为了激励企业更多地记录、存储、分享数据，应当创设新型数据财产权，以促进创新和数字经济发展。反对派则认为数据天然具有流通和分享的特性，可以通过不同途径采集和获得，无法为民事主体独占；民事主体无法直接控制数据，只能控制数据载体；数据的价值可以通过数据活动主体的自我控制来实现和保护。因此，也不宜将数据视为独立的财产。同时，设立新型数据财产权可能会对竞争和信息自由带来损害。

国外诸多学者从个人数据与非个人数据的划分入手，对引入“数据所有权”的必要性、正当性进行了深度研究。例如，德国马普创新与竞争研究所 2017 年发布的关于数据所有权争论的研究中提出，

目前不论是在欧盟、欧盟成员国或其他任何工业化国家，都不存在“数据所有权”。该研究还指出，如果要讨论引入“数据所有权”，需要区分“个人数据所有权”与“非个人数据所有权”，关于个人数据，在现行框架下，通用数据保护条例（GDPR）足以实现对个人权利的保护，无须引入数据所有权。由于个人数据相关权利需要借助众多互联网服务提供者来实施，有能力影响用户行为的全球性社交网络和互联网搜索引擎可能基于这种新的权利变得更加强大。用户处于弱势地位，其参与利益分配非常困难。因此，赋予个人数据所有权并不能实现更好保护个体的目标。对于非个人数据，根据欧盟委员会要求进行的研究，没有一项能够证明存在相关市场失灵问题，为引入数据生产者的权利或数据所有权提供正当性。欧盟2017年1月发布的《打造欧洲数字经济——数据所有权白皮书》同样提出，由于数据价值周期比较复杂，众多利益相关者可能都试图要求对数据拥有所有权，例如，他们创建或者生成数据，或者因为他们使用、编译、选择、结构化、重新格式化、丰富、分析购买、获得许可或增加数据价值。因此，不同利益相关者只能根据其具体的作用而拥有不同的权利，没有单一的数据利益相关者会拥有专有权利。

我国高度关注数据产权问题，2017年12月，习总书记在十九届中央政治局第二次集体学习时发表讲话，明确“要制定数据资源确权、开放、流通、交易相关制度，完善数据产权保护制度”。《国务院关于印发“十三五”国家信息化规划的通知》《中共中央、国务院关于新时代加快完善社会主义市场经济体制的意见》等多个政策文件中多次提到要完善数据权属界定工作。但由于数据本身性质、相关利益主体等的复杂性，数据相关基础理论问题尚未解决且分歧较大，相关立法进展缓慢。2020 年出台的《民法典》对于个人信息和数据的相关规定就体现了立法在数据确权方面的谨慎和犹疑。对于个人信息，法典第一百一十一条表明了安全保护的基本立场;《民法典》(人格权编)对个人信息的相关概念、自然人权利、侵害个人信息免责事由、个人信息合理使用等问题做出了明确规定，但并未建立“个人信息权”，而只是为个人信息通过“人格利益”予以保护提供路径。对于个人信息之外的数据权益问题，法典也未予以明确而是留待未来立法解决。2020 年 7 月出台的《数据安全法(草案)》明确国家要建立数据交易管理制度，但从目前的版本来看，该法更多地是从公权监管角度对数据问题加以规制并未对数据赋权。近年来，我国地方在数据立法方面积极探索。2020 年深圳市发布的《深圳经济特区数据条例 (征求意见稿)》首创“数据权”概念，并对个人数据权属、公共数据权属问题做出了诸多创设性规定。但该征求意见稿因违反了《中华人民共和国立法法》(以下简称《立法法》)对于“涉及民事基本制度和基本经济制度只能通过制定法律给予规制”的规定饱受质疑。

本报告并非旨在解决数据产权这一时代发展带来的全新法律问题，事实上，我们认为，随着以大数据、云计算、无人驾驶、AI、5G 等为标志第四次工业革命席卷全球，数据这一非传统要素给社会发展和变迁带来的深远影响绝非通过原有的思维和方式可充分应对，作为对特定社会关系进行规范性调整的法律尤为如此。本报告尝试从实证出发，对国内外数据交易实践、事件、行业规范、交易特点做一个全面的归纳和梳理，同时，对欧盟、美国在数据交易政策法律的现状、动态与趋势进行全方位的考察与研判，同时分析出我国大数据交易的三大现实困境，以期对数据产权问题研究有所裨益，也为处于草案阶段的数据安全领域基础性法律《数据安全法》相关制度研究尽一份绵薄之力。

一、国内外数据交易实践及行业规范

（一）域外数据交易现状

1. 数据经纪人概念

国际范围内将从事数据交易的中间商称为数据经纪人（Data broker）。根据维基百科的定义，数据经纪人从公共记录或私人来源收集个人数据，如通过人口普查、用户向社交网站提交的材料、媒体和法庭报告、选民登记清单、购买历史等；然后将汇总收集到的数据创建成个人档案，内容涉及年龄、种族、性别、婚姻状况、职业、家庭收入等；最后，数据经纪人将这些个人档案出售给针对特定群体推送广告或营销的机构或者用于研究的个人、政府机构等。

欧洲数据保护监管机构（European Data Protection Supervisor）将数据经纪人定义为，收集有关消费者的个人信息并将其出售给其他组织的实体。[①]

美国联邦贸易委员会（FTC）[②]将数据经纪人定义为，以将信息二次销售给具有多种目的（包括验证个人身份、区分记录、产品营

① https://edps.europa.eu/search/site/Data%2520Broker_en. 访问日期：2020-08-11.

② 2012 年 FTC 报告《快速变革时代的消费者隐私保护：针对企业界和政策制定者的建议》（Protecting Consumer Privacy in an Era of Rapid Change: Recommendations For Businesses and Policymakers）. http://ftc.gov/os/2012/03/120326privacyreport.pdf. 访问日期：2018-08-11.

销及预防商业欺诈）的客户，而从各种来源收集包括消费者个人信息的公司。佛蒙特州《数据经纪商法案》首次在法律上明确定义了数据经纪人的概念，对在司法实践中对数据经纪行业进行监管有重要意义。[①]《数据经纪商法案》将数据经纪人定义为，有意向第三方收集、销售或许可与该企业没有直接关系的消费者个人经纪信息的企业。数据经纪人活动的认定应包含数据的进入、流出两个环节。此外，《数据经纪商法案》还列举了不能被认定为数据经纪人的两大类情况：

一是与消费者存在直接关系的公司，例如：投资人；商业捐助人；业务代表、雇员或承包商；客户、订阅人、委托人等。

二是以下四类具体业务场景：开发、维护第三方电子商务或应用程序平台；代表、作为电信运营商提供姓名、地址、电话等目录信息服务；提供与消费者业务相关的公开信息；出于健康、安全的考虑，通过实时警报提供公开信息。

该法还将可从公共渠道获得的与消费者经营或职业相关的个人经纪信息排除在了监管范围之外。

2. 数据交易平台发展历程

目前我国数据经纪人行业仍处于起步阶段，而在欧美国家该产业已发展成熟，[②]纵观历史，域外数据经纪人的发展可以分为非电子化时代和电子化时代两个阶段。在非电子化时代，欧美数据经纪人产业经历漫长的发展历程。20 世纪 20 年代，德国柏林市政电力

① 彭星，万雨娇．美国佛蒙特州数据经纪商法案浅析及启示 [J]. 武汉金融，2019, 230(02):48-52.

② 金耀．数据产业法律规制路径研究——以美国数据经纪人制度为视角 [J]. 司法改革论评，2017(2).

公司以用户的电费支付状况为依据进行个人分期付款评估，开启了德国数据经纪产业发展的先河。而在美国，19 世纪 60 年代，纽约布鲁克林出现了第一家信用局，成为美国数据经纪市场萌芽的标志。[①]19 世纪末期，Equifax 公司成立，如今已经成为美国三大个人征信机构之一。20 世纪初，消费者数据行业协会（CDIA）成立，主旨是促进全国的消费者信用信息共享，成为消费者信用报告行业的代言人。[②]20 世纪中叶，信用卡产业迅速发展，客户量的大量增长使得银行等金融机构对数据经纪产生旺盛需求，信用机构大量兴起，向金融机构提供客户信息，发现潜在贷款人。20 世纪 70 年代。Claritas 公司推出一种“生活方式细分系统”，通过分析消费者数据，为营销人员提供客户偏好信息。20 世纪 80 年代，Fair Isaac Corporation（FICO）公司成立，创建信用评分模型，为各大银行沿用至今。

进入电子化时代，数据经纪人产业依托大数据分析技术得到快速发展。例如，成立于 1969 年，总部设在美国阿肯萨斯州的 Acxiom 公司，为营销活动和欺诈检测提供消费者数据和数据分析服务，数据库中包含了全球 7 亿消费者的信息，如今分公司已经遍及全球 12 个国家。[③]Datalogix 是知名数据收集公司，为企业提供美国家庭的营销数据，以及超过一万亿美元的消费交易数据。2012 年，Facebook 与 Datalogix 合作，利用大数据技术分析用户数据评估广告效果。 Rapleaf 是美国互联网数据集成商，拥有一个以上能够连接百分 80% 以上美国用户电子邮件地址的数据点以及 30 多个多元化类

① 张吉光 . 美国个人征信体系介绍 [J]. 经济界 , 2003, 000(001):78-80.

② 宋湘燕 , 巴晶铝 . 美国个人征信市场发展 [J]. 中国金融 , 2017(04):81-82.

③ 百度百科：https://baike.baidu.com/item/acxiom/4471252?fr=aladdin. 访问日期：2020-08-11。

型数据点，此外，该公司也在其电子邮件地址列表中增补电子邮件用户的年龄、性别、婚姻状况等个人信息。① 进入 21 世纪以来，各国已形成大量数据经纪人公司，收集分析数据，满足市场需求，见下表。

编号	国别	名称	业务类型
1	美国	Factual	位置相关数据集
2		Iofochimps	在线的数据集市，主要数据集中在地理位置、社交以及网络
3		Microsoft Azure	开放而灵活的企业级云计算平台，旨在为开发者提供一个平台，帮助开发可运行在云服务器、数据中心、Web 和 PC 上的应用程序
4		DataBroker DAO	针对物联网传感器数据
5		Acxiom	为营销活动和欺诈检测提供消费者数据和分析
6	美国	Corelogic	根据财产信息以及消费者和财务信息向企业和政府提供数据和分析服务
7		Datalogix	为企业提供几乎每个美国家庭和超过一万亿美元的消费者交易的营销数据
8		eBureau	为市场营销人员、金融服务公司、线上零售商等提供预测性评分和分析服务
9		ID Analytics	用于验证人员的身份或确定交易是否可能存在欺诈行为
10		Intelius	为企业和消费者提供背景调查和公共记录信息
11		PeekYou	拥有专利技术，可分析来自 60 多个社交媒体网站、新闻来源、主页和博客平台的内容，为顾客提供详细的消费者资料
12		Rapleaf	数据整合商
13		Recorded Future	收集互联网上的消费者和公司的历史数据，并使用这些信息来预测这些消费者和公司的未来行为
14	英国	ODI（The Open Data Institute）	全球首个非营利性的开放式数据研究所
15	法国	date.gouv.fr	公开的数据平台，以便于公民自由查询和下载公共数据。数据涉及国家财政支出、空气质量、法国国家图书馆资源等
16	日本	Fujitsu（富士通）	提供全方位的技术产品、解决方案和服务

① 启示录丨数据交易发展模式之美国篇：https://www.sohu.com/a/117889199_353595. 访问日期：2020-08-11。

3. 数据经纪人发展现状

根据 2014 年 FTC 发布的《数据经纪人：呼吁透明度和问责制》报告，将美国现有的数据经纪人根据不同业务类型分为三种模式：

（1）提供市场营销服务的数据经纪人

此类型主要用于满足商业需求或市场营销目的，数据经纪人提供直接营销、线上营销和营销分析三种服务。

首先，在直接营销中包括数据添附和营销名单两种。数据添附中，数据经纪人的客户提供目标消费者的部分信息，要求数据经纪人附加完善更多的信息，以便在后续业务中更加有针对性地进行营销活动。例如，客户可以提供目标消费者的姓名和地址，要求数据经纪人提供前述消费者的电话号码、邮箱地址等信息。营销名单服务中，数据经纪人可以根据客户拟定的目标属性，为其提供符合该属性的消费者信息，以便针对这些具备特定属性的消费者定向推送相关产品和服务。

其次，在线上营销中包括注册定向、协作定向和载入三种。注册定向主要服务于注册网站。当注册网站想为用户提供个性化的服务内容推送，或者在网站提供对用户更有吸引力的第三方广告，则可以将注册用户名单提供给数据经纪人进行分析，由数据经纪人提供相应的分析结果。协作定向主要服务于第三方广告商和注册网站，用于当广告商选择在某网站进行广告投放时，为双方对潜在消费者和预期效益进行分析，并且在不披露各自消费者信息的情况下，由数据经纪人这一第三方数据服务商对双方消费者信息进行交叉分析，从而为后续合作提供参考。最后一种载入服务指数据经纪人将线下数据添加到 Cookie（线下数据载入过程）以使广告商几乎可以将互联网上任何位置的消费者作为目标的过程。这个过程允许广告商使用消费者的线下活动来确定在互联网上为他们提供的广告。

最后，营销分析主要是为客户提供营销后分析，可以使其更准确地定位消费者进行广告活动、改进产品和活动信息，并获得关于消费者态度和偏好的见解和信息。

（2）提供风险缓解服务的数据经纪人

此类型主要用于安全目的，以保障日常交易安全或避免欺诈行为。该项服务下包括身份验证和欺诈检测两类。其中，身份验证用于协助客户识别确认消费者身份，从而在交易过程中减少欺诈等问题的出现。验证服务采用的信息多为消费者明知，但不能被身份盗窃者获取的内容。在欺诈检测服务中，数据经纪人可以提供信息帮助其客户验证消费者提交信息的可靠性或真实性，以及帮助发生数据泄露事件的公司验证遭泄露的数据是否存在不当使用的情况。

（3）提供人员搜索服务的数据经纪人

此类型主要针对个人提供，但并不排除机构组织使用。客户可以利用人员搜索服务追踪他人活动，查找记录等。数据经纪人提供的信息大多来源于政府或其他公共来源，如社交媒体网络等。该项服务还允许客户仅提供至少一个属性来进行搜索，如提供姓名、地址、电话号码等。

4. 典型交易平台模式考察——以 DataBroker DAO 为例

DataBroker DAO 作为首个直接将数据所有者和采购者联系在一起的物联网传感器数据集市，为传感器数据交易提供平台。该平台主要由传感器所有者、网关运营者、数据购买者和数据处理者构成。具体而言：

传感器所有者即数据出售者，他们将自身拥有的传感器数据通过DAO平台进行出售。数据购买者是从平台购买数据的利益相关者，他们分为两种群体，一种是出于自身使用目的获取原始数据的购买者，另一种是获取原始数据后，进行再加工，对原始数据进行转化、充实，给数据以新的附加值后再到DAO平台出售的购买者。此时，该类型的购买者称为数据处理者。此外，在平台交易过程中，还包括网关运营者，他们负责公开所运营的网关以让传感器所有者在平台上出售自身数据。对于盈利模式，传感器所有者获得收入的80%，网关运营者获得10%，DAO平台获得10%（见图3[①]）。

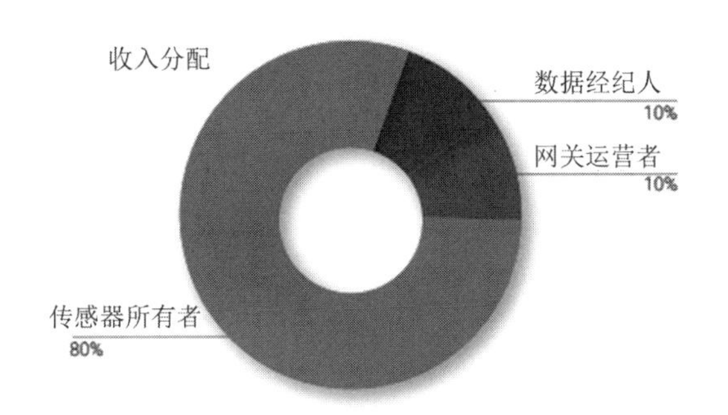

图3　DataBroker DAO数据交易集市收入分配模式

（二）我国数据交易现状

我国拥有庞大的网民规模，[②]形成的海量数据环境中催生市场对数据价值的旺盛需求。根据《贵阳大数据交易观山湖公约》，数据

① 图片来源于Data Broker DAO《本地数据的全球化市场》白皮书。

② 中国互联网络信息中心（CNNIC）第41次《中国互联网络发展状况统计报告》显示，截至2017年12月，中国网民规模达7.72亿，普及率达到55.8%，超过全球平均水平（51.7%）4.1个百分点，超过亚洲平均水平（46.7%）9.1个百分点. http://cnnic.cn/gywm/xwzx/rdxw/201801/t20180131_70188.htm. 访问日期：2018-08-16。

交易是将数据作为一种资产进行商品化后交易。首先，通过收集数据、加工处理数据、分析得出结论，使数据成为产品；然后，结合商业应用场景对产品经过再处理、再分析得出可视化结果；最后，通过合理的数据交易规则将数据产品和可视化结果出售给数据需求方。近年来我国数据交易市场发展迅速，已成立十余家数据交易平台。

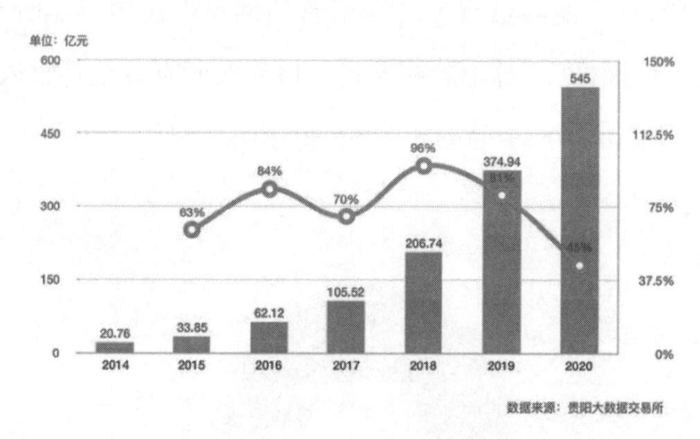

图 4　2014—2020 年中国大数据交易市场规模及增长率①

我国数据交易所根据成立部门或结构形式不同，可分为政府类产业联盟类和商业类（部分列举见表 1），数据供需方涉及政府部门、商业机构、个人等多重主体。具体如下：

（1）政府类平台

以贵阳大数据交易所为例，该交易所会员有在贵阳大数据交易所进行大数据交易的资格。大数据交易以电子交易为主要形式，通过线上大数据交易系统，撮合客户进行大数据交易，并定期对数据供需双方进行资格评估认定。除了提供大数据交易外，贵阳大数据交易所还提供数据清洗、建模、分析服务，协助大数据供应商将数

① 图片来源于贵阳大数据交易所《2016 年中国大数据交易产业白皮书》。

据价值提炼出来，变成可以交易的数据资产。而数据需求方可以在交易所提出购买需求，交易所将全方位整合数据供应商的数据源，满足购买方的一切数据需求。

在此过程中，交易所对交易数据本身进行清洗、建模和分析操作，对于数据本身的安全性和脱敏程度有一定保障，潜在面临的法律与合规风险较低，加之会员资格限制和交易所的背书，使得数据交易可靠程度较高。但与此同时，交易所对数据进行的操作要求交易所本身拥有较为全面且可信的数据清洗水平，在保障数据安全性的同时避免数据价值的过度流失。①

（2）产业联盟性质的交易平台

与贵阳大数据交易所参与数据处理的模式不同，中关村大数据交易产业联盟下的平台本身不存储和分析数据，而是作为中立的第三方参与数据交易过程，仅为数据供需双方提供交易平台。

（3）商业类平台

以数据堂为例，作为商业化的数据平台，数据堂主要是依据数据需求方要求，运用网络爬虫程序、众包等途径收集相应数据，经整理、校对、分析等处理后出售，或者与其他数据拥有者合作，通过对数据进行整合、编辑、清洗、脱敏，形成数据产品后出售。在此过程中，大多数情况下只有数据堂和数据需求方两方主体参与。

此种模式下，双方直接就数据需求进行交流，门槛较低，并且数据收集和交易更具针对性，使得数据价值和使用效益更高。但是，由于缺少第三方机构监管，对于交易双方的合规要求和自觉性要求较高，易催生违法违规行为。

① 庄金鑫．三类大数据交易平台模式和优劣势分析 [J]. 中国工业评论 ,2016(10):109-111.

表1　我国数据交易平台列举

编号	名称	简介	性质	网址
1	贵阳大数据交易所	我国首个大数据交易所，贵阳大数据交易所发展会员数目突破2000家，已接入225家优质数据源，经过脱敏脱密，可交易的数据总量超150PB，可交易数据产品4000余个，涵盖三十多个领域，成为综合类、全品类数据交易平台	政府类	
2	武汉东湖大数据交易中心	我国最早探索并实施“政务数据运营解决方案”的服务机构	政府类	http://www.chinadatatrading.com/
3	华东江苏大数据交易中心	经国家批准的华东地区首个领先的跨区域、标准化、权威性省级国有大数据资产交易与流通平台，2015年11月成立于国家级大数据产业基地——江苏盐城大数据产业园，承担助推江苏省国有数据增值开放流通、大数据产业发展之重任	政府类	http://www.bigdatahd.com/
4	陕西西咸新区大数据交易所	国内首个围绕“一带一路”经济带的大数据交易平台	政府类	
5	河北大数据交易中心	首家开展数据资产证券化的服务机构、华北地区第一家数据资产交易平台	政府类	
6	上海数据交易中心	经上海市人民政府批准，上海市经济和信息化委、上海市商务委联合批复成立的国有控股混合所有制企业。承担着促进商业数据流通、跨区域的机构合作和数据互联、政府数据与商业数据融合应用等工作职能	政府类	https://www.chinadep.com/index.html
7	哈尔滨数据交易中心	哈尔滨数据交易中心由黑龙江省政府办公厅组织发起并协调省金融办、省发改委、省工信委等部门批准设立。面向全国提供数据交易服务的创新性交易场所，采用“政府指导，市场化运作”模式，提供完整的数据交易、结算、交付、安全保障、数据资产管理和融资等服务	政府类	
8	中关村大数据产业联盟	成立于2012年12月，一直致力于推动大数据产业的发展。国内首个面向数据交易的产业组织	产业联盟	
9	数据堂	中国人工智能数据服务行业第一家挂牌新三板企业	商业类	
10	中关村数海大数据交易平台	全国第一家数据交易平台，推动数据的流通，发挥数据的商品属性，促成数据交换、整合，将真正带动大数据产业繁荣。	商业类	

续表

编号	名称	简介	性质	网址
11	华中大数据交易所	我国首个全网系大数据交易平台，是国内首个独立同时支持个人和机构用户的综合实时在线交易系统	商业类	
12	钱塘大数据交易中心	工业大数据应用和交易平台	商业类	http://www.qtbigdata.com/index.html
13	数据星河	是全球首款大数据产业链生态平台，基于国际主流的大数据生态技术研发，结合先进的大数据资产运营理念，汇聚全球近千家大数据公司	商业类	
14	优易数据	国家信息中心发起，国内首家拥有国家级信息资源的数据平台	商业类	https://www.youedata.cn/companyprofile/
15	数据宝	全国首家省部共建的大数据资产运营管理平台，首个大数据双创平台	商业类	https://www.chinadatapay.com/
16	数粮	大数据领域的流通平台，供数据资源和大数据技术应用产品进行交易，支持 API 接口、数据包下载、定制等交易模式	商业类	
17	百度智能云云市场	由百度智能云建立的云计算软件或商品的交易与交付平台，下设多个商品品类，包括镜像环境、建站推广、企业应用、人工智能、数据智能、区块链、泛机器人、软件工具、安全服务、上云服务、API 服务等，商品数量数千种	商业类	https://cloud.baidu.com/market/list/125
18	京东万象	以数据开放、数据共享、数据分析为核心的综合性数据开放平台，拥有的数据类型主要包括金融、征信、电商、质检、海关、运营商数据	商业类	https://wx.jdcloud.com/
19	聚合数据	主要提供两种核心服务：以 API 数据接口的形式，提供数据服务；以大数据技术，提供数据应用服务。	商业类	https://www.juhe.cn/

（三）国内外典型数据交易违规事件

1. Torch ConceptS、JetBlue 航空公司、Acxiom 公司违规披露案

2003 年，美国电子隐私信息中心（EPIC）[①] 向 FTC 投诉，认为美国 JetBlue 航空公司和 Acxiom 公司在进行数据交易和披露的过程中

① 电子隐私信息中心（EPIC）成立于 1994 年，属于非营利性公共利益研究组织，主要活动包括审查政府和私营部门的政策及实践，以确定对个人权利的潜在影响。

未尽到应有的消费者通知义务，并且违反自身隐私政策，存在欺诈行为。[①]

在投诉中，EPIC 表示，2002 年，美国陆军部队雇佣 Torch Concepts 研究“公私记录将如何帮助军事基地免受恐怖分子或其他敌人的攻击”。因此，2002 年，Torch Concepts 在运输安全管理局的协助下，从 JetBlue 获取超过 150 万乘客的行程信息，包括乘客姓名、住址和电话号码。同年 10 月，Torch Concepts 又从 Acxiom 公司购买了前述 150 万乘客中 40% 的人口统计数据，包括性别、经济状况（收入等）、子女数量、社会安全号码等。2003 年 2 月，Torch Concepts 在公开会议上以“国土安全航空乘客风险评估”为题进行公开演讲，内容涉及基于上述数据进行的研究成果。该报告披露了一名 JetBlue 乘客的“异常人口统计数据”，涉及住址、社交安全号码、生日等信息，尽管并不能通过名字识别该乘客。此外，该演讲用演示文稿直至 2003 年 9 月都可以在网站公开获取。

对此，EPIC 认为 JetBlue 在隐私政策中表明“本网站收集的财务和个人信息不与任何第三方共享”，Acxiom 表明“不会向个人提供任何信息，不论是公共还是非公开信息。Acxiom 也不允许其客户向个人提供任何非公共信息。”同时，没有证据证明两家公司就此次数据交易通知受影响的消费者，或获取同意。因此，EPIC 认为 JetBlue 构成欺骗性贸易，Acxiom 构成不公平和欺骗性贸易，要求 FTC 调查两家公司的信息收集和传播实践，通知受交易影响的所有个人，他们的个人信息已向 Torch Concepts 披露；在今后以此方式传播信息的过程中获得消费者明确同意、罚款等处罚。

① https://epic.org/privacy/airtravel/jetblue/ftccomplaint.html. 访问日期：2018-08-14。

2. ChoicePoint 违规交易案

ChoicePoint① 是美国最大的数据经纪公司之一。该公司向超过 50000 家企业出售消费者的个人信息，包括姓名、社会安全号码、出生日期、就业信息和信用记录等。

2004 年 9 月 27 日，ChoicePoint 发现一些位于洛杉矶的小企业客户从事可疑活动。随后，该公司将这一情况通报给警方，但没有通知受数据泄露影响的个人。直至 2005 年 2 月，该公司依法向 35000 名加利福尼亚消费者通报了该情况。随后，在社会舆论压力下，该公司进一步向涉及数据泄露的 128000 名美国居民通报了该情况。据调查，此次数据泄露至少导致 800 起身份盗窃案件。

2006 年，FTC 就此次事件对该公司进行处罚。FTC 表示 ChoicePoint 将大量消费者信息出售给用于身份窃取的犯罪分子。② 该公司没有对潜在客户通过合理程序进行筛选，并且将消费者的敏感个人信息转交给明显带有“危险信号”的客户。此外，FTC 表示 ChoicePoint 的客户甚至存在个人认证信息虚假的情况。

对此，FTC 认为 ChoicePoint 违反了《公平信用报告法》（FCRA），向没有合理数据获取目的的客户提供消费者报告和信用历史。此外，该公司没有通过合理的程序验证客户身份以及数据获取目的。FTC 最终要求该公司支付 1000 万美元的民事罚款，③ 并向消费者补偿 500 万美元，这是当时 FTC 历史上最大的民事罚款。此外，FTC 要求该

① 2008 年 2 月，Reed Elsevier（LexisNexis 的母公司）以 41 亿美元收购该公司。该公司更名为 LexisNexis Risk Solutions.

② https://www.ftc.gov/news-events/press-releases/2006/12/ftc-launches-redress-program-choicepoint-identity-theft-victims. 访问日期：2018-08-12。

③ https://www.ftc.gov/news-events/press-releases/2006/01/choicepoint-settles-data-security-breach-charges-pay-10-million. 访问日期：2018-08-12。

公司实施新程序，以确保仅向出于合法目的的合法企业提供消费者报告，并建立和维护全面的信息安全计划，每隔一年由独立的第三方安全专业人员进行审核，直至 2026 年。

3. Sitesearch Corp、LeapLab LLC、Leads Company LLC 违规交易案

2014 年 12 月，FTC 向美国地方法院提起诉讼，[①] 指控 Sitesearch Corp、LeapLab LLC、Leads Company LLC 在没有消费者知情或同意的情况下，向非贷方出售消费者发薪日贷款[②] 申请信息，涉及消费者金融账号、社交安全号码及其他敏感个人信息。其中，一名被告的客户 Ideal Financial Solutions 公司使用敏感的消费者信息对其金融账户进行未经授权的借记，并且被告知道或有理由知道该公司的行为。

2006 年至 2013 年底，被告作为数据经纪人，从数千个发薪日贷款网站收集消费者的贷款申请信息，并销售给包括欺诈者、垃圾邮件发送者和电话推销员在内的非贷款方。2009 年至 2013 年期间，Ideal Financial Solutions 从数据经纪人处购买至少 220 万消费者的财务信息，并用以从消费者的银行账户中购买未经消费者同意的所谓金融产品。仅使用被告提供的消费者信息，Ideal Financial 从消费者银行账户中扣除了至少 412 万美元。

对此，FTC 要求法院对被告签署永久禁令，承担消费者损失，

---

① https://www.ftc.gov/news-events/press-releases/2014/12/ftc-charges-data-broker-facilitating-theft-millions-dollars. 访问日期：2018-08-14。

② 发薪日贷款（payday loan）是短期、高费用、无担保贷款的通用名称，通常用于向消费者提供预期即将到来的薪水所需的资金。发薪日贷款网站通常会帮助消费者获得发薪日贷款。为此，他们要求消费者填写申请，大多包含姓名、地址、电话号码、雇主、社会安全号码和银行帐号等。

包括但不限于撤销或更新合同、恢复原状、退还已支付的款项等。

（四）数据交易的行业规范

我国大数据交易行业发展已有一段时间，但目前尚未专门针对数据交易进行立法规制。各数据交易中心多通过平台规则、行业公约等形式为数据交易划定行为边界。平台规则层面包括上海数据交易中心、哈尔滨数据交易中心等，行业公约方面涉及贵阳大数据交易所的《贵阳大数据交易观山湖公约》，中关村大数据产业联盟的《中关村大数据产业联盟行业自律公约（试行版）》等。经过梳理，无论是平台规则还是行业公约，内容主要涉及以下方面：

1. 限制数据流通范围

（1）行业规范层面

美国DMA协会《道德商业实践指南》（Guidelines for Ethical Business Practice）[①] 要求营销数据不得用于以下目的：①就业资格：对个人雇佣、晋升、再分配、处罚或留任产生不利条件或取消备选资格的；②信用评级：对个人信贷产生不利条件或取消备选资格的；③医疗保健治疗资格：对个人接受医疗保健治疗产生不利条件或取消备选资格的；④保险资格、承保、定价：对个人保险产生不利条件或取消备选资格的，包括但不限于健康保险。此外，尽管有其他规定，但信用卡号、支票账号和借记账号都被视为敏感的个人数据，因此，

① DMA《道德商业实践指南》旨在为所有媒体中参与数据驱动营销的个人和实体提供普遍接受的行为准则。这些指南反映了DMA在数据管理和营销方面维持最高道德水平的长期政策。DMA认为，DMA、协会成员以及参与数据和营销的所有实体都有责任开发基于公平和道德原则的可信赖的消费者关系。https://thedma.org/accountability/ethics-and-compliance/dma-ethical-guidelines/. 访问日期：2018-08-16。

如果消费者希望数据保密，则不得交换、出租、出售、允许访问或转移营销。此类金融账号不应公开显示在营销促销活动中或以其他方式公开。最后，社会安全号码也被视为个人敏感信息，因此第三方在自身营销过程中不得转让、出租、出售或交换，也不应公开在营销促销活动或以其他方式显示。另外，禁止使用社会安全号码进行营销，除非用于欺诈识别、身份验证、数据匹配、数据准确性和完整性。

《贵阳大数据交易观山湖公约》禁止流通交易的数据：涉及国家机密等受法律保护的；危害国家安全，泄露国家机密，颠覆国家政权，破坏国家统一的；损害国家荣誉和利益的；煽动民族仇恨、民族歧视，破坏民族团结的；破坏国家宗教政策，宣扬邪教和封建迷信的；散布谣言，扰乱社会秩序，破坏社会稳定的；散布淫秽、色情、赌博、暴力、凶杀、恐怖或者教唆犯罪的；侮辱或者诽谤他人，侵害他人合法权益的。涉及他人知识产权、商业秘密、个人信息等权利的数据，除非取得权利人的明确许可，否则禁止在交易平台上交易。

中关村大数据产业联盟属于产业联盟性质，对于会员的管理通过自律公约实现。在2017年12月签订的《中关村大数据产业联盟行业自律公约（试行版）》中，要求会员不制作、发布或传播危害国家安全、危害社会稳定、违反法律法规的数据信息。不窥视、不转让、不传播、不交易违反国家法律法规规定，以及未经用户授权的数据信息。

（2）平台规则层面

美国Factual平台规则[①]显示，禁止用户上传非法、侵犯他人名

① https://www.factual.com/terms-of-service/. 访问日期：2018-08-03。

誉、诽谤、虚假、欺诈、淫秽或其他令人反感的内容；与所处知识领域无关、不准确或不具代表性的内容；包含计算机病毒或其他代码的内容，可以破坏平台或其他第三方计算机系统；侵犯第三方权利或协议的内容。同时，该平台禁止用户（包括但不限于）删除版权或所有权声明；通过自动化方式创建用户账户；冒充他人或实体；以及将服务用于非法目的。

我国上海数据交易中心的《数据流通禁止清单》中指明三类禁止进行制作、复制、发布和传播的数据。具体包括危害国家安全和社会稳定的、涉及特定个人权益的以及涉及特定企业权益的。在涉及特定个人权益的数据中，包括未经个人授权的可直接识别到特定个人的身份数据、敏感数据和财产数据。

哈尔滨数据交易中心的平台规则要求用户在交易中心发布信息应遵循合法、真实、准确、有效、完整的基本原则，对自己发布的信息独立承担全部责任；不得包含违反国家法律法规、涉嫌侵犯他人合法权益或干扰交易中心运营秩序等相关内容。同时，平台规则对违禁数据商品信息发布、违规数据商品信息发布行为规定惩罚措施。

华中大数据交易所的平台规则禁止涉及以下内容的数据进行交易：①涉及国家秘密和个人信息等受法律保护的数据；②涉及他人知识产权和商业秘密等权利的数据，除非取得权利人明确许可，禁止在交易平台上交易；③涉及以下内容的数据；反对宪法所确定的基本原则的；危害国家安全，泄露国家秘密，颠覆国家政权，破坏国家统一的；损害国家荣誉和利益的；煽动民族仇恨、民族歧视，破坏民族团结的；破坏国家宗教政策，宣扬邪教和封建迷信的；散布谣言，扰乱社会秩序，破坏社会稳定的；散布淫秽、赌博、暴力、凶杀、恐怖或者教唆犯罪的；侮辱或者诽谤他人，侵害他人合法权益的；含有法律、行政法规禁止的其他内容的。

2. 重视个人信息保护

（1）行业规范层面

《中关村大数据产业联盟行业自律公约（试行版）》要求会员自觉维护消费者的合法权益，保守用户数据隐私；不得利用用户提供的数据从事任何与向用户做出的承诺无关的活动，不利用技术或其他优势侵犯消费者或用户的合法权益。

（2）平台规则层面

美国Factual的隐私政策表明，Factual会收集用户的联系信息，包括姓名、电子邮件地址等。

2016年7月，中国信通院、中国电子科学技术研究院、中国联通、中国电信、阿里巴巴、京东、360等单位共同发布的《数据流通行业自律公约》v2.0中对个人信息安全加以明确保护。具体而言，公约明确用户对其个人数据享有合法权益。个人数据的采集、共享、交易、转移等应明确告知用户，并经用户同意或取得其他合法授权。企业对其合法、正当途径采集、获取、生成的数据享有合法权益。不通过非法手段或违背他人意愿侵入、窃取、交易他人享有合法权益的数据，不使用非法获取或来源不明的数据。企业应充分尊重用户需求及合法权益，依法保障用户在其个人数据流通中享有的选择、获取、更正、退出、删除等权利。此外，企业应强化数据流通各环节的风险评估。涉及个人隐私的，应经用户同意或进行必要的脱敏处理。非经合法授权，不得共享涉及国家安全及公共安全的数据。

上海数据交易中心的《个人数据保护原则》标准中明确合法原则、

隐私管理原则、身份保护原则、同意原则、有限原则、个人参与原则、维权原则、责任原则。具体而言，要求个人数据的收集、使用应当遵循合法、正当和必要原则，明示收集、使用数据的目的、方式和范围。此外，可直接识别特定个人身份的标识与其他个人数据应当分别存管和处理，并确保进行共享和流通的数据已经去除可直接识别个人身份的标识，禁止在任何情况下擅自公开或向第三人提供带有身份标识的个人数据。

《钱塘大数据交易平台规范》要求卖家数据产品不涉及任何个人隐私，如发生，需第一时间配合平台下架并承担因此产生的任何法律责任。此外，要求商户所进行的数据产品销售必须为产品版权负责，并且承诺该数据产品不涉及用户隐私信息，或已取得相应的权限，并为数据版权承担全部责任。钱塘大数据交易平台会不定时抽查，如发现有上述情况发生，钱塘大数据交易平台有权终止合作。

（五）数据交易实践的特点

1. 数据交易规模与领域不断丰富，但数据类型仍有限制

当前数据交易规模不断扩大，涉及消费者群体数量和数据类型日益丰富。根据美国参议院商业、科学和运输委员会（Committee on Commerce、Science、and Transportation）发布的《数据经纪人产业调查：营销目的的消费者数据收集、使用和销售》（A Review of the Data Broker Industry: Collection、Use、and Sale of Consumer Data for Marketing Purposes）报告[①]显示，数据经纪人收集了数亿计个的

① https://www.commerce.senate.gov/public/_cache/files/0d2b3642-6221-4888-a631-08f2f255b577/AE5D72CBE7F44F5BFC846BECE22C875B.12.18.13-senate-commerce-committee-report-on-data-broker-industry.pdf. 访问日期：2018-08-16。

人口统计数据，涉及消费者姓名、地址、电话号码、电子邮件地址、性别、年龄、婚姻状况、家庭中儿童的存在和年龄、教育程度、职业、收入水平、政治派别，以及有关其家园和其他财产的信息。此外，数据经纪人还收集有关个人的其他类别信息。例如：①消费者购买、交易信息，以及购买频率，无论该购买行为是通过目录、在线还是线下方式进行的；②消费者可用的付款方式，包括信用卡类型和开卡日期；③汽车购买信息，包括购买的汽车品牌和型号，或消费者喜欢新车还是二手车；④消费者健康状况；⑤社交媒体活动，包括消费者的朋友和关注者数量，以及他们是否观看 YouTube 视频等。

但是，数据流通交易并不包含所有类型的数据，可流通的内容不能涉及危害国家安全、企业商业机密、个人隐私等信息。以我国贵阳大数据交易中心为例，根据《中华人民共和国政府信息公开条例》，贵阳大数据交易所可流通交易的数据类型有30多个数据品种，包括两类：政府政务数据、行业发展数据。

其中，可公开流通的政府政务数据：①政府审批信息数据；②财政预算决算和“三公”经费数据；③保障性住房信息数据；④食品药品安全信息数据；⑤环境保护信息数据；⑥安全生产信息数据；⑦价格和收费信息数据；⑧征地拆迁信息数据；⑨以教育为重点的公共企事业单位信息数据。可公开流通的行业发展数据包括：医疗、金融、电商、媒体社交、教育、交通、物流、零售、能源等各行业各领域的发展数据。

禁止流通交易的数据：①涉及国家机密等受法律保护的数据；②涉及他人知识产权、商业秘密、个人信息等权利的数据，除非取得权利人的明确许可，否则禁止在交易平台上交易；③涉及以下内容的数据，禁止在交易所进行交易：危害国家安全，泄露国家机密，颠覆国家政权，破坏国家统一的；损害国家荣誉和利益的；煽动民族仇恨、民族歧视，破坏民族团结的；破坏国家宗教政策，宣扬邪教和封建迷信的；散布谣言，扰乱社会秩序，破坏社会稳定的；散布淫秽、色情、赌博、暴力、凶杀、恐怖或者教唆犯罪的；侮辱或者诽谤他人，侵害他人合法权益的。

2. 大部分数据不直接从消费者处获取，数据经纪人之间数据交易频繁

根据数据经纪人向美国参议院贸易、科学和运输委员会反馈的信息显示，数据经纪人主要从五个途径获取消费者数据：政府记录和其他公共数据；从其他数据经纪人处购买或许可的信息；与其他公司的合作协议；消费者自我报告，通常通过调查、问卷和抽奖活动获得；社交媒体。

其中，数据经纪人通过保修卡、抽奖活动和其他类型的调查，以线上或线下的方式直接从消费者处获取信息。这些调查一般涉及有关家庭人口统计、收入水平、购物偏好以及健康、保险等其他个人相关信息。例如，一些调查会询问家庭中是否有人患有糖尿病，或家庭目前拥有或计划获得什么类型的保险。但数据经纪人表示他们会告知消费者，其提供的信息可能会被共享用于营销目的，以换取参加抽奖或其他奖品的机会。但是，调查一般不表示他们与特定数据经纪人有关。

此外，数据经纪人不仅向最终用户提供数据，还向其他数据经纪人提供数据。在 FTC 研究的 9 家数据代理中，大部分数据从其他数据经纪人获取，而不是直接从原始来源获取。

3. 数据交易过程中的个人信息保护制度欠缺，消费者退出机制不健全

在现有案例中，数据经纪人或数据服务公司多因个人信息保护不到位而受到处罚。在 Torch ConceptS、JetBlue 航空公司、Acxiom 公司违规披露案和 ChoicePoint 违规交易案例中，均存在数据经纪人交易个人数据，未通知消费者或取得其授权同意的情况，我国数据堂案件中也暴露出同样的问题。

因此，更大范围个人信息的收集和分析，在为消费者提供更有针对性的个性化定制服务的同时，也为个人信息保护带来一定挑战。在现有数据交易过程中，数据经纪人或公司并不直接从个人手中获取信息，并且各企业之间会进行相互的数据交易，使得个人难以确定数据获取的最初路径，以维护自身权益。

此外，现有的平台规则中缺失个人退出（opt out）机制。调查显示，数据经纪人通常会与其数据来源订立书面合同，内容多涉及拟提供数据的描述、传输方法、更新频率和使用限制等。大多数数据经纪人在合同中会声明数据来源保证其数据获取的合法性。但在被调查的九家典型数据经纪人中，只有两家在合同中要求数据来源保证其或其来源向消费者做出通知，告知消费者信息将与第三方进行共享，并且有选择退出共享的机制。例如，Acxiom 的政策是永久删除（delete）选择退出的消费者记录。然而，许多其他受访公司规定，当消费者选择不共享其信息时，公司不会删除消费者信息。例如，Epsilon 的政策表示，当消费者选择退出 Epsilon 时，Epsilon 将消费者信息标记为“不共享”（Do Not Share），而不是删除。Epsilon 这样做是为了保护消费者偏好，即如果消费者的信息被删除，Epsilon

以后将无从得知消费者要求他们的信息不被共享。当消费者被标记为“不共享”时，Epsilon 将得知他们不愿被共享的意愿，以防后续重新提交该消费者信息。Epsilon 坚持这一政策，以确保消费者的选择退出请求更具持久性。但值得注意的是，由于消费者通常不知道数据经纪人持有他们的信息，因此不清楚他们自己有选择退出权利，以及如何行使这些权利。

二、国内外数据交易政策法律现状及现实困境

随着数据价值的日益凸显，数据资源日益成为重要的生产要素和社会财富。欧美相继颁布了一系列的政策法律以促进数据利用。整体来看，欧美对于数据交易的规范一方面通过人格权保护（主要是隐私和个人信息）间接作用于数据利用秩序的建立，另一方面通过立法直接确立数据交易规则，并未在立法上对数据本身，例如数据的法律性质、数据权属等问题做出明确。

（一）欧盟数据交易政策法律现状

随着数据经济在全球范围内的飞速发展，欧盟也深刻认识到数据所蕴藏的巨大价值。欧盟表示数据驱动型创新是促进经济增长和提升就业的关键驱动因素，有助于提升欧洲在全球市场的竞争力。近年来，欧盟不断推动数据相关政策法律的出台（见表 2），以促进数据经济的发展。其中，提升数据的有效利用是欧盟制定数据经济政策法规的一大重要目标。

表 2：欧盟数据交易政策法律现状

规范性质	中文名称	英文名称
政策	2014 年《关于迈向繁荣的数据驱动型经济的通报》	COMMUNICATION FROM THE COMMISSION TO THE EUROPEAN PARLIAMENT, THE COUNCIL, THE EUROPEAN ECONOMIC AND SOCIAL COMMITTEE AND THE COMMITTEE OF THE REGIONS Towards a thriving data-driven economy
	2015 年《数字单一化市场战略》	Digital single market
	2017 年《关于构建欧洲数字经济的通报》	communication-building-european-data-economy
	2018 年《关于迈向共同的欧洲数据空间的通报》	COMMUNICATION FROM THE COMMISSION TO THE EUROPEAN PARLIAMENT, THE COUNCIL, THE EUROPEAN ECONOMIC AND SOCIAL COMMITTEE AND THE COMMITTEE OF THE REGIONS Towards a common European data space
规范性质	中文名称	英文名称
法律	1996 年《关于数据库法律保护的指令》	Directive 96/9/EC of the European Parliament and of the Council of 11 March 1996 on the legal protection of databases
	2016 年《通用数据保护条例》	General Data Protection Regulation
	2017 年《非个人数据自由流动条例》（提案）	Regulation on the free flow of non-personal data
	2018 年《公共部门信息的再利用指令》修订提案	Directive 2003/98/EC on the re-use of public sector information
	2018 年《关于获取和保存科学信息的建议》修订提案	Recommendation on access to and preservation of scientific information

1. 政策层面

（1）2014 年《关于迈向繁荣的数据驱动型经济的通报》

2014 年 7 月，欧盟委员会发布了《关于迈向繁荣的数据驱动型经济的通报》（COMMUNICATION FROM THE COMMISSION TO THE EUROPEAN PARLIAMENT, THE COUNCIL, THE EUROPEAN ECONOMIC AND SOCIAL COMMITTEE AND THE COMMITTEE OF THE REGIONS Towards a thriving data-driven economy）。

在该文件中，欧盟表示，在数据经济的发展方面，欧盟存在数据研究和创新的资金缺乏、法律环境复杂以及企业特别是中小企业无法获取大量数据集等问题。委员会强调，要建立适当的政策框架，以提供法律的确定性并促进涉及大数据的业务运作。为实现该目标，委员会表示要促进数据更便利地获取和再利用，消除数据访问不必要的障碍和限制，统一数据再使用规则来降低企业的交易成本。

（2）2015 年《数字单一化市场战略》

2015 年 5 月，为迎接数字革命为欧洲带来的机遇，欧盟提出了“数字单一市场”（Digital single market）战略。该战略旨在确定一个监管框架，用以解决和消除数据自由流动的障碍和限制，以保障欧洲民众和企业能够无障碍地、公平地访问在线商品和服务，同时打破监管壁垒，将 28 个成员国市场转化为单一的欧盟市场，以促进欧洲数字经济增长潜力的最大化。

通过该战略，欧盟委员会表示企业非个人数据再利用方面面临诸多挑战。鉴于此，欧盟委员会在数字化单一市场战略框架内宣布了“数据自由流动”计划，其中也包括企业间的数据共享。

（3）2017 年《关于构建欧洲数字经济的通报》

2017 年 1 月，欧盟委员会发布了《关于构建欧洲数字经济的通报》（communication-building-european-data-economy）。文件认为，要促进数据经济的繁荣，企业应当能够访问大量不同的数据集，同时确保充分尊重个人数据保护。通过该文件，欧盟主要讨论两个问题：成员国对企业施加的数据本地化限制；企业间数据访问和转移的障碍。

欧盟指出，企业间数据访问和转移的障碍包括以下内容：①部分数据供应商自己保存其机器生成的数据，不积极共享；②缺乏访问或使用数据的用户友好型工具；③数据估价困难等。

为了解决上述问题，委员会制定了一系列的政策目标，包括改进对匿名机器生成数据的访问、鼓励数据共享、对公司投资和资产的保护、对经济竞争背景下机密数据的保护等。为促进更多的数据共享和数据再利用，委员会强调完善相应的数据责任至关重要。

（4）2018年《关于迈向共同的欧洲数据空间的通报》

2018年4月25日，欧盟委员会发布了《关于迈向共同的欧洲数据空间的通报》（COMMUNICATION FROM THE COMMISSION TO THE EUROPEAN PARLIAMENT, THE COUNCIL, THE EUROPEAN ECONOMIC AND SOCIAL COMMITTEE AND THE COMMITTEE OF THE REGIONS Towards a common European data space）。在该文件中，欧盟表示需要采取进一步行动，以提高数据的有效利用率。

通过该文件，欧盟在现行数据保护立法的基础上，提出了一系列措施，作为迈向欧盟共同数据空间的重要举措。具体包括：①审查《公共部门信息再利用指令》的提案，促进公共部门信息的获取和再利用；②更新《获取和保存科学信息的建议》，促进科学信息的共享；③为私营部门之间的数据共享提供指南。

为促进公共部门信息的再利用，欧盟表示要通过降低公共部门信息再利用的费用，减少市场准入壁垒（尤其是对于中小企业）；通过建立更加透明的公私合作程序，降低风险；通过鼓励发布动态数据和采用应用程序编程接口（API）来增加商机。

对于私营部门之间的数据共享，欧盟认为私营部门的数据是欧洲创新和竞争力的关键驱动力，促进私营部门数据的获取和再利用是欧洲共同数据空间发展的主要基石，并提出了企业间的数据共享合同应遵循的原则：①透明度：合同应以透明和可理解的方式明确可以访问数据的个人或实体、数据的类型及详细程度、使用数据的目的。②价值共享：通过合同，各方应意识到，数据的生成源于多方贡献；③尊重彼此的商业利益：合同应解决数据持有者和数据用户的商业利益和商业秘密的保护问题；④确保不恶性竞争（Ensure undistorted competition）：合同应解决在交换商业敏感数据时确保不恶性竞争；⑤将数据封闭降至最小化（Minimised data lock-in）：提供数据的企业应尽可能允许和实现数据的可携带性。[①]

2. 法律层面

（1）1996年《关于数据库法律保护的指令》

1996年3月，欧盟颁布《关于数据库法律保护的指令》(Directive 96/9/EC of the European Parliament and of the Council of 11 March 1996 on the legal protection of databases，以下简称“数据库指令”)，赋予非原创数据库制作者对其数据库内容享有“特殊权利”。[②] 根据指令，数据库指经系统或有序的编排，并可通过电子或其他手段单独加以访问的独立作品、数据及其他独立材料的任何形式的汇编。根据该定义，欧盟《数据库指令》保护的对象既包括具有原创性的数据库，又包括非原创性的数据库。

针对非原创性数据库制作者，指令建立了“特殊权利”保护模式。

① https://eur-lex.europa.eu/legal-content/EN/ALL/?uri=COM:2018:0232:FIN#footnote10.

② 从各国立法例来看，数据库可以分为有原创性的数据库和非原创性的数据库。对于有原创性的数据库，各国的保护模式基本已达成共识，即通过著作权加以保护。对于非原创性的数据库，各国的立法例有所不同。美国方面，主要是通过合同法和反不正当竞争法加以保护，欧盟则是通过赋予非原创性数据库制作者以特殊权利加以保护。

对于非原创性数据库制作者，根据指令的规定，要获得保护必须对该数据库内容的获得、检验、编排等方面进行实质性投资。指令赋予了非原创性数据库制作者以下三项特别的权利：①摘录权。即禁止他人未经许可，永久或暂时地复制数据库的全部内容或数量上或质量上具有实质性的内容。②再利用权。即禁止他人未经许可，以发行、出租、在线传输的方式向公众提供全部内容或数量上或质量上具有实质性的内容；③摘录权和再利用权。即禁止他人未经许可，重复和系统地复制以及向公众提供与数据库的正常利用相冲突或损害数据库制作者的合法利益的数据库非实质性内容行为。①

整体来看，欧盟《数据库指令》所规定的"特殊权利"实际上赋予了非原创性数据库制作者一种较高程度的专有权，以规范他人对数据库内容的获取。

（2）2016年《通用数据保护条例》

2016年4月14日，欧洲议会通过了《通用数据保护条例》（General Data Protection Regulation，以下简称"GDPR"），2018年5月25日该条例开始正式实施。作为欧盟1995年颁布《欧洲议会和欧盟理事会关于保护涉及个人数据处理与数据自由流动的95/46/EC号指令》（以下简称"95指令"）后，隐私与数据保护领域20年来最引人瞩目的立法 变革，GDPR旨在赋予数据主体以个人数据控制力，在欧盟境内建立一个高水平的、统一的、适应数字时代的个人数据保护框架。GDPR通过强化知情同意规则的要求，新增被遗忘权、数据可携权等新权利，增设数据泄露通知、数据影响风险评估、数据保护专员等义务，加大违规处罚力度，全面提升了个人数据保护水平。

① 郑应龙．论非原创性数据库的法律保护[J]. 浙江学刊，2008（2）．

（3）2017年《非个人数据自由流动条例》（提案）

2017年9月13日，欧盟委员会发布《非个人数据自由流动条例（提案）》（Regulation on the free flow of non-personal data），旨在建立欧盟境内非个人数据的跨境自由流动框架。此外，为了建立欧洲数据经济，提案限制成员国目前施加的数据本地化要求的范围，以创造数据存储、处理服务和活动的竞争性市场。

为确保欧盟境内的数据自由流动，该提案提出五项措施，旨在废除不合理或不合适地阻碍企业选择储存或处理数据地点的成员国规定。成员国必须告知欧盟委员会其新的或现有的数据本地化要求。这五项措施如下：（1）除基于公共安全，不得将发生在欧盟境内的数据存储或其他处理服务的位置限定在特定成员国领土内，不得限制或禁止企业在任何成员国提供数据存储或其他处理服务；（2）成员国如果出台新的数据本地化要求或对原有数据本地化要求做出改变的，应通知欧盟委员会；（3）在该法生效之日起12个月内，成员国应废除数据本地化要求，如果成员国认为一项数据本地化要求符合前述规定而予以保留，应当告知欧盟委员会此项措施并说明理由；（4）成员国应将其领土内数据本地化要求的详情通过单一信息枢纽进行在线公布并随时更新；（5）成员国应告知欧盟委员会前述单一信息枢纽的地址，欧盟委员会在其网站上对此进行集中公布。

（4）2018年《公共部门信息的再利用指令》修订提案

2018年4月，欧盟提议修订《公共部门信息的再利用指令》（Directive 2003/98/EC on the re-use of public sector information）。

欧盟委员会建议：通过API等技术促进动态数据的实时可访问；限制允许公共机构针对重复使用其数据收取超过传播的边际成本的

费用的例外情形；将指令的适用范围扩展至公共事业持有的数据以及公共基金项目的研究数据；加强涉及公共部门信息的公私协议的透明度要求，避免排他性安排。

（5）2018年《关于获取和保存科学信息的建议》修订提案

2018年，欧盟提议修订《关于获取和保存科学信息的建议》（Recommendation on access to and preservation of scientific information）。新提议反映了数据管理、文本和数据挖掘（TDM）等领域的发展情况，且考虑到当前欧盟数据分析能力的增强及其在研究中的作用。阐明了研究人员分享数据的奖励制度问题，以及研究机构研究人员和工作人员的技能和能力问题。

3. 欧盟数据交易政策法律特点

（1）重视个人数据保护，抑制个人数据交易

作为个人数据保护的立法先驱，欧盟高度重视个人数据的保护。在欧盟，个人数据被提升到了基本人权的地位加以保护。从95指令到GDPR，欧盟的个人数据保护水平进一步提高。

首先，在数据主体的权利方面，欧盟高度重视数据主体对其个人数据的控制权，通过GDPR设置了严格的知情同意规则，也为数据主体设立了一个全方位的、高水准的权利机制，不仅包括传统个人数据访问权、更正权，还增设了被遗忘权、数据可携权等权利。其次，在数据控制者和处理者的义务设置方面，欧盟又通过GDPR为数据控制者和数据处理者设置了诸多义务和标准，包括提升了知情同意机制的要求，增设了数据保护专员、隐私设计、数据泄露通知、数据保护影响评估等义务，为数据安全和数据主体的权利提供了更全面的保障。

从欧盟现行立法来看，对于个人数据交易，欧盟并未在立法上加以明确禁止。但是，通过设置高水平的个人数据保护标准，欧盟实际上为个人数据的交易和共享设置了现实障碍。一方面虽然知情同意并非欧盟个人数据处理的唯一合法性基础，但是首要基础。在大数据时代，尤其是在数据交易的场景下，要遵守严格的知情同意规则实数难题。此外，个人数据的保护高要求大大提升了企业进行个人数据交易的成本和合规风险，稍有不慎，可能面临着高额的罚款。上述一系列措施很大程度上抑制了欧盟个人数据的交易。

此外，欧盟颁布的一系列的促进公共部门、私营部门数据共享的措施也仅限于针对非个人数据，并不涉及个人数据

（2）重视非个人数据有效利用，提升非个人数据的开放与共享

提升数据的有效利用率，促进数据的再利用是欧盟促进数据经济发展的一大核心理念。与个人数据更加重视数据的保护不同，欧盟在非个人数据方面则更加侧重于数据利用。

从 2015 年《数字单一化市场战略》明确提出数据自由流动计划，到 2017 年的《非个人数据自由流动条例》（提案），2018 年的《公共部门信息的再利用指令》和《关于获取和保存科学信息的建议》修订提案，欧盟一方面通过建立欧盟单一市场降低非个人数据的流动壁垒，另一方面旨在通过开放公共数据、促进企业间的数据共享以全方位地推进非个人数据的利用。

（3）尚未明确“数据所有权”“数据权属”等概念

随着数据经济的发展，关于数据利用如何监管，数据权利如何定性等问题在欧盟引发了激烈的争论。2018 年欧盟发布的《关于欧洲企业间数据共享的研究》（Study on data sharing between companies in Europe）报告显示，有大量证据表明不少总部设在欧洲经济区的企业一直在分享和再使用数据。该报告认为数据分享面临的障碍除了有技术和成本障碍外，还面临着法律障碍。法律障碍主要是“数据所有权”的不确定、数据合法利用的边界难以及界定等问题。同年，欧盟发布的《关于迈向共同的欧洲数据空间的通报》披露了 2017 年欧盟针对企业数据共享的调研结果。结果显示企业数据共享的利益相关方认为在欧盟数据经济发展现阶段，现有的监管框架是合适的，对欧盟企业间的数据共享进行立法还为时尚早，欧盟应当在坚持合同自由的基础上，确保数据市场自我发展。大多数利益相关者也不赞成引入新的“数据所有权”类型，支持欧盟提供非约束性的指导和分享最佳实施。例如：促进 API 的使用，以便更简单、更自动地访问和使用数据集；制定标准合同条款；提供欧盟层面的指导。[①] 从调查结果来看，企业间的数据共享的关键问题不在于所有权，而在于如何进行数据访问。

纵观欧盟政策及现行立法，在个人数据方面，欧盟提出了“个人数据保护权”理念。在企业数据方面，欧盟目前主要通过著作权、特殊权利、商业秘密以及合同法等诸多模式赋予了企业针对特定类型的数据享有一定权利，但并未明确“数据所有权”“数据权属”等概念。

（二）美国数据交易政策法律现状

美国方面为数据交易提供了相对宽松的监管环境。为促进数据的流通与利用，美国通过政府数据开放政策大力促进政府大数据的开放与共享。在个人数据交易方面，除对几个特殊领域的个人数据

① https://eur-lex.europa.eu/legal-content/EN/ALL/?uri=COM:2018:0232:FIN#footnote38.

交易另有规定外，并未对一般个人数据进入市场流通加以额外限制。

1. 美国数据交易政策法律

与美国目前个人数据保护的立法框架类似，在个人数据交易领域，除美国 1974 年颁布的《隐私法》对联邦机构未经个人的书面同意披露个人记录做出限制外，对于私营机构收集和出售个人数据的行为，美国尚无联邦层面的、统一的立法。联邦层面，主要是通过部门立法的方式，对几个特殊领域、基于特定目的或特殊情形的个人数据的披露与出售做出规范。州层面，美国各州对于个人数据保护的水平不一，部分州级立法对个人数据的交易做出了规范。美国个人数据交易法律法规如表 3 所示。

表 3：美国个人数据交易法律法规现状

立法层级	规范领域	中文名称	英文名称
联邦层面	征信	公平信用报告法	Fair Credit Reporting Act
	金融	金融服务现代化法	Gramm-Leach-Bliley Act
	医疗	健康保险流通与责任法	Health Insurance Portability and Accountability Act
	儿童	儿童在线隐私保护法	Children’s Online Privacy Protection Act
	通信	电子通信隐私法	Electronic Communications Privacy Act
		电信法	Telecommunications Act
	教育	家庭教育权与隐私权法	Family Educational Rights and Privacy Act
	其他	司机隐私保护法	Driver’s Privacy Protection Act
		视频隐私保护法	Video Privacy Protection Act
		计算机欺诈与滥用法	Computer Fraud and Abuse Act
		联邦贸易委员会法	Federal Trade Commission Act
		数据经纪人问责和透明度法案（草案）	Data Broker Accountability and Transparency Act
		数据问责和信托法案（草案）	Data Accountability and Trust Act
		《数字责任和透明度促进隐私法案》	Digital Accountability and Transparency to Advance Privacy Act
		《隐私权利法案》	Privacy Bill of Rights Act
		《数据经纪商人清单法案》	Data Broker List Act of 2019

续表

立法层级	规范领域	中文名称	英文名称
州层面		佛蒙特州《数据经纪人法案》	Vermont Data Broker Regulation (Act 171)
		加利福尼亚《阳光法》	California's Shine the Light law
		犹他州《出售非公开个人信息法》	Utah's Notice of Intent to Sell Nonpublic Personal Information Act
		加州《消费者隐私权法》	California Consumer Privacy Act of 2018

（1）《公平信用报告法》

1970年，美国通过了《公平信用报告法》（Fair Credit Reporting Act，简称“FCRA”）。该法对消费者报告机构收集、披露、出售消费者信用记录做出了诸多规范。

根据该法的规定，对于“消费者报告”的访问和出售仅能基于特定的目的。该目的限于信贷、就业、保险、法庭命令或传票以及其他合法的商业目的。若用于其他目的，则需要法院的决议或获得消费者的同意。除消费者报告机构外，任何机构不得以再出售的目的获取消费者报告。

此外，FCRA未规定消费者报告机构收集个人数据时，需要获得数据主体的授权，但针对消费者报告机构销售消费者信用数据行为规定了一系列的责任。例如，FCRA要求消费者报告机构要保障其提供的数据“最大可能的准确”（maximum possible accuracy），并且要保障对消费者的透明度，每年为消费者提供免费的消费者报告副本，并为消费者提供其出售的所有有关消费者的信息。同时，消费者有权对该信息的准确性提出异议并修正。①

① The FCRA: A Double-Edged Sword for Consumer Data Sellers, https://www.americanbar.org/publications/gp_solo/2012/november_december2012privacyandconfidentiality/fcra_double_edged_sword_consumer_data_sellers.html.

2003年通过的《公平与准确信用交易法2003》(Fair and Accurate Credit Transactions Act of 2003)对《公平信用报告法》做出了一定的修正，增加了防止身份盗窃和协助确定身份盗窃受害者的安全保障要求。[①]

(2)《健康保险流通与责任法》

1996年，美国实施了《健康保险流通与责任法1996》(Health Insurance Portability & Accountability Act of 1996，简称“HIPAA”)。该法旨在加强对医疗保险的监管，建立相关问责制度。该法对“受保护的健康信息”(Protected health information，PHI)的披露、出售等做出了规范。

对于PHI的披露行为，HIPAA的隐私规则赋予了个人控制权，明确规定除例外情况外，掌握PHI的机构基于营销目的使用、披露患者的健康信息应当获得患者的书面同意。对于PHI的出售行为，HIPAA的隐私规则规定在任何情况下，未经个人的书面同意，不得出售个人健康信息。

此外，HIPAA规定承保机构应当采取措施保护PHI，以防止信息未经授权被使用或披露。需要注意的是，HIPAA对于个人健康信息的保护主要侧重于对掌握PHI的典型机构，例如医疗、保险、学校等进行监管，而不是针对数据本身。因此，一般而言，医疗或保险机构以外的机构，基于营销目的披露个人健康信息，或者出售个人健康信息的，并不需要遵守HIPAA的规定获得个人的书面同意。

① GAO .INFORMATION RESELLERS Consumer Privacy Framework Needs to Reflect Changes in Technology and the Marketplace.

（3）《儿童在线隐私保护法》

1998 年，美国通过了《儿童在线隐私保护法 1998》（Children’s Online Privacy Protection Act of 1998，COPPA）。COPPA 对针对儿童提供服务的网站运营者、在线服务提供商收集、使用、披露 13 岁以下的儿童个人信息的行为做出了规范。

根据该法的规定，除非有例外情况，网站运营者、在线服务提供商收集、使用、披露儿童个人信息的应当获得可验证的儿童父母同意（verifiable parental consent）。未事先获得父母同意，但数据处理行为为保护儿童个人信息所必需，网站运营者、在线服务的提供商应当将数据处理行为告知儿童父母，并为其提供选择退出机制。

需要注意的是，COPPA 不适用于从儿童父母或其他成年人处收集的关于儿童的个人信息。

（4）《金融服务现代化法》

1999 年，美国颁布了《金融服务现代化法》（Financial Services Modernization Act of 1999），又称“Gramm–Leach–Bliley Act”（GLBA）。GLBA 对于金融机构如何共享及保护用户非公开的个人信息做出了诸多规定。

其中，“非公开的个人信息”（nonpublic personal information）是指个人可识别的财务信息：（1）由消费者提供给金融机构的信息；（2）消费者进行交易或享受服务过程中产生的信息；（3）金融机构获取的其他信息。[①]

GLBA 规定，金融机构不得直接或通过任何关联公司向非关联的第三方披露非公开的个人信息，除非同时满足以下条件：①该金

① 15 U.S.C. § 6809(4)(A).

融机构以书面、电子或其他符合法律规定的形式明确向消费者披露该信息可能会向该第三方披露；②金融机构初次披露之前，为用户提供了向第三方披露的选择退出机制；③金融机构已明确告知用户如何使用选择退出机制。

GLBA 还规定，通常情况下，从金融机构接收非公开个人信息的非关联第三方不得将该信息直接向其他非关联的第三方披露。

此外，根据 GLBA 的规定，除消费者报告机构外，金融机构不得向任何非关联第三方基于营销目的，披露消费者信用卡账户、存款账户、交易账户的账号或密码信息。[①]

（5）《电子通信隐私法》

美国 1986 年通过的《电子通信隐私法》（Electronic Communications Privacy Act，简称“ECPA”）规定了除法律另有规定外，第三方不得拦截或披露电子通信。此外，该法还规定，互联网服务提供商不得基于营销目的，将用户的电子邮件和文本信息出售给信息转售商（information reseller），除非用户同意披露。[②]

（6）《联邦贸易委员会法》

美国 1914 年颁布的《联邦贸易委员会法》（Federal Trade Commission Act），对影响商业的不公平或欺骗性行为做出了禁止性规定，授权 FTC 对上述行为进行监管。虽然该法没有明确规定 FTC 在隐私保护方面的特定权力，但可适用于网络服务提供商欺骗或违反隐私政策的行为。

例如，如某网络服务提供商在其隐私政策中表示其不会出售用

① 15 U.S.C. § 6802.

② GAO .INFORMATION RESELLERS Consumer Privacy Framework Needs to Reflect Changes in Technology and the Marketplace.

户个人数据，但之后违反该政策，将数据出售。对此，FTC就可以依据涉嫌欺诈予以起诉。即使没有隐私政策，但FTC认为网络服务提供商收集或出售个人数据的行为会导致个人巨大损害的，也可以依据反不公平行为加以监管。

（7）《司机隐私保护法》

1994年颁布的《司机隐私保护法》（Driver's Privacy Protection Act）对机动车监管部门收集的机动车辆记录中特定个人信息的使用和披露做出了限制。

根据该法的规定，机动车辆的监管部门、官员、雇员或有合同关系的主体不得故意披露机动车记录的个人信息。例如社会安全号码、驾驶员识别号码、姓名、地址、电话号码、医疗或残疾信息等，但不包括车辆事故、驾驶违规和驾驶员身份的信息。除非该信息的披露为法院或执法机构履行职能、科研或统计、企业用于验证个人信息的准确性等目的所必须，或者获得数据主体的明确同意。获得机动车记录的个人信息的实体，获得数据主体明确同意的，可基于法律规定的特定目的转售或再披露该信息。但对该转售或再披露行为需要予以记录，并保留记录5年，并根据要求向机动车监管部门提供该记录。①

（8）《家庭教育与隐私权法》

美国1974年颁布的《家庭教育与隐私权法》（Family educational and privacy rights Act）对学生教育信息的访问和披露做出了规范。

该法规定，不得未经学生父母书面同意，向第三方披露学生记录或学生可识别个人信息的学校或研究机构提供联邦资金。学校或

① 18 U.S. Code § 2721.

研究机构未获得书面同意公开学生目录信息（directory information）[①]的，应当公开告知信息的类别，并为学生父母提供合理的时间以反对该信息的公开。

（9）《视频隐私保护法》

美国1988年颁布的《视频隐私保护法》（Video Privacy Protection Act）对录像带服务提供者披露用户个人信息做出了规范。

根据该法的规定，录像带服务提供者除例外情况外，不得故意向第三方披露有关视频租赁和销售记录包含的个人可识别信息，包括任何录像带的标题或主题。但如果用户有机会禁止此类披露，录像带服务提供者则可以向第三方披露消费者的姓名和地址。此外，如果信息仅用于直接向用户推销商品或服务的目的，录像带服务提供者也可以向第三方披露租赁材料的内容。

（10）《计算机欺诈与滥用法》

美国1986年颁布了《计算机欺诈与滥用法》（Computer Fraud and Abuse Act，CFAA）。该法是联邦政府打击计算机网络犯罪的重要基石，对诸多计算机网络犯罪做出了规范。

根据该法的规定，未经授权故意访问计算机或超出授权访问权限从而获取：①金融机构或发卡机构的财务记录中的信息，或消费者报告机构掌握的消费者信用信息；②国家机构所掌握的信息；③其他受保护的计算机中的信息。[②]属于犯罪行为，并根据具体情节，最

① 目录信息是指学生的姓名、地址、电话列表、出生日期和地点、主要学习领域、参加官方认可的活动和体育项目、作为运动队成员的体重和身高、学位和奖励等信息。See 20 U.S.C. § 1232g(a)(5)(A).

② 其中“受保护的计算机”是指专门服务于金融机构或美国政府的计算机，或用于或影响州际的或国外商业或通讯的计算机。See 18 U.S.Code § 1030, 18USC § 1030（e）(2).

高可处10年以下的监禁。

此外，对于信息的获取、持有、传输等行为，该法也做出了规制。根据该法的规定，故意、无合法授权地提供身份证件、鉴定特征或虚假身份证件；明知身份证件、鉴定特征或虚假身份证件为盗窃或无合法授权所得而继续传输的；为非法使用或传输身份证件、鉴定特征或虚假身份证件而故意持有或传输的；为欺诈目的，持有身份证件、鉴定特征或虚假身份证件的……[①]将根据情节和后果，作为犯罪行为加以管制。

（11）《电信法》

美国1996年颁布了《电信法》（Telecommunications Act）。该法要求电信运营商保护用户专有网络信息[②]的机密性。根据该法的规定，除非用户同意或者法律另有规定，电信运营商应当仅在其提供电信业务时，使用、披露或允许访问可识别的用户专有网络信息。此外，对于删除了个人用户身份及特征的数据集，该法规定，电信运营商可基于合理的、非歧视的理由向其他第三方披露。

（12）《数据经纪人问责和透明度法案》

2017年9月14日，美国提出了《数据经纪人问责和透明度法案》（Data Broker Accountability and Transparency Act）。该法案要求针对收集和出售有关消费者个人和敏感数据的数据经纪人建立问责制并增加其相关行为的透明度。该法案将“数据经纪人”定义为收集、聚合或维护不是其用户或该实体雇员的个人数据，以便将上述个人数据出售（sell）或提供给第三方访问的商业

① 18 U.S. Code § 1028

② 用户专有网络信息是指用户订购的电信服务的数量、技术配置、类型、目的地、位置和使用量、账单等信息。See 47 U.S.Code § 222.

实体。

该法案允许消费者访问和更正其信息，以确保信息最大程度的准确性，同时赋予消费者停止数据经纪人基于市场营销目的而使用、分享或出售其个人数据的权利。此外，该法案还要求数据经纪人制定全面的隐私和数据安全计划，并在违规情况下提供合理的通知，并授权联邦贸易委员会在一年内执行法律和颁布规则，包括为消费者建立一个查看数据经纪人名单和有关消费者权利信息的集中网站所必须遵循的规则。

（13）《数据问责和信托法案》

2018 年 3 月，美国提出了《数据问责和信托法案》（Data Accountability and Trust Act），其中规定了数据主体的信息获取权和更正权，并对数据经纪人的数据收集和使用的透明度要求做出了规定，并未要求数据经纪人对于数据的处理行为需要获得数据主体的同意。

（14）《数字责任和透明度促进隐私法案》

2019 年 2 月 27 日，美国参议院提出《数字责任和透明度促进隐私法案》（Digital Accountability and Transparency to Advance Privacy Act），或称为《数据隐私法》（Digital Accountability and Transparency to Advance Privacy Act or the DATA Privacy Act），从数据保护、透明性、消费者个人控制权等角度，在立法角度有效提高了对美国消费者的数据隐私保护力度。同时，该法案也要求每年收集超过 3,000 人的个人数据的数据经纪人进行隐私风险管理，采用技术手段保护消费者数据，同时应当指定一名隐私保护专员为公司建立数据和隐私保护文化，通过培训提高员工隐私保护意识。

（15）《隐私权利法案》（Privacy Bill of Rights Act）

2019 年 4 月 11 日，美国参议院提出《隐私权利法案》（Privacy Bill of Rights Act），明确了个人数据的概念，保障消费者各项合法权利，例如：要求删除个人数据的权利，纠正不准确的个人数据的权利，选择加入权等。同时，该法案要求数据控制者建立并维护合理的数据安全实践，从而保护个人数据的机密性。

（16）《数据经纪人清单法案》（Data Broker List Act of 2019）2019 年 7 月 30 日，美国参议院引入《数据经纪人清单法案》（Data Broker List Act of 2019），对数据经纪人在获取、使用、保护用户个人信息方面进行规范要求，法案规定数据经纪人应做到以下五点：

第一，不通过欺诈手段获得用户个人信息；

第二，不能将用户个人信息用于非法目的；

第三，禁止向违法的第三方出售个人信息；

第四，制定、实施信息安全计划，防治用户个人信息泄露；

第五，每年向联邦贸易委员会进行注册登记。

（17）佛蒙特州《数据经纪人法案》

2018 年 5 月 22 日，美国佛蒙特州通过了数据经纪商专项监管法案《数据经纪人法案》（Vermont Data Broker Regulation (Act 171)），该法案成为美国历史上第一部数据经纪人行业专项法案，同时也使佛蒙特州成为美国第一个对数据经纪人进行立法规范的州。[①] 法案中关于数据经纪人的条款在 2019 年 1 月 1 日起正式生效，影响深远，

---

① 彭星，万雨娇．美国佛蒙特州数据经纪商法案浅析及启示 [J]. 武汉金融，2019, 230(02):48-52.

对我国加强数据经纪行业法律监管、保护消费者权益有重要借鉴意义。

《数据经纪商法案》是在佛蒙特州法典的基础上发展而来的，分为四个主要部分：一是阐述数据经纪商法案的立法背景和立法目的；二是在佛蒙特州法典第六十二章“个人信息保护”部分中增加了与数据经纪商相关的条款规定；三是对佛蒙特州法典第六十三章“消费者保护”部分中信用冻结相关条款进行了修订；四是进一步厘清数据经纪商相关的监管部门以及该法案生效日期等内容。

在监管实践中，《数据经纪商法案》加大了对数据经纪人行业的监管：一方面法案建立了年度注册制度，从而提高了数据经纪行业的整体透明度，要求数据经纪人提供其经纪实践活动的信息；另一方面，法案通过设定客观标准和技术要求促使数据经纪人完善企业信息安全系统，更好地承担信息安全责任。

此外，《数据经纪商法案》对消费者权利进行了有效保障。第一，法案保障了消费者数据控制权，要求数据经纪人允许用户可以自主选择是否退出数据经纪服务，且必须告知用户申请退出的方式、退出权的适用范围等。第二，法案增加了消费者信用报告知情权，要求征信机构必须向用户提供准确的信用分数、预测、过去一年信用情况、机构最新联系方式等，让用户充分了解自己能够获得的信息和个人基本权利。第三，法案增加了用户信用报告控制权，保障任何用户可以随时冻结、解冻自己的信用报告，从而尽量减少由于信息泄露、身份盗刷所带来的损失。

（18）加州《加利福尼亚阳光法》

加州《加利福尼亚阳光法》（California’s Shine the Light law）对

于企业共享用户个人信息的行为做出了规范，明确企业应当根据用户的要求告知用户其是否会与第三方共享信息，以及共享的信息类别。

（19）犹他州《出售非公开个人信息法》

《犹他州出售非公开个人信息法》（Utah’s Notice of Intent to Sell Nonpublic Personal Information Act）对出售非公开个人信息的透明度做出了规定，要求商业实体向消费者披露与第三方分享或出售的非公开个人信息的类型。

（20）加州《加州消费者隐私法》

2018年6月28日，加利福尼亚州通过《加州消费者隐私法2018》（California Consumer Privacy Act of 2018）。该法律赋予了加州消费者对企业收集的信息的更多控制权，并对企业施加新的要求和禁令。该法在很大程度上扩展了长期以来美国联邦法上对于个人信息的保护范围，不再将个人信息的保护局限于消费者信用信息、医疗信息、学生教育信息、儿童信息等特殊领域，而是几乎将所有类型的个人信息纳入保护的范畴。其中，该法对于透明度的要求以及赋予了消费者对于个人信息的拒绝出售权将会对个人数据的交易产生诸多影响。

根据该法的规定，消费者有权知道他们的个人信息是否被出售或披露，以及出售或者披露的信息类型及对象。

此外，根据该法的规定，出售个人信息的企业应当为消费者提供选择退出机制，以拒绝其信息的出售。对于已经选择不予出售个人信息的消费者，企业不得出售该信息，并且在12个月内不得在此要求消费者重新授权。除非消费者已经收到明确通知，并有相应的选择退出机制，否则接收该个人信息的第三方不得再出售从前手处购买的个人信息。

另外，企业不得出售16岁以下的消费者的个人信息，除非获得该消费者父母的明确授权。

2. 美国数据交易政策法律特点

（1）放松国家监管，重视市场创新

为促进数据经济的发展，与欧盟高度强调对于个人数据的保护不同，美国更加重视数据的利用，包括个人数据。因此，从整体来看，美国整体上对于数据交易监管较少，更多的交由市场决定。无论是个人数据还是非个人数据原则上均可以进行交易。对于个人数据的交易也并未设立类似欧盟的高门槛。

（2）有限适用同意规则，重视提升交易透明度

对于个人数据，与欧盟高度强调数据主体的同意不同，美国仅对几个特殊领域的个人数据的利用和再利用强调使用同意规则，例如征信、医疗、儿童、教育等。在适用同意规则方面，也更多地适用选择退出（Opt-out）模式，而不是欧盟的选择进入模式（Opt-in）。此外，美国对于数据利用（数据交易）更多地强调数据处理的透明度，这一点在《数据经纪人问责制和透明度法案》《数据问责和信托法案》以及《加州消费者隐私法2018》均有所体现。

（3）尚未明确数据权属，完善数据安全保障

通观美国立法，尚未看到明确的数据产权或者数据权属的有关规定。对于数据资源的归属与权益保障问题主要通过行业自律或者企业合同等予以解决。对于数据交易可能引发的问题，与欧盟强调事前的同意机制不同，美国更多地强调事中和事后的安全保障措施。

（三）我国数据交易政策法律现状

1. 政策层面

随着数据产业的发展，我国相继出台了一系列政策，以促进数据交易。2015年《国务院关于印发促进大数据发展行动纲要的通知》中明确指出，要研究推动数据资源权益相关立法工作；引导培育大数据交易市场，开展面向应用的数据交易市场试点，探索开展大数据衍生产品交易，鼓励产业链各环节市场主体进行数据交换和交易，促进数据资源流通，建立健全数据资源交易机制和定价机制，规范交易行为；推进大数据产业标准体系建设。2016年《国务院关于印发"十三五"国家信息化规划的通知》将"建立健全国家数据资源管理体制机制，建立数据开放、产权保护、隐私保护相关政策法规和标准体系"，"完善数据资产登记、定价、交易和知识产权保护等制度，探索培育数据交易市场"作为重大任务和重点工程项目之一。2016年《国家信息化发展战略纲要》指出要，开发信息资源，释放数字红利，探索建立信息资产权益保护制度。

2020年4月9日，中共中央、国务院发布《关于构建更加完善的要素市场化配置体制机制的意见》，该文件是落实充分发挥市场配置资源决定性作用的纲领性文件，首次将数据与其他四大要素并列，也为未来中国经济转型升级方向提供了明确指引。文件明确"加快培育数据要素市场"，提出"研究根据数据性质完善产权性质"，"引导培育大数据交易市场，依法合规开展数据交易"，"建立健全数据产权交易和行业自律机制"。

2. 法律层面

目前，我国国家层面尚没有专门的、直接针对数据交易的立法。

2016年，贵州省出台了《贵州省大数据发展应用促进条例》，对数据资源交易的基本原则、数据交易方式、数据交易服务机构等做出了规定。[①] 该法规成为我国首个规范数据交易的地方性法规。

与数据交易最为相关的规范，主要体现在个人数据保护领域。《刑法》修正案九明确规定了“侵犯公民个人信息罪”。根据该规定，违反国家有关规定，向他人出售或者提供公民个人信息，窃取或者以其他方法非法获取公民个人信息情节严重的，可构成侵犯公民个人信息罪。《最高人民法院、最高人民检察院关于办理侵犯公民个人信息刑事案件适用法律若干问题的解释》（法释〔2017〕10号）进一步细化了该罪的构成要件。明确了未经被收集者同意，将合法收集的公民个人信息向他人提供的，属于非法提供。违反国家有关规定，通过购买、收受、交换等方式获取公民个人信息，或者在履行职责、提供服务过程中收集公民个人信息的，属于“以其他方法非法获取公民个人信息”。民事立法方面，《民法总则》颁布之前，我国主要是通过隐私权、姓名权、名誉权等对个人信息提供保护。《民法总则》虽然尚未明确个人信息权或者个人信息保护权这样的概念，但明确了隐私和个人信息的二元保护机制，意味着个人信息将可以独立于隐私权，而直接作为民事上受保护的利益受到法律保护。此外，《网络安全法》《消费者权益保护法》、《中华人民共和国广告法》以

①《贵州省大数据发展应用促进条例》第十八条规定，培育数据交易市场，规范交易行为。数据资源交易应当遵循自愿、公平和诚实信用原则，遵守法律法规，尊重社会公德，不得损害国家利益、社会公共利益和他人合法权益。数据交易应当依法订立合同，明确数据质量、交易价格、提交方式、数据用途等内容。推行数据交易合同示范文本。

第十九条规定，鼓励和引导数据交易当事人在依法设立的数据交易服务机构进行数据交易。数据交易服务机构应当具备与开展数据交易服务相适应的条件，配备相关人员，制定数据交易规则、数据交易备案登记等管理制度，依法提供交易服务。

下简称《广告法》）等一系列规范中明确了个人信息的收集使用规则。

2020 年《中共中央国务院关于构建更加完善的要素市场化配置体制机制的意见》发布之后，国家及各地都加快了数据交易的立法进程。国家政策层面，《中国（上海）自由贸易试验区临港新片区总体方案的通知》《海南自由贸易港建设总体方案》等文件中明确建立跨境数据流通和交易风险评估管理机制，提出促进数据处理与交易业务。

国家立法层面，2020 年 7 月 3 日，中国人大网正式发布《数据安全法（草案）》，开始征求意见，明确数据活动包括数据交易行为。第十七条提出“国家建立健全数据交易管理制度，规范数据交易行为，培育数据交易市场。”第三十条明确要求“从事数据交易中介服务的机构在提供交易中介服务时，应当要求数据提供方说明数据来源，审核交易双方的身份，并留存审核、交易记录。”此外，还规定了违反第三十条的法律责任“数据交易中介机构未履行本法第三十条规定的义务，导致非法来源数据交易的，由有关主管部门责令改正，没收违法所得，处违法所得一倍以上十倍以下罚款，没有违法所得的，处十万元以上一百万元以下罚款，并可以由有关主管部门吊 销相关业务许可证或者吊销营业执照；对直接负责的主管人员和 其他直接责任人员处一万元以上十万元以下罚款。”

部门层面，2020 年 8 月 12 日，商务部发布《商务部关于印发全面深化服务贸易创新发展试点总体方案的通知》（商服贸发〔2020〕165 号），提出全面探索创新发展模式，中央网信办、工业和信息化部、商务部、证监会等支持和指导，试点地区负责推进：试点地区发展基于工业互联网的大数据采集、存储、处理、分析、挖掘和交易等跨境服务；探索数据服务采集、脱敏、应用、交易、监管等规则和标准；推动数据资产的商品化、证券化，探索形成大数据交易的新模式；探索对数据交易安全保障问题进行研究论证。

数据交易作为我国新兴的法律问题，国家层面在数据安全制度设计方面存在诸多争议和难题。在此背景下，地方层面积极先试先行，为将来国家层面的数据交易立法积累前期经验。典型如下：（1）2018 年 12 月 14 日天津市第十七届人大常务委员会第七次会议通过《天津市促进大数据发展应用条例》，第二十九条明确规定“依法获取的各类数据经处理无法识别特定数据提供者且不能复原的，可以交易、交换或者以其他方式开发利用。数据资源交易、交换应当遵守法律法规规定和社会公德，不得损害国家利益、社会公共利益和他人合法权益。”第四十五条明确要求，“市和区人民政府及其有关部门应当采取措施培育数据交易市场，规范交易行为，鼓励、支持通过数据交易等方式依法开发利用政务数据和社会数据，鼓励产业链各环节市场主体进行数据交换和交易，促进数据资源流通。鼓励和引导数据交易当事人在依法设立的数据交易服务机构进行数据交易，促进大数据的开发应用。”第五十条规定，“数据采集、存储、清洗、开发、应用、交易、发布、服务单位应当建立数据安全防护管理制度，制定数据安全应急预案，并定期开展安全评测、风险评估和应急演练；采取安全保护技术措施，防止数据丢失、毁损、泄露和篡改，确保数据安全。发生重大数据安全事故的，应当立即启动应急预案，及时采取补救措施，告知可能受到影响的用户，并按照规定向有关主管部门报告。”

（2）2019 年 8 月 1 日贵州省第十三届人民代表大会常务委员会

第十一次会议通过《贵州省大数据安全保障条例》，将大数据交易的单位和个人纳入大数据安全责任人，明确了大数据安全责任人的安全保护职责。

（3）2020年7月15日，深圳市司法局发布《深圳经济特区数据条例（征求意见稿）》，第五十八条、第五十九条、第六十条分别对数据交易、交易平台、交易定价进行规定。明确开展数据交易活动应遵循自愿、公平和诚实信用原则，数据要素市场可采用自主交易、交易平台等多种合法方式开展数据交易活动。要求数据交易平台建立安全可信、管理可控、可追溯的数据交易环境，制定数据交易、信息披露、自律监管等规则，并采取有效措施保护个人隐私、商业秘密和重要数据。数据交易平台规则报市数据统筹部门批准后实施。提出数据交易平台应当从实时性、时间跨度、样本覆盖面、完整性、数据种类级别和数据挖掘潜能等多个维度构建数据资产定价指标，并协同数据价值评估机构对数据资产价值进行合理评估。

3. 标准层面

目前，我国数据交易标准化建设逐渐完善，数据交易相关标准相继发布并实施。直接相关的国家标准有：（1）2017年12月29日发布、2018年7月1日实施的《信息安全技术 大数据服务安全能力要求》（GB/T 35274-2017）；（2）2018年6月发布、2019年1月1日实施的《信息技术数据交易服务平台交易数据描述》（GB/T 36343-2018）；（3）2019年8月30日发布、2020年3月1日实施的《信息技术—数据交易服务平台—通用功能要求》（GB/T 37728-2019）、《信息安全技术 数据安全能力成熟度模型》（GB/T 37988-2019）及《信息安全技术 数据交易服务安全要求》（GB/T 37932-2019）。

4. 我国数据交易政策法律特点

数据被确定为要素之后，我国国家层面及地方层面相继发布了有关数据交易的政策立法，但总体而言，呈现明显的政策驱动明显，法制化不足等特点。

（1）政策驱动明显，法治化不足

在数据交易领域，国家层面应对策略体现出鲜明“政策治理”色彩，“法律治理”呈现出失语与缺席状态。现有《促进大数据发展行动纲要》《十三五规划纲要》及《关于组织实施促进大数据发展重大工程的通知》，均为政策驱动的发展范式，其粗线条、难落实、不稳定的罅隙，难以对数据交易进行实质性规范。作为构建数据要素市场的重要支撑，数据交易的安全规则应当作为《数据安全法》的重要内容，但《数据安全法（草案）》并未建立起具有可操作性的、符合数据交易发展现状的数据交易制度。首先，规定原则，缺乏可操作性。第十七条仅为原则性的规定需要后续规则的支撑，但当前草案仅在第三十条、第四十三条对此有所规定，寥寥数条难以为复杂的数据交易制度搭建基础框架。其次，草案规范的数据交易主体过于单一，不能规范数据交易市场的其他主体。从我国当前的数据交易市场现状来看，数据交易涉及的主体非常复杂，而不仅仅包括数据交易中介服务机构。再次，行为模式与法律后果不对应。草案并未规定数据交易的许可准入要求，但在第四十三条的法律责任部分却包括吊销相关业务许可证的处罚形式。

面对大数据交易产生的诸多问题，通过现行法框架下的物权、知识产权、债权或反不正当竞争等途径来规范数据交易或解决数据权利问题存在着理论难以自洽或法律效果不足等诸多问题。例如，数据作为无形物，难以纳入客体限于有体物的物权法体系，且鉴于数据的可复制性，同一数据可同时为多人所有，如纳入物权规范，有违“一物一权”的基本原则。知识产权保护的对象为“创造性智力成果”，客体一定程度的独创性是其取得法律保护的必要条件。对于缺乏独创性的数据难以起到规范和保护作用。债权法方面，则由于债券的相对性，对于第三人侵权行为则难以保障。反不正当竞争则受限于竞争关系的存在。整体来看，在数据产业飞速发展的背景下，我国专门规范数据交易的立法十分匮乏，关于数据交易的立法条款较为零散。

（2）基本规则尚未建立，核心问题亟待解决

目前，我国的数据交易基本处于平台自我约束、自行探索规则的状态。如上海大数据交易中心制定的《个人数据保护原则》《数据流通禁止清单》《数据互联规则》《数据流通原则》；安徽大数据交易中心制定的《安徽大数据交易规则》；贵阳大数据交易所制定的《贵阳大数据交易所 702 公约》；哈尔滨大数据交易中心制定的《哈尔滨数据交易规则》；华中大数据交易所制定的《大数据交易安全标准》《交易数据格式标准》《大数据交易行为规范》《大数据交易管理条例》等规则。

此外，作为数据交易的核心问题，数据性质、权属等问题立法上尚未解决。整体来看，与欧美对数据的规范类似。我国现行立法对数据的规范也主要停留在人格权保护领域。对于个人数据，效仿欧盟，通过《网络安全法》《消费者权益保护法》《全国人民代表大会常务委员会关于加强网络信息保护的决定》《刑法》等一系列的法律法规，初步建立起了个人数据的收集使用规则。对于脱离人格

权或个人数据保护语境下的数据，数据控制者享有何种权益，立法上并未明确。2020 年 5 月 28 日通过的《民法典》首次将“隐私权和个人信息保护”写入“人格权”章节，但该法对于“个人信息”究竟属于何种权利客体并未明确。

（四）我国大数据交易的现实困境

数据所有权的明确与否，是学术界乃至实务界对于数据交易研究的核心问题，而“个人数据的权利归属”又是数据所有权归属中最难以解决的问题。[①] 在相关法律对大数据属性及交易规则缺乏明确规定的情况下，一直处于“试水”状态的大数据交易面临诸多挑战。

1. 数据泛化交易，法律红线不明

现行立法在数据交易范围、数据定价机制、数据质量、数据责任等一系列规范机制的缺位导致规范的行为指引功能在数据交易领域未能得以充分发挥。数据交易呈现出各种黑色、灰色数据交易滋生并荒芜生长，或惧于法律制裁不进行数据交易的二级分化现象。

2. 规则缺乏特性，限制交易创新

现有大数据交易规则过于“保守”，千篇一律，少有基于大数据特性设计的新型市场交易规则。当前规则以普通商品买卖合同为基本范式，将数据视为普通物品，信息提供方、信息需求方分别称为“卖方”“买方”，对交易也定性为“货币与数据的交换行为”，民事交换色彩浓重，商事交易理念尚未凸显。既有规则难以契合大数据特性，交易呈粗放式发展，不利于交易体量扩大及交易模式进一步创新。

---

① 李宬蓁．数据交易法律问题研究 [J]. 法制与经济，2020(7):P87-89.

3. 数据权利不清，抑制产业发展

有效的产权分配制度，有利于降低交易成本，促进数据交易和数据产业发展。但现行立法对数据性质、归属等问题并未做出明确。数据主体、数据控制者、数据加工者、数据接收者、数据交易平台等对数据各自享有何种权益尚不清晰。单一地从人格权视角强调个人数据保护问题不利于数据财产价值的释放，原始数据集的控制者、数据加工者等对于数据的权利难以获得现行法的有力保障将抑制数据开放和投资的积极性，进而阻碍数据经济的发展。